高原湖滨城市土地
集约利用模式与管理

张 洪 等著

国家自然科学基金资助项目（70863014）资助

科学出版社

北 京

内 容 简 介

本书针对云南高原湖滨城市（镇）发展及用地扩展与湖泊生态保护日益尖锐的矛盾，运用生态学及生态城市理论和土地集约利用理论，采用遥感、GIS、元胞自动机、计量分析模型等技术方法，系统研究云南九大高原湖泊流域，尤其是滇池流域土地利用及其城市（镇）用地扩展与湖泊生态变化的机理关系，从理论分析和实验实证两方面首次系统论证云南高原湖滨地区城市（镇）发展的最佳土地利用模式是生态约束的城市（镇）土地集约利用模式，创新性地提出该模式的目标、原则、条件和类型以及各类型的城市（镇）土地利用方向，探索实施这个模式的土地利用管理机制及政策措施，为重塑高原湖滨城市（镇）发展与湖泊生态保护和谐关系、形成高原湖泊流域生态经济良性循环的土地利用管理新格局提供科学依据。

本书适合作为国土资源管理、环境管理和城市管理的政府部门工作人员，高等院校土地资源管理、城市规划、资源环境与城乡规划管理、区域与城市经济、资源环境经济等专业领域的研究人员、教师以及研究生、本科生的参考书。

图书在版编目（CIP）数据

高原湖滨城市土地集约利用模式与管理／张洪等著．—北京：科学出版社，2014.6
　　ISBN 978-7-03-040986-7

　　Ⅰ.高… Ⅱ.张… Ⅲ.城市土地-土地利用-研究-中国 Ⅳ.F299.232

中国版本图书馆 CIP 数据核字（2014）第 123687 号

责任编辑：朱海燕 李秋艳／责任校对：刘晓梅
责任印制：赵德静／封面设计：铭轩堂

科 学 出 版 社 出版

北京东黄城根北街 16 号
邮政编码：100717
http://www.sciencep.com

双青印刷厂 印刷

科学出版社发行　各地新华书店经销

*

2014 年 6 月第 一 版　　开本：787×1092　1/16
2014 年 6 月第一次印刷　　印张：11　1/2
字数：270 000

定价：99.00 元
（如有印装质量问题，我社负责调换）

前　言

　　城市扩展是人类社会发展的必然结果，是一个国家发展的阶段性标志。但是，城市快速扩展必然带来一系列环境问题。对于湖滨城市来说，城市快速扩展所产生的水环境污染问题，近几年已成为我国重大生态环境问题，受到国家、地方政府、广大民众和国际社会的广泛关注。

　　我国云贵高原、青藏高原湖泊众多，它们不仅起到调节高原气候、支撑高原生态系统的特殊作用，湖滨区域也是高原人类文明的摇篮和社会经济发展的主要地区之一。高原湖泊与我国中部、东部平原湖泊相比，由于没有大江大河流经，集水面小，湖泊水循环周期长，其生态系统更脆弱，抵抗人类干扰的能力更弱。随着我国西部大开发深入推进，高原湖滨区域社会经济和人口数量迅速增长，湖泊污染问题日益严重。2011 年一季度云南九大湖泊水质状况公告数据显示：滇池草海水质综合评价为劣Ⅴ类，水域功能为Ⅳ，属重度污染；滇池外海水质综合评价为劣Ⅴ类，水域功能为Ⅲ，属重度污染；星云湖水质综合评价为劣Ⅴ类，水域功能为Ⅲ，属重度污染；杞麓湖水质综合评价为劣Ⅴ类，水域功能为Ⅲ，属重度污染；异龙湖水质综合评价为劣Ⅴ类，水域功能为Ⅲ，属重度污染；阳宗海水质综合评价为Ⅳ类，水域功能为Ⅱ，属重度污染；洱海水质综合评价为Ⅱ类，水域功能为Ⅱ，污染；程海水质综合评价为Ⅲ类，水域功能为Ⅲ，污染；只有抚仙湖和泸沽湖水质与水功能仍保持Ⅰ类，污染，湖泊基本没有受到污染。高原湖泊污染已成为国家和云南省重大国家生态问题，滇池被国务院列为全国重点整治的三大湖泊之一，受到国家的高度重视。

　　导致高原湖泊污染加剧的原因是多方面的，其中不合理的城市扩展与土地利用方式是重要原因之一。主要表现在：城市及其近郊建设用地无序蔓延，导致人类生产、生活污水难以回收利用，大量污水直接进入湖泊，加重湖泊污染和富营养化；城市和城郊建设用地以及房地产开发项目向湖滨生态湿地与农田延伸，流域面山林地被砍伐，破坏原有湖滨生态系统，大大削弱湖泊对污水的自净能力，加速湖泊污染。因此，必须从生态视角，重新审视高原湖滨城市扩展与土地利用模式，按照生态学原理构建可持续的城市土地集约利用模式与管理机制，重塑城市发展与湖泊保护的和谐关系。这是我国西部高原地区社会发展的现实要求，也是城市与土地资源管理学科需要解决的学术前沿课题。

　　从生态学角度研究城市扩展与空间形态的思想，源于 17 世纪斯卡莫齐（Scamozzi）提出的"理想城市"方案，19 世纪末霍华德（Ebenezer Howard）吸收"理想城市"概念中的积极因素，创造了"田园城市"的城市发展模式，1918 年芬兰建筑师沙里宁（Eliel Sarrinen）又提出"有机疏散理论"，这些早期生态思想对生态城市空间结构与土地利用模式产生了重要影响。20 世纪 80 年代，基于对美国城市低密度蔓延与市中心衰落的反思，兴起了"新城市主义"思潮，强调尊重自然、构建完整城市生态系统和紧凑且功能多元的土地利用模式与精明增长（smart growth）。随后，在美国生态学家雷吉斯特（Richard Register）的推动下，全球范围内掀起了"生态城市"运动，1990 年在美国伯克利召开第一届国际生态城市会议，至今已召开六届。生态城市理论与实践迅速发展，成为指导今天城市建设与土地利用的重要思想。雷吉斯特提出生态城市设计十原则，如优先开发紧凑、多样、绿色的混合土地利用社区，优先发展步行、自行车、公共交通出行方式置于小轿车方式的优先位置，修复被损坏的城市自然环境，建设体面、安全、多民族的混合居住区，培育社会公正性，支持地方化农业和城乡一体化，资源循环利用，减少城市污染等，已成为各国生态城市建设的指导性原则。

我国早在春秋战国时期，管子就提出"因天材，就地利，故城郭不必中规矩，道路不必中准绳"的自然至上的朴素生态城市思想。但我国现代生态城市研究始于著名生态学家马世骏和王如松提出的"社会-经济-自然复合生态系统"理论，该理论将城市定义为典型的社会-经济-自然复合生态系统。在此基础上，王如松等提出建设天城合一的中国生态城市思想，以及生态城市建设所应依据的生态控制论原理，生态城市管理与规划方法。黄光宇等在总结山地城市规划与生态城市规划实践的基础上，较系统地提出生态城市规划理论与设计方法。2004 年，杨志峰等出版了《城市生态可持续发展规划》，将遥感与 GIS 及信息集成技术应用于生态城市规划研究。

生态城市理论与规划方法为我们进行高原湖滨城市土地集约利用研究提供了生态视角和理论框架。但是，目前生态城市有关城市空间形态与土地利用的研究仍停留在概念模式和城市综合生态效应分析方面，就城市用地扩展的生态效应和具体土地集约利用模式与管理机制及其效益来说，缺乏系统的实证研究，更没有针对高原湖滨城市的相关研究。

城市（镇）土地集约利用实质上是通过增加对单位面积土地的其他要素投入、优化存量土地利用结构、改善土地管理制度等，提高土地利用的产出效率和经济效益。土地集约利用是一个动态过程，随着社会经济的发展，土地集约利用程度将不断提高。但是，对城市生态环境的保护限制了土地集约利用程度的无限提高，即存在一个合理的土地集约度问题。因此，城市土地是否集约利用与城市空间发展形态密切相关，国际上一直存在城市空间集中紧凑发展与分散发展的争论。我国是资源短缺的大国，不仅农业土地资源十分紧缺，能源也很短缺，作为土地使用和能源消耗重要载体的城市，如何在城市（镇）增长中以最少的土地利用容纳最多的城市（镇）人口，提高城市（镇）资源的开发效益，引导城市（镇）合理地向集约化用地模式发展，是我国快速城市化过程中面临的重要课题，也是我国学术界长期关注的热点问题。我国城市土地集约利用研究，主要集中在集约利用理论和集约利用潜力评价两个方面。前者有马克伟、周诚、毕宝德、曲福田、冯长春、叶剑平、何芳、江曼琪、吴群、吴郁玲等学者，后者有林坚、章其祥、乔伟丰、郑新奇、马钢、蔡文等学者。研究方法上，一些学者大量使用遥感与 GIS 等计算机信息技术，并与城市扩展动态模拟、城市土地资源优化配置和可持续利用结合研究，如何春阳、袁丽丽、郑新奇、张新长。2004 年国土资源部土地利用司开展城市土地集约利用潜力评价试点，制定颁布《建设用地节约集约利用评价规程》。2008 年 1 月，国务院颁发《关于促进节约集约用地的通知》，将城市土地集约利用提高到土地管理基本方针的重要位置。这些都为我们开展本书项目研究提供了重要参考。但是，这些研究侧重在城市土地利用现状评价与土地集约利用的一般性机理研究，没有深入研究按照生态城市空间结构模式思想，如何实现土地的集约利用与管理问题。更缺乏研究生态脆弱的高原湖滨城市应该采取什么样的土地集约利用模式和管理机制。这些研究不能满足当前我国高原湖滨城市（镇）可持续发展与土地管理的客观需要。所以，本书对我国城市土地管理理论与技术方法创新以及学科发展，有一定的学术理论价值。同时，对现阶段我国倡导节约型社会，转变土地利用方式，提高高原湖滨城市（镇）土地管理水平和可持续发展能力，亦有重要的现实意义和广阔的应用前景。

本书是张洪主持的国家自然科学基金项目"生态视角下云南高原湖滨城市土地集约利用模式与管理机制研究"（批准号70863014）的研究成果。该研究借鉴生态学原理及生态城市规划设计思想，通过对样本区（滇池流域和昆明主城区）进行基于遥感和GIS的大量土地利用、环境监测、城市建设以及社会经济等时空数据分析，研究高原湖滨城市用地扩展与湖泊水环境变化的关系；运用元胞自动机和GIS技术实证分析生态视角下不同土地集约利用模式设计方案的经济效益与生态效益，探索高原湖滨城市实现可持续土地集约利用的理论模式及新型土地管理机制，重塑高原湖滨城市发展与湖泊保护和谐关系的土地利用管理新格局。

本书主要分为以下几部分：

第一，高原湖滨地区土地利用与湖泊生态的关系研究。这部分是本书研究的基础，通过这部分实证性历史回顾研究，探寻高原湖泊流域土地利用是否与高原湖泊生态恶化存在相互关系，存在什么样的关系，为后续研究提供科学依据。

第二，昆明城市用地扩展对滇池水环境的影响研究。这部分是前面研究的拓展。它以昆明主城区近30年来建设用地扩展与滇池湖泊水环境的生态变化为视角，系统分析评价20世纪80年代至今昆明主城建设用地扩展与滇池湖泊生态变化的相互关系，为生态视角下的高原湖滨城市土地集约利用模式设计提供科学依据。

第三，生态约束下滇池流域城市化地区城镇村土地集约利用模式研究。这部分是本书研究的核心内容，通过这部分的理论和实证研究，探索高原湖滨城市构建经济高效、生态合理、能尽量减少城市发展对湖泊生态负面影响的土地集约利用模式及其理论与方法。

第四，生态约束下高原湖滨城市（镇）土地集约利用模式研究。这部分是在前面实证研究的基础上，从理论上升华提炼生态约束下高原湖滨城市（镇）土地集约利用理论模式框架、模式类型和土地集约利用方向。

第五，高原湖滨城市土地集约利用的管理机制和政策体系研究。这部分以我国现行土地管理法规体系为依据，探索高原湖滨城市土地集约利用的新型土地管理机制和政策体系。

参加本书研究的主要人员是我与金杰、黎海林和陈震；另外，赵耀龙、李彦、雷冬梅、袁磊、孟春林等老师也参加了研究，本书是大家共同研究的成果。具体写作分工如下：第一章，张洪；第二章，张洪、雷冬梅、黎海林、陈震；第三章，张洪、黎海林；第四章，张洪、金杰；第五章，张洪、袁磊；第六章，李彦、张洪；结论：张洪，附录，张洪、孟春林、张静。

本书得以出版，首先感谢国家自然科学基金项目编号：70863014的资助。其次，感谢作者所在学校——云南财经大学的大力支持，为本书研究和写作提供时间、设备和经费支持。还要感谢参加本书研究的同事们和研究生，没有他们的辛勤劳动，不可能取得本书研究的成果。最后，衷心感谢我的家人，没有她们的理解和默默奉献，我将一事无成。

　　本书只是一个初步探索，一些机理还需要更深入的实验研究，一些理论模型还有待于完善，一些参数还需要更多的工作积累进行修正。本书的疏漏和不足之处，需要在未来的研究工作中予以解决和完善，也欢迎读者给予斧正。

张　洪

2013 年 9 月于昆明云南财经大学康园

目　　录

第1章 概　　述

1.1　研　究　背　景

1.1.1　国外湖泊污染治理简介

城市扩展是人类社会发展的必然结果,是一个国家阶段性发展的标志。城市的快速发展,一方面为居民提供优越的物质和文化生活条件;另一方面使得人口激增、工厂林立、交通繁忙、资源短缺,造成严重的环境污染问题,给社会生产和居民生活带来诸多不便,进而又影响到城市可持续发展,带来一系列的城市环境问题。在众多城市环境问题中,水环境问题是较为突出的一个。水环境污染又称为水体污染,是指人类活动排放的污染物进入河流、湖泊、海洋和地下水等水体,使得水体及其水生态系统的物理、化学、生化性质发生改变,降低水体原有的功能(陈德超,2003)。城市中每天产生大量的工业废水和生活污水,城市河流以及大江大河的城市段自然成为这些污水的主要受纳水体,并注入与之相连的湖泊。因此,城市河流及湖泊问题又成为城市水环境研究的主要方面。

湖泊是连接水圈、生物圈、岩石圈的重要纽带,又是现代城市发展的载体。水是城市的活力所在,以湖泊为淡水资源是人类生存与社会发展不可或缺的物资条件。随着城市人口总量和密度的增加以及经济的发展,城市生活与生产的污水排放量呈现几何倍数的增长,向水中排放的污染物远远超过城市水体的自净能力,城市水环境质量明显下降。现在全国90%以上的城市水体污染严重,50%的重点城镇集中饮水水源已不符合取水标准,如北京的通惠河和凉水河、郑州的金水河、南京的秦淮河、济南的小清河等的水质为Ⅴ类或劣Ⅴ类;城市内部河流污染则更加严重,如深圳市内8条河流水质均为劣Ⅴ类(张学勤和曹光杰,2005),城市湖泊水质急剧下降。全国政协人口资源环境委员会主任陈邦柱指出,中国目前江河湖泊有70%被污染,75%的湖泊出现不同程度的富营养化。同时,蓝藻水华频繁暴发,水质性缺水日益严重,引发淡水资源短缺、洪涝干旱灾害增多,严重制约着湖滨区域发展并影响人们的生活。据相关报道:昆明的滇池、南京的玄武湖和莫愁湖、杭州的西湖、武汉东湖都已严重富营养化,水质为Ⅴ类或劣Ⅴ类;太湖已经连续发生湖泊萎缩、功能退化、水质污染等现象。

从世界范围看,城市水环境恶化是一个比较普遍的突出问题。20世纪六七十年代,日本的水环境污染问题发展到十分严重的地步,连续发生多起水体污染引起的社会公害。美国及欧洲等国家也大都经历过一个城市河流先污染后治理的过程。随着水环境污染的日益加重以及对水资源危机认识的深化,水环境保护和整治对策研究在世界各地蓬勃开展,尤以欧美国家和日本研究较早,并在实践中取得成功,使许多城市河流恢复了清澈,鱼类重新畅游其中。现在,发达国家都十分重视对城市河流的治理和保护。纵观国外研究,可以看出以下趋势:①污染源和污染物的研究作为水环境研究的基础,其重点正从点源转向非点源;②污染过程与污染机理研究正从有机污染转向污染物在水-土界面之间的迁移转化;③在水质模型与水环境模拟评价方面,从单一模型向多技术集成方向发展,其中将水质水量模型与 GIS 耦合研究已经成为一个新的动向。

从湖泊治理看,北美和日本的湖泊富营养化治理和湖泊生态系统修复具有一定的代表性。

1. 日本——琵琶湖

琵琶湖位于日本滋贺县的中部,面积 674km²,是一个平均水深达 40m 的深水湖,它具有丰富的自然资源及旅游资源,发挥着供水、防洪、水产养殖、学术研究、旅游观光、生物多样性宝库和地域象征等多种功能。随着日本工业化与城市化的发展,高强度的土地开发利用使农地面积不断减少,住宅、商业、工业等建设用地增加。土地利用与土地覆被变化导致琵琶湖集水区域的自然下垫面减少,加上森林质量下降,琵琶湖集水区域的蓄水、保水能力降低,整个流域的正常水循环被改变,对水量和水质都产生不利影响。日本的琵琶湖在经历日本高度经济增长期片面的水资源开发利用阶段后,已转向开发利用与保护相结合的阶段。通过琵琶湖的长期性战略规划实施,实现对琵琶湖的综合开发利用,形成以琵琶湖流域为单元、政府主导与全民参与的湖泊保护管理模式(张兴奇等,2006)。

琵琶湖的治理也涉及流域的土地利用。在流域内以维持正常水文循环为出发点,强调在水文循环的各个环节进行一体化管理。这包括与琵琶湖相连的众多河流的上下游、左右岸、干支流、地表水与地下水、水量与水质、琵琶湖周围的土地利用与琵琶湖的综合管理。

2. 北美——五大湖区

北美五大湖位于美国和加拿大的交界处,按大小分别为苏必利尔湖(Superior)、休伦湖(Huron)、密歇根湖(Michigan)、伊利湖(Erie)和安大略湖(Ontario)。其中,除密歇根湖为美国独有外,其他 4 湖为美国和加拿大两国共有。五大湖流域的传统制造业造成的工业污染破坏了五大湖的水资源环境。

20 世纪 60 年代末,五大湖水环境恶化问题逐渐引起社会各界的重视,美国和加拿大两国政府开始联手,共同治理五大湖水环境污染。1972 年,美国和加拿大两国签订五大湖水质协议,美国政府开始增加在污染治理方面的投资,并制定污染物排放标准,建立城市污水处理厂。1978 年,对五大湖水质协议进行第二次修改和补充,着重强调有毒污染物对生态环境的影响,减少非点源污染,恢复和维护湖区生态环境。总体来看,在过去的数十年里,五大湖水环境在被严重破坏后,又通过积极的治理取得令人瞩目的成功。但是,要保证五大湖的水质清洁和生态系统健康,仍有许多工作要做,如阻止湿地的减少、保护和维持生物栖息地、防止外来物种的侵入等(窦明等,2007)。

针对五大湖区污染问题,美国成立国际联合委员会,下设 20 个专业委员会,旨在加强湖区水污染研究;并设立五大湖渔业委员会,专门指导渔业资源的开发工作;设立五大湖州长理事会,促进五大湖地区的环境保护工作。这些管理机构分工细致、责任明确,使得湖泊管理井井有条,各负其责。其次,美国政府制定了一系列重要的政策措施,主要包括日最大负荷总量限制、水质管理规划、非点源控制计划等。

西方发达国家湖泊治理的理论研究和实践经验表明,湖泊污染是多因素造成的。因此,湖泊污染治理必须多渠道、多学科综合治理,其中流域土地利用调整是湖泊污染治理的重要措施之一。只要做好规划,长期治理,是能够实现湖滨区域社会经济与湖泊生态保护的协调发展。

1.1.2 云南高原湖泊基本特征与湖泊污染治理概况

1. 云南高原湖泊基本特征

云南高原湖泊众多,是我国湖泊最多的省份之一。面积在 $1km^2$ 以上的湖泊共 37 个,湖泊总面积 $1066km^2$,集水面积 $900km^2$,总蓄水量约 300 亿 m^3。云南滇东主要湖泊有滇池、抚仙湖、阳宗海、杞麓湖、星云湖等;滇西主要有洱海、程海、泸沽湖、剑湖、茈碧湖、纳帕海、碧塔海等;滇南主要有异龙湖、长桥海、大屯海等。按湖泊容水量分,超过 20 亿 m^3 的湖泊有抚仙湖、洱海、程海、泸沽湖;按平均水深分,超过 20m 的湖泊有抚仙湖、泸沽湖、程海、阳宗海;按湖面面积分,超过 $200km^2$ 的湖泊有滇池、洱海、抚仙湖。滇池是云南省湖面最大的湖泊,在全国名列第六。抚仙湖的容水量和平均水深均名列云南全省湖泊之冠,它也是中国第二深的淡水湖泊。

云南湖泊多位于崇山峻岭之中,或高山之巅,似颗颗高原明珠,像块块山间碧玉。它们山环水映,景色秀美,风光如画,是云南省壮丽自然旅游景观的重要组成部分。云南省有许多湖泊驰名中外,其中最著名的高原湖泊按照湖泊面积排序为滇池、洱海、抚仙湖、程海、泸沽湖、杞麓湖、星云湖、阳宗海、异龙湖 9 个湖泊。九大高原湖泊中,滇池、抚仙湖、星云湖、杞麓湖、阳宗海 5 个湖泊位于滇东地区,洱海、泸沽湖、程海 3 个湖泊位于滇西地区,异龙湖位于滇南地区。按照行政区划,滇池为昆明市管辖;抚仙湖、星云湖、杞麓湖为玉溪市管辖;阳宗海为昆明市(54% 的流域面积)、玉溪市(46% 的流域面积)管辖;洱海为大理州管辖;程海为丽江市管辖;泸沽湖为丽江市(43% 的流域面积)、四川省(57% 的流域面积)管辖;异龙湖为红河州管辖。

九大高原湖泊具有以下基本特征:

(1) 处于高海拔地区。九大湖泊分布在海拔 1414～2690m。水面高度由高到低排序依次为泸沽湖、洱海、滇池、杞麓湖、阳宗海、抚仙湖、星云湖、程海、异龙湖。

(2) 气候温和。九大湖泊同处低纬度、高海拔、亚热带地区,湖泊坝区多年平均气温为 13～20℃,早晚温差大,日照时间长。按流域平均气温由高到低依次为程海、异龙湖、阳宗海、星云湖、杞麓湖、抚仙湖、洱海、滇池、泸沽湖。

(3) 湖泊形状。九大湖泊均为构造断陷型湖泊,形状均为南北向长、东西向窄。

(4) 深水湖与浅水湖并存。按照平均水深小于 10m 为浅水湖泊,平均水深大于 10m 小于 30m 为较深水湖泊,平均水深大于 30m 为深水湖泊进行划分。九大高原湖泊中,抚仙湖和泸沽湖为深水湖,阳宗海、程海和洱海为较深水湖,滇池、星云湖、杞麓湖、异龙湖为浅水湖。

(5) 湖泊生态系统敏感脆弱。九大高原湖泊流域海拔落差大,是垂直气候明显的流域。生态系统敏感脆弱是大多数高原湖泊共有的自然特征。

（6）水资源普遍缺乏。由于流域面积小，降雨形成的径流量十分有限；湖泊多为群山环抱，呈封闭或半封闭状态，如程海是封闭湖泊，其他八大湖泊均为半封闭湖泊；湖面蒸发量高于湖面降水量等原因，九大高原湖泊水资源普遍短缺。

（7）湖泊换水周期普遍较长。由于九大湖泊都是封闭和半封闭湖泊，普遍换水周期较长，一般都在一年以上。所以，高原湖泊一旦被污染，想要恢复是一个长期而艰难的过程。

（8）湖泊流域大多有城镇存在，流域呈现城镇发展与农业发展并存。九大湖泊流域都有村庄存在，大多数湖泊流域都有县级以上行政中心设置。

云南九大高原湖泊基本概况如表1.1～表1.4所示。

表 1.1　云南九大高原湖泊自然状况

湖泊类型	湖泊名称	流域面积/km²	所属水系	降水量/mm	蒸发量/mm	湖泊面积/km²	平均长度/km	平均宽度/km	最大水深/m	平均水深/m
深水湖泊	抚仙湖	674.7	珠江水系	872	1275	216.6	31.8	6.8	158.9	95.2
	泸沽湖	247.6	金沙江水系	910	1170	57.7	9.5	6.1	105.3	38.4
较深水湖泊	阳宗海	192	珠江水系	939	2026	31.9	12.7	2.5	29.7	18.9
	程海	318.3	金沙江水系	734	2169	74.6	17.3	4.3	35	26.5
	洱海	2565	澜沧江水系	1048	1209	251.3	42.5	5.9	21.3	11.4
浅水湖泊	星云湖	373	珠江水系	872	1996	34.3	9.1	3.8	10.8	6.1
	滇池	2920	金沙江水系	953	1409	309.5	41.2	7.56	9.3	5.3
	杞麓湖	254.2	珠江水系	883	1063	37.3	10.4	3.6	6.8	4.5
	异龙湖	360.4	珠江水系	920	1909	29.6	13.8	2.1	5.7	3.9
湖泊类型	湖泊名称	流域面积/km²	所属水系	湖岸线长/km	入湖水量/亿m³	出水量/亿m³	蓄水量/亿m³	换水周期/年	最大落差/m	森林覆盖率/%
深水湖泊	抚仙湖	674.7	珠江水系	100.8	1.67	0.96	206.2	166.9	1.5	27.2
	泸沽湖	247.6	金沙江水系	44	1.26	0.27	22.2	83.4	1	45
较深水湖泊	阳宗海	192	珠江水系	32.3	0.56	0.48	6.04	12.6	3.75	22.8
	程海	318.3	金沙江水系	45.1	1.27	1.31	19.8	94.3	1.8	17
	洱海	2565	澜沧江水系	127.8	8.25	8.63	28.8	3.3	1.7	35.6
浅水湖泊	星云湖	373	珠江水系	38.8	0.49	0.24	2.1	8.8	1	31.4
	滇池	2920	金沙江水系	163	6.7	4.17	15.6	3	2	50.6
	杞麓湖	254.2	珠江水系	32	1.08	0.77	1.68	2.2	3.4	21.6
	异龙湖	360.4	珠江水系	62.9	0.48	0.16	1.15	7.2	2.12	34.2

表 1.2　云南九大高原湖泊流域的城镇状况

湖泊	流域面积/km²	地位	所属水系	所属地州
滇池	2920	西南第一大，全国第六大淡水湖	长江水系	昆明市
阳宗海	192		珠江水系	昆明市、玉溪市

湖泊	流域面积/km²	地位	所属水系	所属地州
洱海	2565	云南省第二大湖	澜沧江水系	大理州
抚仙湖	674.7	中国第二深水湖	珠江水系	玉溪市
星云湖	373		珠江水系	玉溪市
杞麓湖	254.2		珠江水系	玉溪市
程海	318.3		长江水系	丽江
泸沽湖	247.6	中国第三深水湖	长江水系	丽江
异龙湖	360.4		珠江水系	红河州

湖泊	位于其周边的城镇		
	州市	县城	乡镇
滇池	昆明市(省会城市)	五华区、官渡区、盘龙区、西山区、呈贡区、晋宁县	官渡镇、矣六、斗南镇、大渔、新街、古城镇、海口镇、碧鸡镇
阳宗海	—	宜良县、晋宁县、嵩明县、澄江县	汤池镇、阳宗镇
洱海	大理市(州府城市)	大理市(县级)、洱源县	七里桥镇、大理镇、银桥镇、弯桥镇、喜州镇、上关镇、双廊镇、挖色镇、海东镇
抚仙湖	—	澄江县、江川县、华宁县	龙街镇、右所镇、海口镇、路居镇、江城镇
星云湖	—	江川县	前卫镇
杞麓湖	—	通海县	四街镇、纳古镇、雄关镇、杨广镇
程海	—	永胜县	程海镇
泸沽湖	—	宁蒗县、四川省盐源县	泸沽湖镇
异龙湖	—	石屏县	坝心镇

表 1.3 云南九大高原湖泊流域人口状况

湖泊名称	流域面积/km²	所辖行政区	流域面积占全省比例/%	人口/万人			占云南省人口总数比例/%	人口密度/(人/km²)
				农业人口	非农业人口	总人口		
滇池	2920	7 个县区 30 个街道办事处,25 个乡镇	0.32	181.11	277.16	458.27	9.96	1437
抚仙湖	674.7	3 个县区 8 个街道办事处,253 个自然村	0.17	13.66	2.07	15.73	0.34	234
星云湖	373	1 个县区 5 个乡镇 45 个村委会	0.09	17.26	1.52	18.78	0.41	504
杞麓湖	254.2	1 个县区 7 个乡镇 66 个村委会	0.06	21.75	3.50	25.25	0.55	994
洱海	2565	2 个县区 16 个乡镇 167 个村委会 774 个自然村	0.65	64.59	23.61	88.20	1.92	344
泸沽湖	247.6	1 个县区 1 个乡镇 11 个自然村	0.06	1.31	0.06	1.37	0.03	56

续表

湖泊名称	流域面积/km²	所辖行政区	流域面积占全省比例/%	人口/万人			占云南省人口总数比例/%	人口密度/（人/km²）
				农业人口	非农业人口	总人口		
程海	318.3	1个县区1个乡镇9个村委会47个自然村	0.08	3.90	0.16	4.06	0.09	128
阳宗海	192	3个县区3个乡镇22个村委会	0.05	3.92	0.46	4.38	0.09	228
异龙湖	360.4	1个县区3个乡镇33个村委会231个自然村	0.09	14.47	3.11	17.58	0.38	364
合计	7905.2	5个州市12个县44个乡镇		321.97	311.65	633.52		

表1.4　2010年云南九大高原湖泊流域经济状况

湖泊名称	2010年流域人口/万人	2010年流域GDP/亿元	2010年人均GDP/元	流域GDP占九湖GDP的比例/%	主导产业
滇池	458.27	1 436.93	31 355.84	81.65	产业结构以旅游、商贸和工业为主。企业以烟草及配套、制药、装备制造等为主，农业以种植、养殖业为主
洱海	88.20	154.64	17 533.00	8.78	种植业、畜牧业、烟草、工商业、旅游业
杞麓湖	25.26	36.10	14 291.96	2.05	粮食为主导，以烟为支柱，生猪、蔬菜及县乡工商企业为优势产业的格局
星云湖	18.78	25.55	13 599.71	1.45	种植业、磷化工为支柱的特色产业
抚仙湖	15.73	47.64	30 282.27	2.71	旅游、粮食、烤烟、生猪、蔬菜及乡镇企业
异龙湖	17.50	16.30	9 314.81	0.93	农林牧副渔业和以豆制品加工业为主的县乡工商企业
阳宗海	4.36	41.48	95 103.62	2.35	农业、旅游业、工业
泸沽湖	1.37	0.09	622.90	0.01	种植业、养殖业、旅游业
程海	4.06	1.18	2 902.61	0.07	种植业为主、林牧副渔业为辅
合计	633.53	1759.91		100%	

2. 云南九大高原湖泊污染类型分析

云南九大高原湖泊污染已比较严重。根据2011年一季度云南九大高原湖泊水质状况公告，属于重度污染的有5个湖泊，滇池、阳宗海、星云湖、杞麓湖、异龙湖；属于中度污染的有两个湖泊，洱海、程海；属于基本无污染的，有抚仙湖和泸沽湖两个湖泊（表1.5）。

表1.5 2011年一季度云南九大高原湖泊水质状况

湖泊		水域功能	水质综合评价	透明度/m	营养状态指数	主要污染指标	污染程度
滇池	草海	IV	>V	1.42	67.4	BOD₅、总氮、总磷	重度污染
	外海	III	>V	0.37	70.57	总氮	重度污染
阳宗海		II	IV	2.27	46.57	砷	重度污染
洱海		II	II	1.68	41.23	—	中度污染
抚仙湖		I	I	6.64	18.95	—	基本无污染
星云湖		III	>V	1.44	60.47	总磷	重度污染
杞麓湖		III	>V	0.53	66.82	总氮	重度污染
程海		III	III	2.5	44.7	—	中度污染
泸沽湖		I	I	9.2	14.6	—	基本无污染
异龙湖		III	>V	0.28	74	高锰酸盐指数、氨氮、总氮	重度污染

注:1. 评价执行《地表水环境质量标准》(GB3838—2002);
　　2. 按云南省环境监测中心站提供数据为准。

各湖泊流域社会经济状况和土地利用不同,造成湖泊污染的类型有比较大的差异。根据各湖泊流域水污染综合防治十一五规划资料,九大湖泊大致可以分为4种类型。

1) 非点源污染与点源污染混合影响

滇池和洱海属于此类。

昆明市是滇中城市群的核心城市,承担着面向东南亚、南亚开放的"桥头堡"核心功能,城市发展以工业和第三产业为主。目前,滇池湖泊环境问题主要表现在流域社会经济快速增长,水环境压力越来越大,水资源过度开发和非点源污染难以有效控制,公众环境意识的提高与滇池水质短期内难以根本改善的矛盾日渐尖锐。滇池流域城市(镇)化程度高,城市(镇)污染成为滇池首要污染因素,2010年城镇生活污染源产生的化学需氧量(COD)、总氮(TN)、总磷(TP)分别占流域总污染物的67%、74%、52%。另外,滇池流域陆地生态系统被严重破坏,湖泊生态系统严重退化,环境监管能力不足。除了城市(镇)污染外,农业非点源污染和滇池南部磷矿开采所带来的污染,也是滇池湖泊污染的重要原因。

洱海周边的大理市,是滇西片区中心城市,规划2015年城市人口将达到50万人,2020年达到100万人。洱海主要水环境问题是富营养化,磷、氮是最主要的污染原因。城镇生活污水处理、湖滨带生态恢复建设以及入湖河流和农村非点源污染的治理,是洱海近几年控制湖泊水质下降的主要措施。尤其是严格控制大理市下关城区的生活污水和工业废水进入洱海,控制流域周边工业企业的点源污染和农村居民点污染,是洱海污染治理的重点。

2) 非点源污染为主

抚仙湖、星云湖、杞麓湖、异龙湖属于此类。

抚仙湖流域城镇化水平不高,污染物主要来自湖泊周边的非点源污染,湖泊基本还具有自净能力。抚仙湖目前最大的水环境问题是湖泊补给水少,水资源供需平衡矛盾突出;随着抚仙湖周边旅游开发,湖泊生态环境开始恶化。

星云湖面临的主要水环境问题是,水资源贫乏,森林植被涵养能力差,水土流失严重,湖泊富营养化进程加快,水体功能受到损害。星云湖污染的主要污染源是非点源污染,占入湖污染物的79.3%。

杞麓湖面临的主要水环境问题与星云湖类似,表现为水资源贫乏,供需矛盾突出,蓄、泄矛盾难以解决,河堤硬化不利于湖泊生态健康,沼泽化和湖泊老化程度非常严重。湖泊水体污染和富营养化都较严重,污染源类型多样,非点源污染是最主要的污染源。

异龙湖面临的主要水环境问题是,靠近石屏县城,流域经济增长和工业发展增加了湖泊环境负担,城镇主要污染源尚未得到有效控制;流域的农业发达,农业侵占湿地和水体现象普遍,农业非点源污染严重;由于长期人类垦殖,流域森林植被破坏严重,生物多样性低,湖泊生态系统功能弱。

3) 点源污染为主

阳宗海属于此类。阳宗海周边村镇较少,农业不发达,农村非点源污染不严重。但是,阳宗海流域的企业中,有一部分是严重污染企业,企业生产过程中排出大量砷,导致湖水砷含量严重超标,使阳宗海失去成为附近居民水源地的能力。

4) 其他

泸沽湖和程海流域只有零星村落,基本没有工商业和城镇,人类活动对湖泊的影响较轻。因此,泸沽湖是九大高原湖泊中水质最好的湖泊,常年水质为 I 类。程海由于养殖螺旋藻,湖水氟化物含量严重超标;另外,程海流域年均蒸发量远高于降水量,又没有常年的出水口,导致盐在湖内沉积,整个湖泊有向咸水湖变化的趋势。

3. 云南高原湖泊治理概况

针对云南九大高原湖泊普遍出现的加速富营养化趋势,中国科学院南京地理与湖泊研究所科研人员提出,从入湖河流污染生态控制入手,切断非点源污染物进入湖泊的通道,遏制富营养化发展趋势的技术思路。2000 年 9 月 23 日,云南省人民政府召开九大高原湖泊水污染综合防治现场办公会,专题研究和部署九大湖泊水污染防治,拉开九大湖泊水污染防治的序幕。10 余年来,九大湖泊水污染防治工作已完成 217 个保护与治理项目,累计投入 58 亿余元。项目包括:城市污水处理厂、截污管道、垃圾处理场、底泥疏浚、工业污染源治理、河道整治、工程造林、封山育林、退耕还林、退田退塘退房还湖等项目,以及建设湖滨生态带、建沼气池、恢复湿地及水生植物、取缔非法采石采矿点、取缔养鱼网箱、完成科研课题等工作。

滇池新增绿地 1717 万 hm²,城市绿地提高到 36%,昆明主城区绿化覆盖率提高到 39.68%。全面推进环湖生态建设和"四退三还"。截至目前,滇池湖滨共完成退田退塘 2086hm²,建设与恢复湖滨生态湿地 716hm²、湖滨林带 656hm²,环湖生态湿地建设前期工作基本完成。同时,城市污水处理厂和环湖截污管网工程已全面启动。

洱海是云南省湖泊综合防治做得最好的湖泊。洱海流域的大理市下关片区排水管网工程、大理市东城区给排水管网工程(二期)、苍山十八溪水环境综合整治、大理市环洱海(上和—灯笼河段)截污干渠工程建设正加紧实施,洱海流域城市、集镇、村落、农户污水处理体系初步建成,沿湖 8 个集镇、48 个重点村落污水处理系统建设正在实施。洱海流域的缓释放 BB 肥料项目和太阳能中温沼气站建设,为解决农村生活污染和畜禽养殖污染探索出一条新路子。

抚仙湖东岸(澄江段)截污治污工程开工建设,安装预制管 2928m,建设箱涵 1627m,开挖隧道 517m,完成投资 5360 万元。抚仙湖东岸(华宁段)退田退塘还湖生态建设工程稳步推进,已完成 27.67hm² 经济果木林带建设。

异龙湖水污染综合治理着力完善污水处理厂及管网建设,西岸截污管网和新建污水处理厂工程启动实施。退塘还湖工程顺利实施,现已完成退塘 151hm²。松村豆制品及村落污水处理试点工程取得成功,沿湖 17 个村庄环境综合整治工程正在加紧建设。复归珠江水系新街海河整治工程进展顺利,完成河道开挖及整治 4km。

星云湖环湖截污治污工程全面实施,县城污水处理厂扩建、污水收集管网等工程进展顺利,建设了集截污、防洪等功能为一体的 10km 长堤。

泸沽湖全面实施八大治理工程。

1.2 滇池湖泊水质污染变化简况

1.2.1 滇池流域的自然地理概况

滇池流域位于云南高原西部,是云南省最大的高原盆地。地理坐标为东经 102°30′ ~ 103°00′,北纬 22°28′ ~ 25°28′,西有横断山脉,东临滇东高原,北靠乌蒙山,地处长江、珠江、红河三大分水岭地带。涉及昆明市主城区(包括五华、盘龙、官渡、西山四区)、呈贡区、晋宁县、嵩明县,是云南省经济和社会发展水平最高的区域。

滇池流域地形地貌具有典型高原特点,其特征为北高南低,南北向狭长,东西宽的三级梯状不对称地形,南北长 114km,东西平均宽 25.6km,面积 2920km²,海拔为 1887.4 ~ 2890m,相对高差 1002.6m,主要由平地、台地、山地等构成。第一级为盆地,海拔为 1887.4 ~ 1900m,由滇池及洪积平原、冲积平原、湖积平原和三角洲平原组成;第二级为台地,海拔为 1900 ~ 2100m,由丘陵、低山、岗地、湖成阶地组成;第三级为外围山地,海拔为 2100 ~ 2890m,由低山、中山组成,该区域普遍受到中等和浅度切割,坡度一般较陡。以面积百分比组成来看:滇池水域面积约 309.5km²(正常高水位 1887.4m 时),占 10.6%;湖滨平原面积 586.9km²,占 20.1%;山地丘陵面积 2023.6km²,约占 69.3%。

1. 气候

滇池流域属亚热带低纬度高原山地季风气候,受地形作用,滇池流域局地气候特征显著。

(1)冬夏温差小,四季如春,昼夜温差大。全区大部分地区冬季最冷月平均气温 7.5℃,夏季最热月平均气温 19.7℃,冬夏温差不超过 13℃,年平均气温 14.7℃,四季如春。但昼夜温差大，一天中昼夜温差可达20℃左右。

（2）干、湿季分明，雨热同季。全年降水量在时间分布上明显地分为干、湿两季。5~10月为雨季，降水量占全年的90%左右，空气温暖潮湿；11月至翌年4月为干季，降水量仅占10%左右，空气温凉干燥。全地区年平均降水量为800~1200mm，年降水天数132~136天。

（3）热量资源较为丰富，大于0℃的积温为5119.0~6080.7℃，大于10℃的积温为4174.6~5204.5℃，主要是夏温不高所致。每平方厘米年太阳总辐射为1174~1304cal[①]，平均日照时数为2050~2450h。

（4）长期气象统计资料显示，昆明盛行西南风，且风向稳定，风向频率集中。昆明地区多年平均风速为2.2m/s，一般风速白天大于夜晚。一天中风速最大出现在午后16时左右，最小出现在凌晨5时前后。就季节而言，干季各月风速均大于雨季各月风速，一年中风速最大的月份为3月(3.1m/s)，最小的月份为8月(1.4m/s)。多年平均静风频率较高(约29%)，每年约1/3的时间处于静风状态。一般静风出现在夜间和清晨，白天出现静风的持续时间较短，一年中静风主要出现在干季。相对来说昆明属于风速较小、静风频率较高的地区。

（5）湖陆风、逆温和城市热岛效应明显。据有关资料显示昆明西侧为绵亘10余千米的山系，相对高度为400m左右，山脉走向与盛行风方向交角较大，过山风的影响不可避免，主要发生在干季晴好天气的午后12~17时。由于滇池水面约占滇池流域面积的1/3，湖陆之间热容量的差异，导致以日为周期变化的白天吹湖风、夜间吹陆风的现象。在天气晴朗、大范围风速较小时表现明显。据资料显示，典型的滇池湖风出现在11~18时，陆风出现在21时至翌日7时，垂直影响高度约为300m。

2. 水系

注入滇池的河流较多，主要有盘龙江、宝象河、马料河、洛龙河、捞鱼河、梁王河、大河、柴河、东大河、新河、运粮河等29条，其中，流入草海的河流共有7条，分别为王家堆渠、新河、运粮河、乌龙河、大观河、西坝河、船房河；流入外海的河流共计22条，分别为采莲河、金家河、盘龙江、大清河、海河、六甲宝象河、小清河、五甲宝象河、虾坝河、老宝象河、新宝象河、马料河、洛龙河、捞渔河、南冲河、淤泥河、柴河、白鱼河、茨巷河、东大河、中河与古城河。其中流域面积大于100km²的河流有8条，盘龙江是流域内最大的河流。这些河流穿过人口密集的城镇、乡村，并接纳沿途工农业生产废水及居民生活污水，呈向心状流入滇池，其共同特征是源近流短。河流主要分布于盆地北、东、南三面，西部紧邻西山，仅有细小溪流流入滇池。滇池主要河流水系见图1.1。

3. 土地资源及植被

滇池流域海拔2000m以下的陆地面积为1047km²，另外1563.5km²陆地面积海拔在2000m以上。海拔低于2000m的陆地中，30%的是坡度小于2°的平地；30%的坡度为

---

①1cal=4.19J。

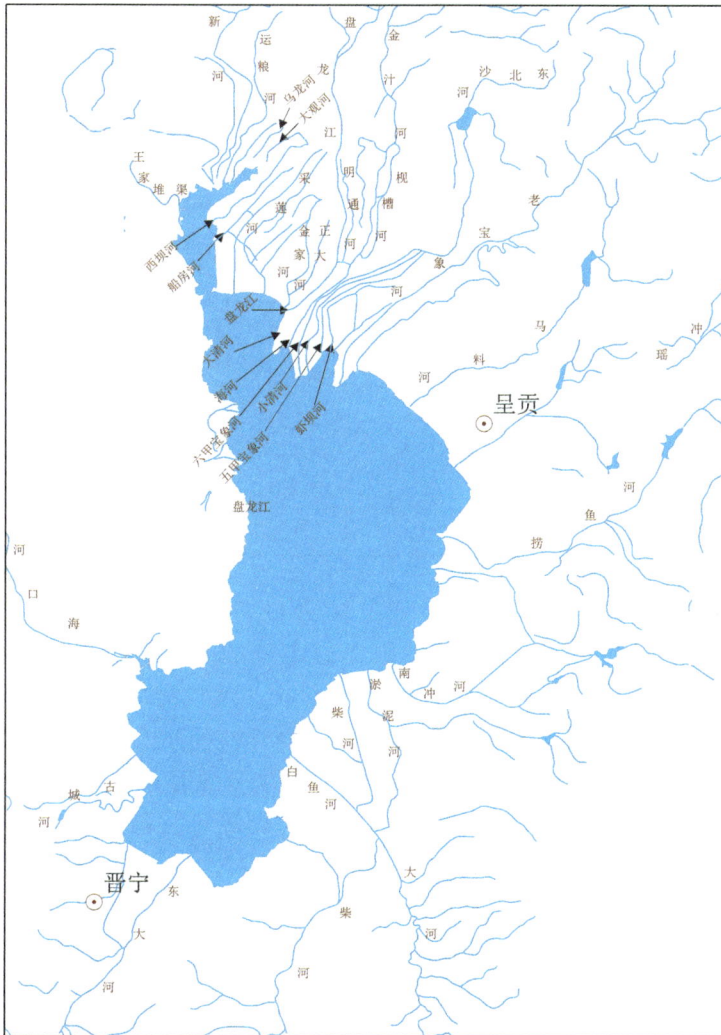

图 1.1 滇池主要河流水系示意图

2°~6°,40%的坡度为6°~15°。总体上,流域中部比较平缓,流域周围地形有起伏,坡度为6°~15°的坡地绝大多数位于流域四周。

滇池盆地的地带性植被为半湿润常绿阔叶林,受人为活动的强烈影响,现已寥寥无几,仅在西山森林公园有少量分布,主要优势树种为滇青冈、高山栲等。现存植被多为云南松林、滇油杉林等,局部水分条件较好的地方分布有华山松林。在盆地周围的丘状山地上,人为影响较为严重的萌生灌丛和灌草丛分布较广。

1.2.2 滇池湖泊的自然特征及其生态脆弱性

滇池湖面面积309.5km²,湖体容积15.6亿 m³,平均水深5.3m,最大水深11.2m,湖面南北长40km,东西向平均宽7km,湖岸线长163.2km。根据《滇池保护条例》,长期以来控制运行水位上限 1887.0m,下限水位 1885.5m,调节库容 5.09 亿 m^3。海口河、西园隧洞为滇池出水口。北部有天然湖堤海埂将水面隔为南北两个水区,中间有船闸相连,南区称为外海,是滇池的主体,北区称为草海。外海面积 298.7 km^2,平均水深 4.4m,面积约占全湖面积的 97%;草海面积 10.8 km^2,平均水深 2.5m,占全湖面积的 3%。1996 年于西山龙门村修凿西园隧洞,穿越西山,泄草海湖水及环湖截污水入汇于安宁长坡沙河,最终汇入螳螂川。滇池主要自然特征见表 1.6。

表 1.6　滇池主要自然特征

名称	水位/m	面积/km^2	湖长/km	最大宽度/km	最大水深/m	容积/亿 m^3	岸线长度/m	湖底平均坡度/‰
				平均宽度/km	平均水深/m		岸线发育系数	
最高洪水位	1887.5	311.338	41.2	13.3	11.3	15.931	146.3	2.477
				7.56	5.12		2.338	
最低工作水位	1885.3	292.544	39.3	12.7	9.3	9.919	—	1.645
				7.44	3.39			

滇池流域水资源开发利用严重过度。在 50 年的时间中,达到或接近正常蓄水位的有 10 年,满蓄率为 20%;达到或低于最低运行水位的有 8 年,多年平均运行水位为 1886.5m,有 18 年无弃水,平均年弃水量仅 1.5 亿 m^3。滇池流域面积 2920km^2 与湖泊面积 309km^2 之比值被称为水量补给系数,为 9.45;太湖水量补给系数为 15.61,鄱阳湖为 50。水量补给系数低,容易形成水资源供给量不足,水资源容量较太湖、鄱阳湖等我国东部平原湖泊小。滇池年平均出湖水量 3.83 亿 m^3 与湖泊正常蓄水容积 15.6 亿 m^3 之比值被称为水量年交换系数,为 0.246,太湖水量交换系数为 1.287,鄱阳湖为 4.939,滇池换水周期较太湖、鄱阳湖等东部平原湖泊长,湖泊对污染的自净能力较低。由以上两项特征值的横向比较可以明显看出,滇池进水少、水资源消耗量大,水体交换速度慢,而且每年来水中还有 2.4 亿 m^3 的水量为污废水,在实际多年平均入湖水量中,清水、污水各占一半,如此的污清比,是滇池水污染治理的困难所在,也从一个侧面反映滇池流域水资源的过度利用情况。因此,滇池湖泊的生态系统比我国东部平原湖泊更加脆弱,湖滨地区社会经济发展和城市化与湖泊生态保护的矛盾更加尖锐。

1.2.3　滇池污染状况

客观上,滇池已是一个具有 7000 万年年龄的湖泊,经历了其幼年、成年阶段,现进入老年阶段。滇池的老龄化特征极为明显,湖水面积变小,湖盆变浅;湖泊富营养化速度加快,湖泊中大量有机质沉积,局部区域沼泽化。滇池距湖体消失变成陆地为期不远,这种地质变化过程,一般需要数千年到上万年的历史。但在人类不合理的干扰和破坏下,这个过程将大大地加速。据史书记载,古滇池的湖水面积为 1000km^2 左右,最大水深 100m;到元、明时期,滇池水位为 1890m 左右,水面面积约 520km^2,蓄水量近 30 亿 m^3,滇池北岸在今得胜桥、弥勒寺、黑林铺一线;至清代,北部水边线退至人民西路至岷山公路以下,土堆村在滇池水边,建于 1696 年的大观楼当时还是水中小岛;湖泊演变到 20 世纪初,水位降至 1887.5m,湖水面积约 336km²,今日滇池水面 309km²,是 1970 年前后"围湖造田"活动中,围垦出"农田"2500hm²,占去湖泊水面 23.8km² 后形成的。

滇池地处滇池流域的最低点,流域面积小、水资源量少、无过境水补给。流域内降雨集中,气候温和,日照时间长,蒸发量大。在湖泊自然演替过程中,滇池已进入衰老期,湖盆缩小、变浅。20 世纪 60 年代滇池水质为 Ⅱ 类,70 年代为 Ⅲ 类,80 年代以来,随着流域内经济发展和城市化进程加快,人口急剧增加,加重流域生态环境的压力。而配套的环保基础设施建设却相对落后,各类污水不经处理就直接排放,加之滇池地处城市下游,滇池成为滇池流域所有污染物的最终受纳水体,大量的污染物源源不断进入滇池。沿湖土地又被过度开发,湖滨生态带基本消失,排入滇池的污染负荷严重超出其环境承载力,打破滇池生态系统的平衡,致使滇池水体污染逐年加剧,导致 90 年代滇池严重富营养化。全湖水质恶化到劣 Ⅴ 类,蓝藻、水葫芦滋生蔓延,水体的使用功能受到严重制约。滇池面临着水环境污染与水资源短缺的双重困境。

根据《滇池环境治理与保护专题研究报告》,2005 年滇池流域入湖污染负荷以城市生活源为主。全流域 COD、TN、TP 入湖量分别为 44 417t、8554t、568t,其中工业污染源 COD、TN、TP 入湖量分别为 6388t、433t、25t,占污染负荷总量的 14%、5%、4%;生活污染源 COD、TN、TP 入湖量分别为 23 250t、6406t、379t,占污染负荷总量的 52%、74%、67%;农村农业非点源 COD、TN、TP 入湖量分别为 7396t、1516t、151t,占污染负荷总量的 17%、18%、27%;城市非点源 COD、TN、TP 入湖量分别为 6685t、151t、11t,占污染负荷总量的 15%、2%、2%。2011 年 8 月滇池污染综合治理协调领导小组办公室在《2011 年二季度滇池水质状况及治理情况公告》中指出,2011 年第二季度滇池草海水质类别总体劣于 Ⅴ 类,主要监测指标中氨氮、五日生化需氧量、总氮、总磷超过 Ⅴ 类水标准。综合营养状态指数为 72.7。2011 年第二季度滇池外海水质类别总体劣于 Ⅴ 类,主要监测指标中高锰酸盐指数、总磷、总氮、挥发酚超过 Ⅴ 类水标准。综合营养状态指数为 65。入湖污染负荷构成见图 1.2。

滇池污染负荷主要来自于城市,在污染负荷产生量构成中,城市生活污染中 TN、TP、COD 均占总量的 60% 左右;虽然已经采取的工程措施对污染物有一定幅度削减,但城市污染负荷仍然占主要地位,TN、TP 占入湖污染负荷的 50% 以上,COD 占总量的一半以上。

流域非点源 TN、TP 负荷基本保持不变,流域上游负荷由于水资源主要用于城市生活供水,下泄量减少,对滇池的直接负荷相应减少;流域下游地区土地利用的主要变化是城镇化,而城市区域非点源 TN、TP 负荷当量较农村农业负荷当量低;农村农业非点源 TN、TP 当量虽随生产生活水平提高而有所提高,但农田面积有所下降。

滇池非点源 COD 负荷有所增加,城市非点源 COD 负荷当量 5 倍于农村面源,城区面积增加导致非点源 COD 负荷增加。

1.2.4　滇池污染原因浅析

滇池水体的污染原因是多方面的,要对其有一个总体认识,必须上升到流域的高度来看。概括起来,有以下几个方面。

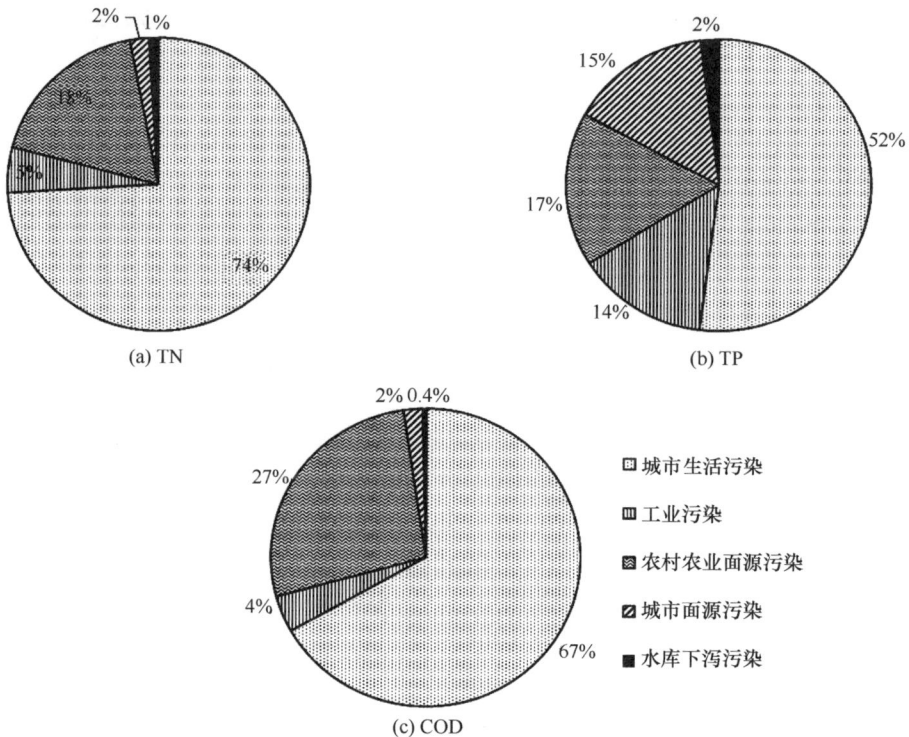

(a) TN

(b) TP

(c) COD

城市生活污染

工业污染

农村农业面源污染

城市面源污染

水库下泻污染

图 1.2　污染负荷入湖量构成示意图

1. 城市污染治理速度滞后

1）城市规划与建设缺乏系统性

长时间以来,昆明市在城市规划与建设阶段,没有很好地考虑建设节水、污水处理及垃圾处置等相关的市政基础配套设施,造成这些设施建设滞后,导致滇池治理长期处于"未还完旧账、又欠新账"的尴尬境地。

2）城市管网覆盖率低,污水管网不完善、不配套,污水收集率低,已建成的污水处理设施没有充分发挥应有的效益

一方面,污水管网不配套导致污水收集率低,加之排水主干管与干管、支干管及支管之间的漏接、错接等现象屡见不鲜;城中村、城郊结合部、沿湖乡镇等区域大部分处于污水管网建设的盲区。据有关调研报告称,目前昆明主城区旱季污水收集入厂率约为68%,雨季仅为43%,致使旱季仍有25万 m³/d 的生活污水,雨季约有75万 m³/d 的雨污混合水通过河道直接排入滇池,使得已治理完成的河道水质仍然没有改善,环境效益没有显现,同时影响污水处理厂的处理效率。另一方面,污水处理厂处理效率低。由于现有污水管网的污水量不能满足污水处理厂的设计处理能力,还有部分污水处理厂要从河道取水进行处理才能满足其满负荷运转,造成进水浓度偏低,导致污水处理厂进水的水质水量均未能达到其设计标准,影响其正常运转。

3）节水与再生水利用相对滞后,节水的潜力没有充分发挥

以单位或居住小区为主体修建的再生水利用设施（中水站）的设计处理能力仅占

2005 年城市居民生活与公共用水量的 6.2%,污水处理厂尾水经深度处理达标后回用于景观用水的水量仅为污水实际处理量的 0.2%,大量污水处理厂的出水排入河道,没有得到很好的资源化利用。

4) 城市面源污染治理尚未引起重视

随着城市规模的不断扩展,大量的水泥硬化地面阻断了土地对污染物质的吸纳通道,城市面源污染问题日渐突出,根据相关研究,城市面源 COD 污染负荷当量约为农村农业面源的 5 倍,其对滇池水体造成的污染不容忽视,但目前尚未采取任何防治措施。

2. 滇池流域生态系统破坏严重

滇池流域森林覆盖率虽然已达 50.1%,但多为云南松次生林,林种单一,植物密度稀疏,涵养水源的生态服务功能较差。加之流域面山挖山、采石、采矿仍未杜绝,加大了水土流失。另外,大量湖滨天然湿地被蚕食,天然生态屏障几乎消失殆尽。天然湖滨湿地被冠以湖泊"肾脏"的美名,而无论是 20 世纪 70 年代的围湖造田、80 年代的沿湖防浪堤建造,还是 90 年代以来昆明城市不断向水域扩张,均对滇池湖滨农用地和湿地进行大量蚕食,目前滇池的天然湖滨湿地已消失殆尽,其对上游来水的过滤、沉淀、净化作用以及对水体中的蓝藻富集、捕捉与氮磷的吸收作用已完全丧失。滇池流域生态系统封闭程度高,生态容量弹性空间小,湖泊水生生态系统极其脆弱。滇池流域的土地由低向高依次为湖面、湖积平原、台地丘陵、山地,面积比大约为 1∶2∶3∶4。以湖面为中心,四周地形起伏大,没有较大的开口与外部环境相通。在这种地形条件下,区域内自然的物质流动呈向心方向,湖面自然成为大多数物质循环的归宿,形成一个封闭的循环体系,从而先天性就比较脆弱,在人类的干扰和破坏下,这种脆弱生态系统难以实现其基本的功能。

3. 滇池水生生态系统脆弱且遭受严重破坏

由于生态破坏,生物多样性几近丧失,水体功能与景观质量大幅下降,加之滇池属于浅水性湖泊,水体置换周期较长,自净能力较弱,如何使其生态系统恢复成水草丰美、水质清澈的状态,是目前湖沼学和生态学的世界难题。而且,湖泊严重富营养化加剧滇池水生生态系统恢复的难度。由于滇池位处昆明城市下方,入湖营养负荷日益剧增,直接造成水中有机物、氮(N)、磷(P)含量升高,水质恶化(DO 下降,透明度降低等),导致水生生态系统恢复的营养物质过剩,而光照条件、溶解氧条件极差,恢复难度加大。短短几十年间,滇池流域生态系统就从以自然调节为主的平衡生态系统转变为人工干预的失衡复合生态系统。由于这一过程不可逆转,一旦被污染和破坏,恢复重建需要一个从量变到质变的循环渐进过程。

4. 农村面源污染综合防治缺乏规模化的措施

农村面源污染主要由水土流失与农村面源污染构成,具有来源复杂、分布广、排放无规律、难收集、难治理的特点,需要采用多种途径、多种方法才能收到良好的治理效果。一方面目前农村面源污染治理仍处于试验示范阶段,尚无可进行推广应用的成熟技术,所以对农药、化肥、农作物秸秆污染及农村生活污水垃圾治理尚未全面推开;对规模化畜禽养殖和集中区(点)农户散养产生的污水也没有采取措施。另一方面,已推广的一些措施未能充分发挥效益而大量闲置,如农村卫生旱厕,2004 年起在滇池流域范围内推广应用,但目前使用率仅为 20%~30%。

滇池流域作为一个生态系统,能够负担外力干扰和破坏的能力是有限的,流域的自然条件能够提供的资源环境的支持也是有限的。2003 年清华大学采用生态足迹模型计算昆明市以及滇池流域的生态承载力,其结论是:滇池流域的人均生态赤字超过人均生态承载力的 6 倍。由此可见,滇池流域已经出现较大的生态赤字,滇池流域生态承载力极为有限。此外,随着人口的迅速增长和日益加快的城市化进程,目前人均水资源量仅为 165m³/人,流域内的农田回归水、工业废水和城市生活污水直接或间接排入滇池循环使用,滇池成为流域供水和排水循环使用的主体,在现状水平年整个流域内的生活生产缺水量为 5.92 亿 m³。同时,滇池水环境容量严重超载,每年入湖污染负荷量与允许的纳污量相比超出 2~3 倍。而问题的严重性还在于,据测算,至 2010 年,滇池累积的总氮已达到 130 383t,总磷 52 835t,滇池污染负荷已严重超过水环境容量。

另外,滇池流域的生态环境用水被严重挤占。为维系和改善湖泊的生态环境,必须预留一部分水量作为生态环境用水。根据有关研究,为维持生态平衡需要约占流域多年平均径流量的 30% 作为生态环境用水。目前在水资源极其短缺、水资源开发利用过度的现实条件下,流域的生态用水被大量挤占,从而为滇池的治理和生态环境改善增加难度。

综合以上成因,列出滇池污染大体框架示意图如图 1.3 所示。

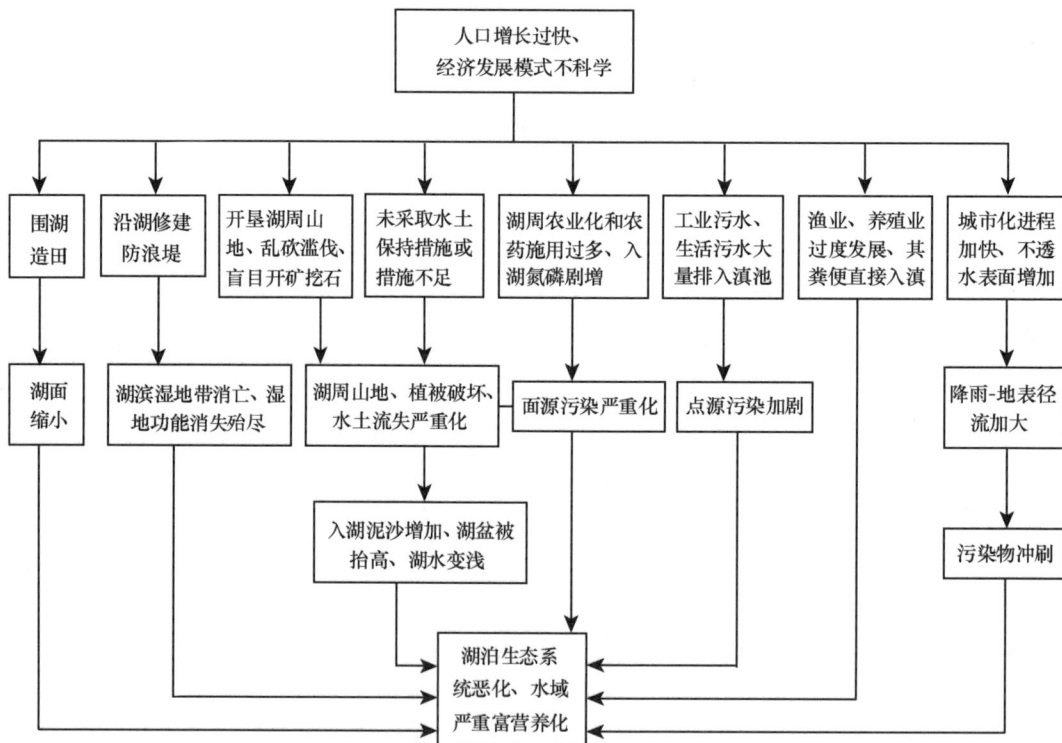

图 1.3　滇池污染成因框架示意图

1.2.5 小结

滇池作为高原湖泊,与我国东部平原湖泊比较,汇水面小,水量供给系数低;水量交换系数小,湖泊换水周期长,其湖泊生态更加脆弱。近30年,随着昆明主城扩张和滇池流域城镇化发展,滇池水质呈迅速下降趋势。从20世纪70年代的Ⅲ类水质下降为现在的劣Ⅴ类水质。

导致滇池水质恶化的原因是多方面的:

一是未经处理的城市生产生活污水直接排入湖泊,迅速增大湖泊污染负荷。因此,需要通过调整城市用地布局、建立污水回收和处理设施,减少城市废水的污染负荷,进而减缓城市发展对滇池水环境的负面影响。这就需要在土地利用上控制城市无序蔓延,集约利用城市土地,以利于集中建立城市污水回收和处理设施,提高城市污水处理的效率。

二是滇池流域生态系统被严重破坏,尤其是湖滨湿地被侵占和消失、流域面山森林植被被砍伐,使滇池流域失去生态系统自我调剂、减缓污染的功能,加重人类活动产生的污染对滇池水环境的破坏。因此,恢复滇池湿地和面山植被,在流域中保留足够量的生态用地,节约集约利用建设用地,避免城、镇、村等建设用地占据全部或大部分滇池流域土地,是滇池流域土地利用调整的基本方向。

三是农村非点源污染由于点多面广,难以治理和控制,越来越成为滇池水环境污染的主要方式。特别是近十余年,随着昆明加快城市化和城乡统筹发展步伐,农村第二、第三产业迅速崛起,未经处理的农村生产生活垃圾和污水大幅增加,对滇池水环境带来巨大压力。因此,如何通过调整农村土地利用布局和利用方式,集中建村庄和处理污水垃圾设施,发展绿色生态农业,也是滇池流域土地利用调整的重要内容。

事实上,2008年以来,昆明市人民政府实施城市污水截污工程、环湖湿地恢复和生态建设工程、新农村建设及农村污染综合整治工程,取得一定的成效。2011年滇池水质虽然仍然是劣Ⅴ类,但各项污染负荷指标均比2008年指标有所下降,滇池水质正在向好的方向变化。这说明,只要科学调整土地利用布局和利用方式,加大污染治理和流域生态建设,转变经济发展方式,适当控制滇池流域城、镇、村等建设规模,是有可能在滇池流域实现经济社会与环境保护协调发展,形成滇池流域生态经济良性循环。

参 考 文 献

埃德温·S·米尔斯.2003.区域和城市经济学手册(第二卷).寿义郝译.北京:经济科学出版社

蔡文,万涛,王雄.2006.城市土地集约利用潜力评价研究.科技进步与对策,(1):137-139

陈德超.2003.浦东城市化进程中的河网体系变迁与水环境演化研究.上海:华东师范大学博士学位论文

陈述彭.1999.城市化与城市地理信息系统.北京:科学出版社

澄江县加快现代服务型生态城市建设

丁成日,宋彦.2005.城市规划与空间结构——城市可持续发展战略.北京:中国建筑工业出版社

窦明,马军霞,胡彩虹.2007.北美五大湖水环境保护经验分析.气象与环境科学,30(2):20-22

郭旭东,陈利顶.1999.土地利用/土地覆被变化对区域生态环境地影响.环境科学进展,12(6):66-75

黄光宇,陈勇.2002.生态城市理论与规划设计方法.北京:科学出版社

黄奕龙,王仰麟,卜心国,等.2006.城市土地利用综合效益评价:城际比较.热带地理,26(2):145-150

李文朝. 2004. 入湖河流污染控制技术在云南高原湖泊应用初见成效. 湖泊科学,(2):192

李文杰. 2009. 梁子湖流域土地利用变化对流域水环境的影响. 武汉:华中师范大学硕士学位论文

彭俊,陈方正. 2005. 城市土地价格的静态守恒与动态增长特征研究. 同济大学学报(自科版),33(6):838-842

彭列珊. 1998. 中国城市化与地质灾害之分析. 城市规划汇刊,21(2):35-40

瞿忠琼,濮励杰. 2006. 城市土地供给制度绩效评价指标体系研究——以南京市为例. 中国土地科学,20(1):45-49

冉星彦. 2001. 浅论城市水环境的治理. 北京水利,(4):12-13

谭春华. 2007. 生态城市规划理论回溯. 城市问题,(11):84-90

王燕飞. 2001. 水污染控制技术. 北京:化学工业出版社

温熙胜,丁德蓉. 2003. RS 和 GIS 支持的城市土地资源优化配置模型. 水土保持科技情报,(3):29-30

吴郁玲,曲福田. 2007. 中国城市土地集约利用的影响机理:理论与实证研究. 资源科学,29(6):106-113

许彦曦,陈凤,濮励杰. 2007. 城市空间扩展与城市土地利用扩展的研究进展. 经济地理,27(2):296-301

张殿发,王世杰. 2003. 土地利用/土地覆被变化对长江流域水环境的影响研究. 地域研究与开发,22(1):69-72

张洪,金杰. 2007. 中国省会城市地价空间变化实证研究——以昆明市为例. 中国土地科学,21(1):24-30

张洪. 2002. 城市土地评价理论与方法. 北京:经济管理出版社

张洪. 2003a. 论城市系统的空间竞争模型. 数量经济技术经济研究,(8):42-44

张洪. 2003b. 西方国家城市土地利用模式及其在我国小城市土地质量分级中的应用. 数量经济技术经济研究,(2):149-153

张洪. 2004. 城市空间结构均衡理论及在我国的应用. 城市问题,(5):66-68

张文新. 2005. 城市土地储备对我国城市土地供求与地价的影响分析. 资源科学,27(6):59-64

张新长,梁金成. 2004. 城市土地利用动态变化及预测模型研究. 中山大学学报(自科版),43(2):121-125

张新长,张文江. 2005. 城市土地利用时空结构演变的驱动力研究. 中山大学学报(自科版),44(1):117-120

张兴奇,秋吉康弘,黄贤金. 2006. 日本琵琶湖的保护管理模式及对江苏省湖泊保护管理的启示. 资源科学,28(6):39-45

张学勤,曹光杰. 2005. 城市水环境质量问题与改善措施. 城市问题,(4):35-38

章其祥. 2003. 城市土地集约利用潜力评价信息系统研究. 现代测绘,26(2):30-44

赵米金,徐涛. 2005. 土地利用/土地覆被变化环境效应研究. 水土保持研究,12(1):43-46

郑新奇,王家耀,阎弘文,等. 2004. 数字地价模型在城市地价时空分析中的应用. 资源科学,26(1):14-21

郑新奇. 2005. 城市土地优化配置与集约利用评价理论、方法、技术、实证. 北京:科学出版社

周海丽,史培军,徐小黎. 2003. 深圳城市化过程与水环境质量变化研究. 北京师范大学学报(自然科学版),39(2):273-279

云南省统计局. 2010. 云南统计年鉴. 云南:云南统计出版社

Barclay D M,2001. Wilderness errands in urban America:an environmental history of the twin cities. Minnesota:The university of Minnesota

Batty M, Xie Y C, Sun Z L. 1999. Modeling urban dynamics through GIS-based cellular automata. Computers, Environment and Urban System,23(3):205-233

Evans A W. 2004. Economics, real estate and the supply of land. Cambridge:Blackwell Publishing

Knaap G J. 2001. Land Market Monitoring for Smart Urban Growth. Lincoln:Lincoln Institute Of Land Policy

Meen G. 2000. Modelling Spatial Housing Market, Theory, Analysis and Policy. UK:Kluwer Academic Publishers

Merlin P,Choay F. 1988. Dictionnaire urbanize. France:Puf

Moudon A V. 2000. Monitoring Land Supply with Geographic Information System. NewYork:John Wiley & Sons

Szold. 2002. Smart Growth. Lincoln:Lincoln Institute of Land Policy

Waddell P. 2000. A behavioral simulation model for metropolitan policy analysis and planning:residential location and housing market components of UrbanSim. Environment and Planning B:247-263

第 2 章 高原湖滨地区土地利用与湖泊生态的关系研究

2.1 湖滨地区土地利用与湖泊生态关系研究综述

2.1.1 湖泊污染与土地利用

湖泊污染(lake pollution)是指污水流入使湖泊受到污染的现象。当汇入湖泊的污水过多而超过湖水的自净能力时,湖水发生水质的变化,使湖泊环境严重恶化,出现富营养化、有机污染、湖面萎缩、水量剧减、沼泽化等环境问题,严重影响湖泊水资源的有效利用,破坏湖泊生态环境。过去十几年中,日趋严重的湖泊水环境恶化与富营养化问题,严重制约着湖滨地区社会经济可持续发展。为此,我国各级政府投入大量的人力与物力治理湖泊富营养化,但迄今为止,收效并不理想。因此,如何有效治理湖泊污染,就成为当今我国多个学科关注的科学问题。

土地利用(land use)是指人类根据土地的自然特点,按一定的经济、社会目的,采取一系列生物、技术手段,对土地进行长期性或周期性的经营管理和治理改造。研究流域土地利用变化对非点源污染的影响,对流域水土资源可持续利用以及水环境管理具有重要的指导意义。但是,目前为止,有关土地利用方式对湖泊富营养化贡献的研究还比较少,尤其针对高原湖泊的土地利用研究更加缺乏。

理论上,湖泊污染主要有点源污染和非点源污染两种方式。随着工业点源的有效控制,非点源污染对水质的影响日益凸现,已经受到越来越多的关注和研究。所谓非点源污染是指大气、地面或土壤中的污染物质在降雨淋溶和冲刷下随径流进入含水层、湖泊、河流、滨岸生态系统等引起的污染。非点源污染的来源面广,它夹带着大量的泥沙、营养物、有毒有害物质进入江河、湖泊等地表水体,引起水体悬浮物浓度升高,有毒有害物质含量增加,溶解氧减少,水体富营养化和酸化。非点源污染的成因有水土流失、城市扩张、农药化肥过量使用、废弃物堆放等,土地利用方式不合理是关键。农业活动被认为是非点源污染问题的最主要原因,城市地表径流居其次。城镇地表径流污染,主要是指在降雨过程中,雨水及所形成的径流,流经城镇地面,如商业区、街道、停车场等,聚集一系列污染物,如原油、盐分、氮、磷、有毒物质及杂物,随之进入河流或湖泊,污染地表水或地下水体。美国国家环境保护局(USEPA)把城市地表径流列为导致全美河流和湖泊污染的第三大污染源。

非点源污染按区域分为海洋非点源污染、地下水体非点源污染以及地表水环境非点源污染。从世界范围来看,非点源污染已成为水环境的一大污染源或首要污染源。在美国,60%的水环境污染起源于非点源污染。在奥地利北部地区,据计算进入水环境的非点源氮量远比点源氮量大。丹麦270条河流94%的氮负荷、52%的磷负荷是由非点源污染引起的。荷兰农业非点源提供的总氮和总磷分别占水环境污染总量的 60% 和 40% ~ 50% 。在我国,非点源污染问题也日益严重,在太湖和滇池等重要湖泊,非点源污染已经成为水质恶化的主要原因之一。由于非点源污染涉及因素多、时间尺度长、投资要求大,在管理和控制上比点源污染更为困难。在发达国家,随着工业和生活污染源等点污染源的有效控制,非点源污染已成为水体污染的主要因素,20 世纪 60 年代发达国家开始关注非点源污染,70 年代起进行系统研究,并付诸管理实践。在发展中国家,相对于点源污染而言,非点源污染仍未引起应有的重视。

世界上许多国家和地区的研究结果证实,非点源污染是水环境恶化的重要原因之一。而非点源污染与流域土地利用方式密切联系,土地利用变化导致下垫面水力特征、土壤成分等发生变化,对非点源污染的输出有较大影响。土地利用对区域水环境的污染主要途径为生产或生活污水排放,扩散的方式包括随着水流向下游扩散和因使用地表水进行农业灌溉等活动引起的土壤污染扩散。污染类型主要包括有机耗氧型污染、化学毒物污染、石油污染、放射性污染、富营养化污染等。日本早在 20 世纪 30 年代就对水体富营养化进行了影响因子等基础探讨。美国对湖泊富营养化的大规模研究始于 60 年代末至 70 年代初的湖泊富营养化与土地利用调查,有关湖库的非点源外源与内源,特别是上层营养物的循环和富营养化藻类演替的研究成绩显著。生物技术成为 1985 年之后湖泊生态修复研究的重点(1985 年之前多以工程措施、化学措施为主),丹麦、瑞典等西欧国家对水体的酸化研究是近 20 年的事情。

有研究表明,土地利用类型与湖泊水体污染物浓度之间存在显著相关关系。其中,城市和农业用地与湖泊水体污染物浓度存在显著正相关关系,林地、草地等土地利用类型与湖泊水体污染物浓度存在负相关关系。Sonzogni 等(1980)的研究表明:来源于农田和城市用地的总悬浮颗粒物(TSS)、TP 和 TN 含量是林地和撂荒地的 10 ~ 100 倍。不仅如此,商业用地、工矿用地、城市居民地和交通道路等土地利用类型是城市土地利用类型中最重要的几种污染源。

降雨过程中,污染物质从各土地利用类型上析出,随径流在各土地利用类型中流动,不断被吸收、沉淀和再析出,最终汇入湖泊。土地利用类型与水质相关性,可以采用指数模型表征:

$$\text{NPS}_i = \alpha e^{\beta_1 \text{农田}_i + \beta_2 \text{林地}_i + \beta_3 \text{商业用地}_i + \cdots + \beta_{15} \text{农村居民地}_i + \beta_{16} \text{城市居民地}_i} \tag{2.1}$$

式中,NPS_i 为水体中测定的水质指标;α 为常数;$\beta_1 \sim \beta_i$ 分别表示各种土地利用类型面积比例与水质指标之间的相关系数,β_i 值为正,表明此土地利用类型上输出污染物,β_i 值为负,表明此土地利用类型上滞留、吸附污染物或者吸收的污染物大于自身所释放的污染物。

研究表明,湖滨地区现代农业发展和城镇化,都会对湖泊生态产生负面影响。

现代农业发展导致湖滨土壤中氮、磷营养盐数量剧增,这些氮、磷营养盐流入水体,加快湖泊富营养化过程,因而现代农业在湖泊富营养化发生过程中起到重要作用。因此,改变农业生产方式,减少化肥、农药使用,推广绿色生态农业,是湖滨农业减缓湖泊污染的重要土地利用方向。

湖滨地区城镇化发展对湖泊生态的影响是多方面的。一是不断扩张的城市居民区、商业区和工业区等对水分的需求日趋增大,同时城市化过程中树木植被的减少降低蒸发量和截流量,增加了河流沉积量;房屋、街道的建设降低了地表渗透和地下水位,增加了地表径流量和下游潜在洪水的威胁,从而改变湖泊水循环路径和水资源的时空分配,影响湖泊生态系统。二是城镇建设、集聚人口增多以及城市街道路面的不透水性,使得人类生产和生活中所产生的大量垃圾、污水随雨水流入河流和湖泊,导致水体营养盐急剧增多,水质恶化。美国国家环境保护局把城市地表径流列为导致全美河流和湖泊污染的第三大污染源。城镇地表径流携带氮、磷、有毒物质和杂物进入河流或湖泊污染地表水和地下水。Jones 等(2004)对美国密苏里州流域 135 个水库进行调查,结果表明,城镇流域的水库所输出的养分浓度是森林和草地覆盖地方的水库的 2 倍。Hwang 等(2007)通过对 153 个水库进行随机抽样调查,使用分形维数(fractal dimensions)来估算水库形状复杂性,利用标准回归模型分析水库分形维数、水质和水库附近的土地利用方式之间的相关性,结果表明水库形状复杂性的提高显著降低水库里 COD、BOD 和总磷的浓度;城镇土地利用方式与 COD、氮和磷的浓度呈正相关,相关系数 r 分别为 0.49、0.33 和 0.47,而森林与 COD、氮和磷的浓度则呈负相关,相关系数 r 分别为 -0.72、-0.46 和 -0.52,植被覆盖率的增加显著降低水库 BOD、氮和磷的浓度。

太湖流域作为我国人口稠密、经济发达、土地集约化程度最高的地区之一,伴随 20 世纪 80 年代以来的经济高速增长,工业化、城市化导致土地利用发生剧烈变化,水环境问题严重。金洋等(2007)研究表明,太湖流域土地利用变化主要表现为快速城市化过程,城镇用地向耕地的扩展,增加地表产流,导致地表冲刷加强,是导致非点源污染物负荷量增加的主要因素。受土地利用变化的空间差异影响,不同区域营养盐输出响应特征不同。虽然城镇用地非点源污染的输出系数低于农业用地,但是由于城镇用地地表产流量大,冲刷能力强,是苏锡常区、湖西区等快速城市化地区非点源污染负荷量增加的主要原因。由此可见,城市化过程对湖泊非点源污染负荷量的变化也有很大的影响。

除了湖滨土地利用类型影响湖泊污染负荷和生态环境外,土地利用类型的空间布局对湖泊水环境也有一定影响。在流域尺度上,土地利用类型及其空间分布影响着水体水质污染状况,即土地利用的空间异质性。在对于土地利用与土地覆盖类型的空间布局是否会对水质产生影响的研究上,现在国际上仍在进行着探讨,一些研究者认为,在流域内部靠近河流处的土地利用类型对河流水质的影响要显著大于流域上部的土地利用类型的影响。但是另外一些研究者则认为,在大流域里因为水文环境的多样性使得流域上部的土地利用类型与靠近河流处的土地利用类型在对河流水质的影响上,它们的重要性是一样的。研究表明,建设用地的扩展改变了滨湖地区的土地利用方式,增加不透水层面积,破坏原有水系格局和交换的能力,降低水环境容量和对污染物的稀释、净化和吸纳能力。因此,建设用地向湖滨湿地带侵占,对湖泊水污染增大有正的相关性。郭青海等(2009)选取武汉市汉阳地区龙阳湖等 4 个湖泊流域为研究对象,分别从汇水单元综合分析、以影响水质的主要土地利用类型作为变量进行聚类分析,分析汇水单元间的土地利用特征差异对水质的影响,结果显示土地利用异质性影响甚至改变了土地利用类型与水质的相关关系。

2.1.2 土地利用与湖泊污染关系研究综述

1. 国外研究综述

土地利用变化影响水质问题的研究最早见于 21 世纪初。Basnyat 等(1999)对美国亚拉巴马州的 Fish 河流域进行分析后的结果表明,不仅流域内的土地利用类型面积大小与河流水质存在相关性,而且流域内的土地利用类型和面积比例也与河流水质存在相关性。Tong 和 Chen(2002)对俄亥俄州的所有流域运用统计学、GIS 和水文模型进行土地利用类型与河流多种水质指标的相关研究,进一步证实两者之间存在相关性,且相关显著。Leggett 和 Bockstael(2000)采用 hedonic 模型研究马里兰州 Chesapeake Bay 水质与住房价格之间的关系,他们认为改善水质可以对房屋价值产生正向显著的影响。Hrodey 等(2009)在对印第安纳州 Wabash 河流域 2002~2003 年的数据进行分析后认为,流域的环境质量与沿岸土地利用存在直接关系,受沿岸土地利用下各种生物因素和非生物因素的共同影响。Ren 等(2003)在对上海黄浦江流域进行研究后认为,城市土地利用变化与黄浦江水质下降之间存在显著的正相关。

在流域水环境变化原因的研究中,土地利用类型变化是一个非常重要的影响因素。Basta 和 Bower(1982)总结了 14 个土地利用变化对水量、水质影响模型,比较详细地描述了这些模型使用的土地类型、时空属性、水文特征、水类型及测定的污染物。He 等(1993)将 GIS 和 AGNPS 模型结合,研究密歇根州一个农业流域土壤侵蚀和氮、磷流失情况,并在模拟预测的基础上提出最佳的土地利用方法。

2. 国内研究综述

国内学者近年来开展了一些流域土地利用与水环境的研究。刘丰等(2010)通过对白洋淀近 20 年来土地利用变化,将白洋淀附近土地利用等级分为 7 类,建立马尔可夫转移矩阵,得到实际的土地利用变化和转移矩阵的土地利用变化情况。通过水质与土地利用的相关分析,得到各地类与水质的相关系数。结果表明,只有干草地与 BOD 存在负相关关系,说明干草地对削减白洋淀内可生物降解的有机物有正面作用。同时建议,严格限制白洋淀内耕地和建设用地的新开发;保护和恢复水域周边的干草地,建立植被缓冲带;重点治理点源和内源污染。郭青海等(2009)通过研究武汉市汉阳区龙阳湖、南太子湖、三角湖、墨水湖附近土地利用类型与水质之间的关系,得到一系列土地利用类型和湖滨污染指标的定量相关关系,并据此提出相关政策建议。于兴修和杨桂山(2003)研究了太湖上游浙江西苕溪流域土地利用对水质的影响,他们认为,流域内耕地不断减少,林地前期减少后期缓慢增加,且空间分布集中性减弱、斑块破碎化增大;建设用地持续扩大,建设用地斑块数量增多且斑块面积明显增大。这些土地利用变化,导致流域水质呈逐步恶化趋势,在空间上则表现为自上游至下游逐渐下降,表明影响水质的主要因素是土地利用变化导致的非点源污染,流域水污染的主要形式是氮磷污染,主要非点源是农田、经济竹林和城镇径流及居民生活污水等的污染。李娟娟(2007)在研究上海城市景观格局和生态安全的过程中,讨论了上海土地利用类型所带来的黄浦江水质变化。焦锋(2003)运用 SWAT 模型研究非点源输出为主的宜兴市湖釜流域,耦合土地演化模型和水环境模拟模型,并提出管理建议。欧维新等(2004)从海岸线的角度讨论土地利用变化对生态环境(土壤环境、水环境、生物多样性)的影响,认为居民工矿用地的扩展是海岸带水环境质量下降的主要原因,同时滩涂开发也使生态压力加大。刘阳等(2008)分析云南抚仙湖和杞麓湖 1989~2005 年土地利用变化与两个湖泊水质数据,证明湖滨 200m 缓冲带比流域其他区域的土地利用对湖泊水质的影响更大,湖滨缓冲带的城镇化和农业耕作是导致两个湖泊近年来水质下降的重要原因,同时两个湖泊的湖滨区域土地利用结构不同也导致二者水质的差异。

李恒鹏等(2005)以太湖蠡河流域为研究区,研究该流域 1980～2000 年 3 个时期土地利用变化模式。研究采用长周期水文分析模型,分别模拟 3 个时段土地利用分布特征对地表径流量的影响,计算出非点源污染对土地利用变化的输出响应,提出控制污染物的土地利用管理策略。熊金燕(2010)以庐江县同大镇为例,研究巢湖非点源污染导致水体富营养化的情况,通过野外试验验证径流作用下氮磷流失污染对巢湖水体的影响,认为氮磷流失是巢湖非点源污染的重要原因。董文涛等(2011)对近年来巢湖水体的非点源污染研究进行综述,认为地表径流和水土侵蚀带来的氮磷污染是巢湖水体受污染的重要原因。阎伍玖和鲍祥(2001)研究巢湖地区土地利用类型与农业活动的关系,分析巢湖非点源污染的成因,并提出相应的控制措施。王静等(2009)研究丹江库区黑沟河流域非点源污染中,采用 AnnANGPS 模型对流域非点源污染负荷进行模拟,模拟结果表明土地利用方式是影响污染物流失的重要因素。夏运生等(2010)通过研究滇池宝象河流域磷的分布特征和吸附特征后发现,流域中上游平地和耕地与下游大棚区土壤磷素存在着较大的潜在流失风险。荣琨等(2009)采用 SWAT 模型研究晋江西溪流域非点源污染情况,通过分析 1973～1979 年晋江西溪氮和磷污染月度数据并对其进行模拟,讨论支流流域的非点源污染以及流域森林覆被状况对非点源污染的响应,并结合 2001 年的土地利用分布,分析 20 世纪 70 年代至 2001 年以来土地利用变化造成流域非点源污染的变化。张秋玲(2010)运用 SWAT 模型,通过建立基础数据库,研究太湖流域杭嘉湖地区非点源污染的污染物时空分布规律,并调查分析流域土地利用结构的动态变化以及地形和土地利用对非点源污染所起的作用,提出相应的治理措施和建议。王鹏等(2006)以环太湖丘陵地区为研究对象,在田间实测数据基础上,建立小流域田间水土耦合稻田营养盐流失模型,采用污染负荷模型,将非点源污染按时空分配,得到分布式污染负荷模型,在此基础上建立平原河网区非点源污染模型,并用太湖流域加以验证。赖格英等(2005)采用 SWAT 模型对太湖流域总氮和总磷输入方式进行研究,研究认为非点源污染是太湖主要污染形式,氮和磷的输入量分别占总量的 53% 和 56%,工业点源氮和磷的输入量占总量的 30% 和 16%,生活污水以点源和非点源方式的氮和磷的输入量占总量的 31% 和 47%。霍震和李亚光(2009)通过 ArcGIS 研究滇池流域主要水系、坡度等级、地形起伏度等级、土地利用现状、水土流失现状、磷矿污染程度现状、人口密度等因素对滇池流域生态环境的影响,建立滇池流域生态敏感性评价指标体系。张洪认为,滇池流域生态高敏感区大约占流域面积的 13%,主要集中于南部晋宁、海口等磷矿区,需要做好矿山开采区的保护与复垦工作。

2.1.3　小结

综上所述,湖泊生态变化与湖滨区域土地利用类型和空间分布存在某种关联性。合理的土地利用方式有利于减缓人类活动对湖泊水污染的影响,反之,将加剧湖泊污染和富营养化,破坏湖泊流域生态系统,制约湖滨区域社会经济可持续发展。其次,大量研究表明,湖滨区域城市(镇)用地扩展与建设开发,与湖泊水污染呈某种正相关关系。湖滨城市(镇)发展,不仅改变湖泊水循环路径,加剧湖泊水资源时空分布不均衡性,使枯水期湖泊水资源供给不足,减弱湖泊的自净能力;而且,城市(镇)污水若不回收处理,直接排入湖泊,将导致湖泊污染和富营养化加剧。最后,非点源污染是当今湖泊污染的重要方式,其中湖滨农村区域的非点源污染是湖泊非点源污染的重要组成部分,且难以治理和控制。因此,一方面在农业土地利用方式上,应减少化肥、农药使用,走绿色、生态农业发展道路;另一方面,应通过村庄整治,适当迁村并点,集中建农村居民点垃圾污水处理设施,减缓农村居民生产生活垃圾污水对湖泊水环境的负面影响。

2.2 滇池流域土地利用动态变化及其对流域水环境的影响研究

云南高原湖泊流域土地利用是否对湖泊水环境产生影响?是什么样的影响?是本节研究的首要问题。我们选择滇池湖泊为样本,运用遥感和 GIS 技术,研究 1974~2008年滇池流域土地利用类型变化及其与滇池水质的关系,试图探究高原湖泊流域土地利用变化与湖泊生态的机理关系。

2.2.1 研究区域及研究方法

滇池流域位于云贵高原中部,地处长江、珠江和红河三大水系分水岭地带,范围包括昆明市盘龙、五华、西山、官渡四区及呈贡、晋宁、嵩明等县区部分地区。地理坐标为东经102°30′~103°00′,北纬 24°28′~25°28′,配准影像测算流域面积为 2840.7km²。整个流域为南北长、东西窄的湖盆地,地形可分为山地丘陵、淤积平原和滇池水域 3 个层次。滇池流域属北亚热带湿润季风气候,年平均气温 14.7℃,多年平均降水量 931.8mm,全年无霜期227 天,具有低纬度高原的季风气候特征,冬无严寒、夏无酷暑,四季如春,干湿分明,垂直差异大的气候特点。

根据研究需要,结合研究区域的土地利用方式属性特点,我们将土地利用按一级分类分为五大类,即耕地、林地、建设用地、水域及其他地类。利用 EDRAS 遥感影像处理软件和 ArcGIS 地理信息系统软件对 1974 年、1988 年、1998 年、2008 年 4 个时点 Landsat-5(TM)遥感卫片进行校验配准及增强处理。Landsat-5(TM)原始数据分辨率为 30m,通过野外 GPS 实地考察,获取遥感影像的解译标志,并对每个时期的影像进行人机交互解译,得出 4 个时点的土地利用分布状况。利用 ArcGIS 中的 ArcMap 模块进行图层叠加分析,根据马尔可夫模型建立土地利用空间动态变化转移矩阵,并通过土地利用面积变化率和土地利用动态度这两个指标来定量分析研究区域土地利用结构变化状况。最后,运用马尔可夫预测模型,对 2015 年、2020 年和 2030 年的土地利用结果进行预测,并分析滇池流域土地利用结构变化与滇池水质的相关关系。

研究区数据来源于 1974 年、1988 年、1998 年及 2008 年 Landsat-5(TM)遥感卫片,采取 TM_Band_4(R),TM_Band_3(G),TM_Band_2(B)波段合成影像,通过几何校正及EDRAS 遥感影像处理软件和 ArcGIS 地理信息系统软件人机交互解译得来。

2.2.2　土地利用类型变化

根据前面所得数据,利用 ArcGIS 地理信息系统软件中的面积统计功能,得到 4 个研究时点的五大地类的面积及其所占的百分率(表 2.1)。

表 2.1　1974～2008 年土地利用现状结构表

地类	1974 年		1988 年		1998 年		2008 年	
	面积/km²	所占比率/%	面积/km²	所占比率/%	面积/km²	所占比率/%	面积/km²	所占比率/%
耕地	492.2	17.3	442.2	15.6	403.2	14.2	265.1	9.3
建设用地	86.8	3.1	129.8	4.6	181.9	6.4	397.1	14.0
林地	1272.3	44.8	1256.7	44.2	1252.6	44.1	1252.8	44.1
水域	320.4	11.3	323.2	11.4	322.9	11.4	320.7	11.3
其他地类	669.0	23.6	688.7	24.2	680.1	23.9	605.0	21.3

从表 2.1 可以看出,4 个研究时点的林地所占比率最大,最大是 1974 年的 44.8%,且并无太大变化,这与流域的地质地貌特点有很大关系。耕地面积和建设用地面积变化较大:耕地由 1974 年的 17.3% 下降到 2008 年的 9.3%,建设用地则从 1974 年的 3.1% 上升到 2008 年的 14.0%(图 2.1)。

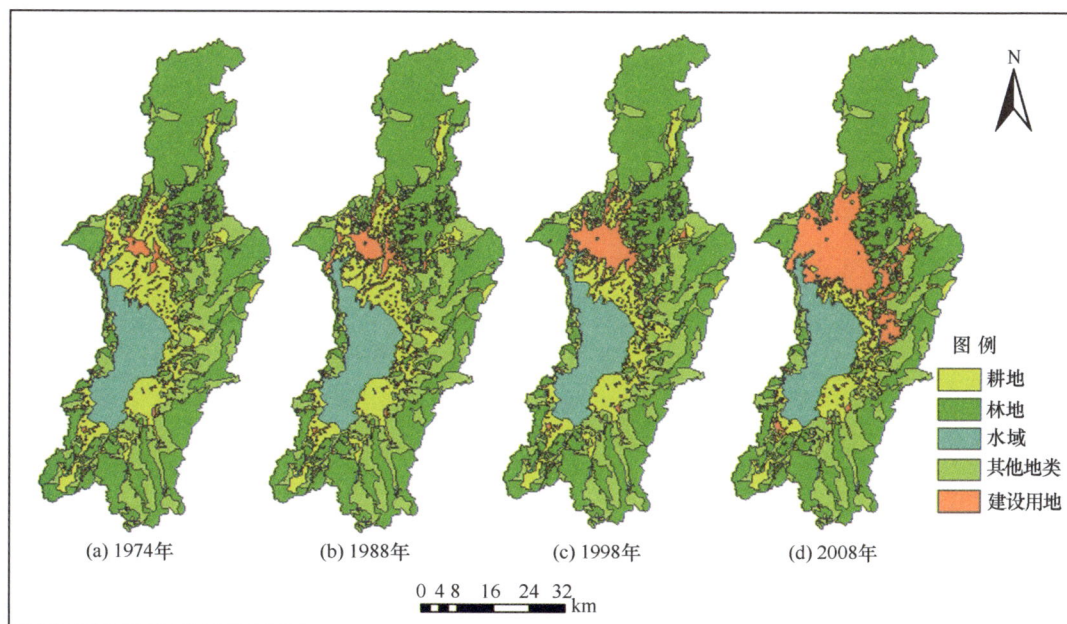

图 2.1　1974～2008 年滇池流域土地利用现状图

利用马尔可夫转移矩阵,通过统计分析、计算整理后得到各个时点间的土地利用类型转移矩阵(表 2.2～表 2.5)。

表 2.2 1974～1988 年土地利用类型转移矩阵表　　（单位：km²）

土地利用类型	建设用地	林地	耕地	其他地类	水域	总计
建设用地	83.18	0.00	0.82	2.71	0.05	86.76
林地	0.00	1255.05	0.02	17.24	0.00	1272.31
耕地	36.78	1.41	430.84	17.71	5.45	492.19
其他地类	9.63	0.24	7.70	649.69	1.73	669.00
水域	0.23	0.05	2.79	1.40	315.99	320.46
总计	129.82	1256.75	442.17	688.75	323.22	2840.71

表 2.3 1988～1998 年土地利用类型转移矩阵表　　（单位：km²）

土地利用类型	建设用地	林地	耕地	其他地类	水域	总计
建设用地	106.97	0.00	12.54	9.83	0.49	129.82
林地	0.95	1252.28	2.30	0.19	1.02	1256.74
耕地	57.24	0.01	376.61	6.59	1.70	442.16
其他地类	16.43	0.09	8.14	660.27	3.82	688.74
水域	0.34	0.24	3.62	3.18	315.84	323.22
总计	181.94	1252.62	403.20	680.06	322.86	2840.68

表 2.4 1998～2008 年土地利用类型转移矩阵表　　（单位：km²）

土地利用类型	建设用地	林地	耕地	其他地类	水域	总计
建设用地	167.94	0.19	8.12	5.22	0.47	181.94
林地	0.47	1251.74	0.22	0.16	0.04	1252.62
耕地	128.98	0.27	224.06	44.99	4.89	403.20
其他地类	97.43	0.51	28.36	550.66	3.09	680.06
水域	2.26	0.10	4.37	3.96	312.16	322.86
总计	397.08	1252.81	265.13	605.01	320.66	2840.68

表 2.5 1988～2008 年土地利用类型转移矩阵表　　（单位：km²）

土地利用类型	建设用地	林地	耕地	其他地类	水域	总计
建设用地	120.57	0.15	4.26	4.54	0.29	129.82
林地	0.57	1251.77	0.33	3.53	0.54	1256.74
耕地	169.64	0.38	226.63	42.47	3.04	442.16
其他地类	105.05	0.18	29.59	551.70	2.22	688.74
水域	1.25	0.32	4.31	2.77	314.56	323.22
总计	397.08	1252.81	265.13	605.01	320.66	2840.68

在转移矩阵表中，以表 2.2 为例，数据所在列代表 1974 年土地利用类型，行代表 1988 年土地利用类型。数字代表的是 1974 年的土地利用类型转变为 1988 年各类土地利用类型的面积。根据各转移矩阵不难看出，在 1974～2008 年，耕地转化为建设用地的

面积为 223km²,其中 1998～2008 年转换了 128.98km²;其他地类转化为建设用地的面积
也较大,为 129.49km²,水域及林地呈递减趋势,但是减少的面积很小,整体变化不大。

采用土地利用动态度和土地利用面积变化率两个指标,定量描述滇池流域土地利用
类型的变化。

土地利用动态度是指一种土地利用类型面积的年变化速率,是土地利用变化的一项
重要指标。它可以定量地描述一个地区的土地利用变化速率,计算公式为

$$D_c = \frac{A_{t_2} - A_{t_1}}{A_{t_1}} \times \frac{1}{t_2 - t_1} \times 100\%$$

式中,A_{t_1} 为一种土地利用类型 t_1 时刻的面积;A_{t_2} 为该种土地利用类型 t_2 时刻的面积。

根据上述计算公式,对 4 个时期的土地利用类型转变的动态度进行计算,结果如表
2.6 所示。

表 2.6　滇池流域土地利用动态度　　　　　（单位:%）

时间	耕地	建设用地	林地	水域	其他地类
1974～1988 年	-0.73	3.54	-0.09	0.06	0.21
1988～1998 年	-0.88	4.01	-0.03	-0.01	-0.12
1998～2008 年	-3.43	11.83	0.00	-0.07	-1.10

滇池流域各研究时段中,建设用地的变化方向一直为正,表现为面积增加,最大年变
化率达到 11.83%。其他 4 类变化方向基本为负,总体面积表现为减少,其中耕地的年变
化率最大,达到-3.43%。

土地利用面积变化率是指一种土地利用类型在两个不同时期的面积差值与初始时
期面积的比值,计算公式为

$$C = \frac{A_{t_2} - A_{t_1}}{A_{t_1}} \times 100\%$$

式中,A_{t_1} 为一种土地利用类型 t_1 时刻的面积;A_{t_2} 为该种土地利用类型 t_2 时刻的面积。

根据计算公式,对 4 个时点的土地利用面积变化率进行计算,结果如表 2.7 所示。

表 2.7　滇池流域土地利用面积变化率　　　　　（单位:%）

时间	耕地	建设用地	林地	水域	其他地类
1974～1988 年	-10.16	49.54	-1.23	0.87	2.94
1988～1998 年	-8.82	40.14	-0.33	-0.09	-1.25
1998～2008 年	-34.25	118.31	0.02	-0.68	-11.04

滇池流域各研究时段中,建设用地、耕地的利用面积变化率最大,其中建设用地在
1998～2008 年为 118.31%,其他地类次之,而林地和水域面积变化率最小。

运用马尔可夫预测模型,在 Matlab 里面对各个时期的转移概率进行计算,并将预测
结果与相应的实际值比较,检验预测精度。通过分析,采用 1988～2008 年这个时间段的
1988 年作为初始状态年,以这个时间段的转移概率作为转移概率向量。预测得到 1998
年、2008 年的土地利用结构,并与 1998 年、2008 年实际的土地利用结构进行对比,预测模

拟值和实际值十分接近,两个时期的相对误差平均值在 0.05% 内。由此可见利用马尔可夫过程预测滇池流域土地利用结构是可行的。得到的预测结果如表 2.8 所示。

表 2.8 马尔可夫链预测的各土地利用类型面积 ($n=27$、32、37、42)(单位:hm^2)

年份	建设用地	林地	耕地	其他地类	水域
2015	417.00	1251.54	268.45	584.50	319.19
2020	456.70	1250.60	247.68	567.36	318.34
2025	493.18	1249.67	229.44	550.92	317.48
2030	526.75	1248.74	213.43	535.17	316.59

2.2.3 滇池流域土地利用类型变化与滇池水环境变化的相关性分析

土地利用是人类对自然环境最直接的一种作用方式,如果利用方式不当将会导致大量的硝酸盐、磷酸盐等物质未经处理排入流域水体,进一步造成对流域水环境的污染。以滇池流域土地利用变化的研究为基础,利用 1994~2008 年以来可以获得的滇池水质监测资料,结合查找的相关年份滇池流域土地利用类型数据,构建回归模型。

水环境主要由地表水和地下水两部分组成,本节只对滇池的地表水环境进行分析。滇池水环境的评价标准是参考中华人民共和国环境保护总局颁布的《中华人民共和国地表水环境质量标准》(GB3838—2002)。水质监测的常规项目包括:水温、电导率、pH、溶解氧(DO)、总磷(TP)、总氮(TN)、氨氮(NH_3-N)、高锰酸盐指数、生化需氧量 BOD_5、挥发酚、石油类、重金属和细菌等指标。通过调查走访相关部门,结合本书研究目标,不对上述所有水环境指标进行分析,只对滇池 1994~2008 年总氮(TN)、总磷(TP)、BOD 和 COD 4 项主要水环境指标与流域土地利用类型进行回归相关性分析,试图探究滇池流域土地利用的变化是否对滇池水环境产生影响。

将滇池流域的土地利用类型分为城镇村工矿建设用地、耕地、有林地、牧草地、湿地、园地六大类,分别采用 1994~2008 年某类土地利用类型面积占流域土地总面积的比例,反映土地利用类型变化,并与同时期的滇池 TN、TP、BOD、COD 时间序列数据进行比对和单位根检验。单位根检验(ADF)结果如表 2.9 所示。

表 2.9 各变量 ADF 检验

变量	原始序列			
	形式	ADF 值	5% 统计量	10% 统计量
TP	(C,T,3)	-3.59	-3.88	-3.39
TN	(C,T,3)	-4.67	-3.79	-3.34
BOD	(C,T,3)	-0.90	-3.79	-3.34
COD	(C,T,3)	-2.61	-3.88	-3.39

续表

变量	原始序列			
	形式	ADF 值	5% 统计量	10% 统计量
耕地	(C,T,3)	-1.62	-3.79	-3.34
城镇村工矿建设用地	(C,T,3)	-1.85	-3.79	-3.34
林地	(C,T,3)	-2.69	-3.93	-3.42
牧草地	(C,T,3)	-0.92	-3.79	-3.34
园地	(C,T,3)	-5.60	-3.88	-3.39
湿地	(C,T,3)	-1.68	-3.79	-3.34

变量	一阶差分序列			
	形式	ADF 值	5% 统计量	10% 统计量
TP	(C,T,3)	-3.30	-3.93	-3.42
TN	(C,T,3)			
BOD	(C,T,3)	-3.34	-3.93	-3.42
COD	(C,T,3)	-1.67	-3.93	-3.42
耕地	(C,T,3)	-3.28	-3.83	-3.36
城镇村工矿建设用地	(C,T,3)	-3.28	-3.83	-3.36
林地	(C,T,3)	-2.44	-3.83	-3.36
牧草地	(C,T,3)	-2.56	-3.93	-3.42
园地	(C,T,3)			
湿地	(C,T,3)	-3.72	-3.83	-3.36

变量	二阶差分序列			结论
	形式	ADF 值	5% 统计量	10% 统计量	
TP	(C,T,3)	-5.35	-4.11	-3.52	I(2)
TN	(C,T,3)				I(0)
BOD	(C,T,3)	-4.67	-4.11	-3.52	I(2)
COD	(C,T,3)	-7.79	-4.11	-3.52	I(2)
耕地	(C,T,3)	-3.93	-3.93	-3.42	I(2)
城镇村工矿建设用地	(C,T,3)	-4.05	-3.93	-3.42	I(2)
林地	(C,T,3)	-4.98	-3.88	-3.39	I(2)
牧草地	(C,T,3)	-4.49	-3.38	-3.39	I(2)
园地	(C,T,3)				I(0)
湿地	(C,T,3)	-5.65	-3.88	-3.39	I(2)

由表 2.9 可知,总氮量与园地序列为 0 阶单整,其他序列均为 2 阶单整。

另外,采用 Johansen 检验法进行协整检验,结果显示:滇池湖泊的 TP、COD、BOD 与流域城镇村工矿建设用地(CHENG)、耕地(GENG)、有林地(LIN)、牧草地(MU)、湿地(SHI)之间存在协整关系。其关系式为

$$TP = 15.31CHENG + 10.47GENG - 156.74MU - 0.66$$
$$(5.06) \qquad (7.12) \qquad (-2.79)(-0.48)$$

$$\text{Adj}R^2 = 0.81, F = 20.37, DW = 2.21$$

$$BOD = 543.79CHENG - 272.49GENG - 160.88LIN - 194.24$$
$$(4.40) \qquad (-4.34) \qquad (-2.91) \quad (-3.77)$$

$$\text{Adj}R^2 = 0.62, F = 6.96, DW = 1.88$$

$$COD = 173.88CHENG - 100.75GENG - 4920.59SHI + 41.88$$
$$(1.40) \qquad (-1.45) \qquad (1.44) \qquad (1.15)$$

$$\text{Adj}R^2 = 0.39, F = 3.70, DW = 2.29$$

上述统计分析表明,在5%显著性水平下,滇池湖泊的 TP 和 BOD_5 与土地利用类型之间存在相关关系。城镇村工矿建设用地与 TP 和 BOD_5 都呈正相关关系;耕地与 TP 呈正相关,与 BOD_5 呈负相关;林地与 TP 没有相关性,与 BOD_5 呈负相关;牧草地与 TP 呈负相关,与 BOD_5 没有相关性。在20%显著性水平下,COD 与土地利用类型之间存在相关关系,说明这种相关性较弱。表现为,城镇村工矿建设用地与 COD 呈正相关,耕地和湿地与 COD 呈负相关。可以认为:城镇村工矿建设用地和耕地显著提高滇池流域总磷量的排放,牧草地显著减缓滇池流域总磷量对滇池湖泊的影响;城镇村工矿建设用地显著提高滇池流域 BOD_5 的污染,而耕地和林地有效地减缓滇池流域 BOD_5 对滇池的污染;城镇村工矿建设用地显著提高滇池流域 COD 的排放,而耕地和湿地有效减缓 COD 排放对滇池的影响。由于总氮量和园地不能与其他变量构成协整关系,故本次分析没有考虑。

采用马尔可夫转移矩阵分别预测2015年、2020年、2025年、2030年4期土地利用状况后,采用模型(2.4)(2.5)(2.6)分别对滇池流域 TP、BOD_5、COD 进行预测后得到如表2.10所示的预测结果。

表2.10 2015年、2020年、2025年、2030年4个时期滇池水质污染状况预测 (单位:mg/L)

年份	TP	BOD_5	COD
2015	0.084	2.744	6.25
2020	0.162	3.157	6.08
2025	0.303	2.341	7.02
2030	0.454	3.562	7.96

由以上预测可以看出,若按照历史时期滇池流域土地利用类型的演变速度推算,流域城镇村工矿建设用地所占比例不断扩大,而流域内耕地、有林地、牧草地、湿地等地类不断减少,滇池水质污染状况指标将呈现持续恶化的趋势。

2.2.4 小结

本节根据1974年、1988年、1998年和2008年4期遥感数据的分类结果,在 ArcGIS 地理信息系统软件支持下,对滇池流域土地利用类型结构进行分析,并采用土地利用动态度、土地利用面积变化率指标揭示滇池流域近30年来土地利用/土地覆被变化的规律。结果表明:滇池流域土地利用类型变化显著。30 年来,滇池流域各种土地利用类型发生了消长变化,其中,耕地、建设用地和其他地类的变化幅度较大,表现最明显的是耕地的减少和建设用地的急剧增加,而水域和林地变化不明显。运用马尔可夫模型预测结果表明,若不调整土地利用模式和策略,任其按照历史轨迹演变,未来 20 年滇池流域的建设用地面积仍将急剧增加,耕地、林地、水域和其他地类进一步减少,滇池流域土地利用类型格局将发生较大变化。

其次,滇池流域土地利用类型的变化对滇池水环境变化具有明显的影响。从已有数据分析看,滇池流域土地利用类型格局与滇池水环境主要污染指标之间存在某种相关关系。流域土地利用变化是导致滇池水质逐渐恶化的原因之一,尤其是靠近昆明主城区的滇池草海表现得最为明显。从 20 世纪 90 年代初开始,昆明主城建设用地急剧扩展,加上主城郊区农业活动剧烈,生产过程中大量使用化肥,对滇池草海水质迅速恶化有重要影响。如果不加以重视,及时调整流域土地利用类型、布局和利用方式,必然导致滇池水质进一步恶化,流域生态系统退化,流域生态承载力降低,不能支撑昆明经济社会迅速发展,最终将导致流域生态经济系统崩溃。

因此,从土地利用角度而言,必须加强环滇池湖泊地区的湿地建设,保留适当规模的林地、牧草地等生态用地;合理控制城镇村工矿用地规模,提高建设用地的集约利用水平;加大农田整治力度,改变农田的土地利用方式,才能维系滇池流域社会经济的可持续发展。

2.3　云南九大高原湖泊流域土地利用类型结构与湖泊水质变化的关系研究

除了滇池流域外,云南其他高原湖泊流域土地利用类型结构与湖泊水质是否也存在某种相关关系呢? 为此,选取云南九大高原湖泊,即滇池、洱海、抚仙湖、阳宗海、星云湖、杞麓湖、异龙湖、程海、泸沽湖,从整体上研究九大高原湖泊流域土地利用格局变化与湖泊水质变化的关系。

2.3.1　九大高原湖泊流域土地利用类型与湖泊水质的关系

选取 2002 ~ 2008 年云南省九大高原湖泊的水质监测数据,并通过查找云南省国土资源厅相关土地利用类型数据,结合利用软件 ERDAS9.2 对遥感卫片的目视判读,将九大高原湖泊流域土地利用类型分为耕地、园地、有林地、牧草地、城镇村工矿建设用地、特殊用地、湿地和湖泊水域八类。由于湖泊水域面积基本没有变化,同时考虑到湖泊水域用地难以利用的现实状况,本节只考虑前七类土地利用的变化。

用各土地利用类型占所在湖泊流域土地总面积的比例,反映各高原湖泊流域土地利用类型的变化,如图 2.2 所示。

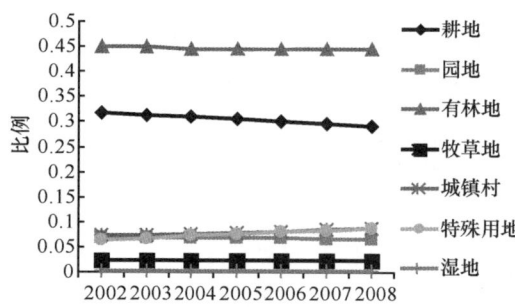

(a) 滇池

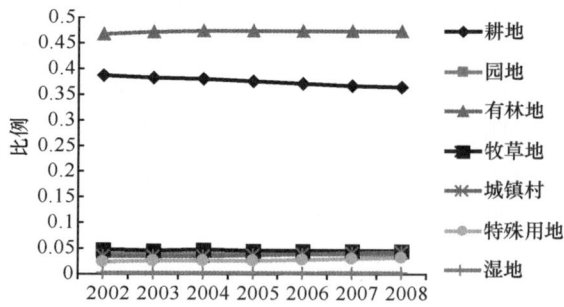

(b) 阳宗海

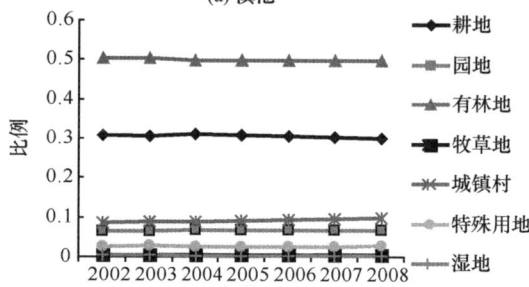

(c) 洱海

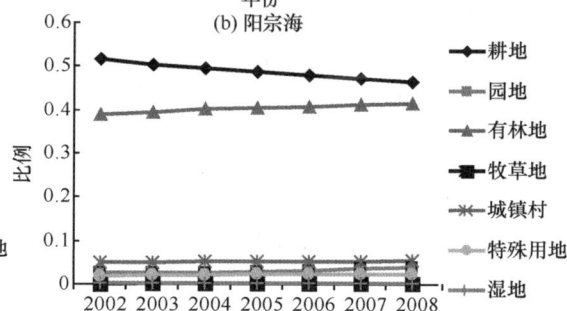

(d) 抚仙湖

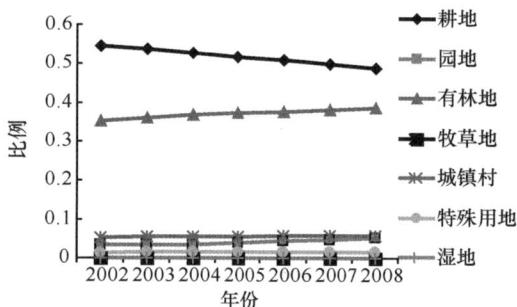

(e) 星云湖

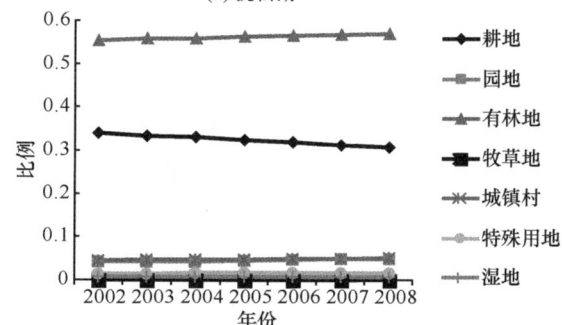

(f) 杞麓湖

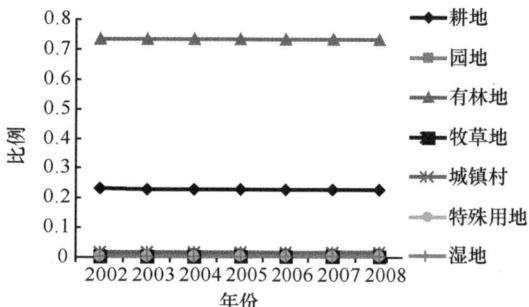

(g) 程海

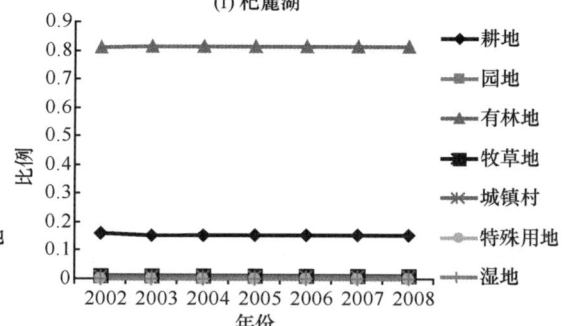

(h) 泸沽湖

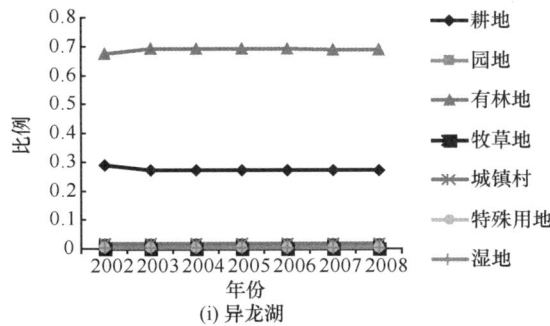

图 2.2　云南九大高原湖泊流域 2002～2008 年土地利用变化情况

根据云南省各州市环境保护局公布的 2002～2008 年九大高原湖泊水质监测数据,选取湖泊总磷量(TP)、总氮量(TN)和水质污染综合指数作为衡量湖泊水质的指标。为消除不同量级可能产生的统计误差,将水质指标进行标准化,其标准化公式为

$$y = (x - \bar{x}) / \sigma$$

式中,y 表示指标标准化后的值;x 表示指标标准化前的值;$\bar{x}$ 表示指标标准化前的均值;σ 表示指标标准化前的标准差。

本章 2.1 节已指出,国内外一些研究表明,土地利用类型与水质具有相关性,可以用指数模型表征这一过程,见式(2.1)。

借用郭青海等(2009)在研究武汉 4 湖时所用的计量模型,计算九大高原湖泊流域土地利用与水质的相关性,计算公式如下:

$$NPS = \alpha \times \exp(\beta_1 \times GENG + \cdots + \beta_7 \times SHI)$$

式中,NPS 表示径流污染物;α 为系数,根据当地水文资料,该系数取 1;$\beta_1 \sim \beta_7$ 分别代表各用地类型与水质指标之间的相关性,当系数为正时,表明该土地利用类型对污染物产生正向作用,即加重污染;当系数为负时,表明该土地利用类型对污染物产生负向作用,即减轻污染。

由于云南九大高原湖水质监测时间较短,难以建立各湖泊的时间序列模型来定量分析各湖泊水质与湖泊流域土地利用类型的关系,因此本节采用面板数据分析方法(panel data),从九大高原湖泊整体上定量研究湖泊流域土地利用类型变化与湖泊水质的关系。考虑计量分析的复杂性和准确性,采用混合最小二乘估计、固定效应模型和随机效应模型 3 个模型进行对比,由于存在多重共线性的问题,故将城镇村工矿建设用地和特殊用地合并,形成建设用地地类,减少多重共线性。面板数据估计结果如表 2.11～表 2.13 所示。

表 2.11　TP 的面板数据估计结果

变量	混合最小二乘估计		个体固定效应模型		随机效应模型	
	β	T	β	T	β	T
C	25.34	2.47 * * *	-1.80	-1.09 *	13.93	0.75
GENG	-27.22	-2.72 * * *	-14.33	-1.73 * *	-18.76	-1.05 *

续表

变量	混合最小二乘估计		个体固定效应模型		随机效应模型	
	β	T	β	T	β	T
YUAN	40.67	1.68**	−47.06	−2.03***	−16.76	−0.95
LIN	−29.58	−2.89***	−8.90	−1.40*	−16.28	−0.87
MU	−71.57	−3.9***	115.98	1.05*	−8.60	−0.17
CHENG	88.98	4.07***	19.43	1.49*	−23.69	−0.66
SHI	−14.09	−0.18	−159.77	−1.86**	−127.42	−0.79
DW	0.168		1.708		1.579	
AdjR^2	0.32		0.95		0.06	
F	5.965 697		88.984 39		0.585 289	
Prob	0.000 072		0.000 000		0.740 554	

＊＊＊表示在5%的显著性水平下显著,＊＊表示在10%的显著性水平下显著,＊表示在30%的显著性水平下显著。

表 2.12 TN 的面板数据估计结果

变量	混合最小二乘估计		个体固定效应模型		随机效应模型	
	β	T	β	T	β	T
C	34.60	3.85***	11.58	−1.79**	16.22	1.20*
GENG	−32.63	−3.70***	−20.24	−1.48*	−18.56	−1.44*
YUAN	23.01	1.08*	−19.02	−1.17*	2.32	0.18
LIN	−37.16	−4.13***	−15.75	−0.01	−15.44	−1.14*
MU	−72.99	−4.52***	79.71	−3.49***	−82.69	−2.07***
CHENG	98.65	5.13***	28.57	1.05*	20.19	−0.78
SHI	−289.02	−4.11***	−173.20	−1.32*	−75.37	−0.64
DW	0.100		1.710		1.430	
AdjR^2	0.51		0.98		0.18	
F	11.769 02		197.446 4		3.339 465	
Prob	0.000 000		0.000 000		0.006 978	

＊＊＊表示在5%的显著性水平下显著,＊＊表示在10%的显著性水平下显著,＊表示在30%的显著性水平下显著。

表 2.13 污染综合指数的面板数据估计结果

变量	混合最小二乘估计		个体固定效应模型		随机效应模型	
	β	T	β	T	β	T
C	15.93	2.59***	13.86	0.66	25.65	1.60*
GENG	−14.18	−2.35***	−27.56	−1.41*	−25.35	−1.64*
YUAN	32.38	2.22***	−49.80	−2.15***	−7.80	−0.49
LIN	−14.50	−2.35***	−3.20	−0.14	−23.63	−1.48*

续表

变量	混合最小二乘估计		个体固定效应模型		随机效应模型	
	β	T	β	T	β	T
MU	−39.98	−3.62***	−81.22	−0.71	−41.87	−1.19*
CHENG	53.78	4.09***	53.20	1.34*	44.48	−1.43*
SHI	−58.16	−1.21*	−72.72	−0.38	−87.03	−0.67
DW	0.500		2.670		1.430	
AdjR^2	0.33		0.87		0.18	
F	6.078 559		29.923 03		3.339 465	
Prob	0.000 060		0.000 000		0.006 978	

＊＊＊表示在 5% 的显著性水平下显著,＊＊表示在 10% 的显著性水平下显著,＊表示在 30% 的显著性水平下显著。

根据 Hausman 检验结果,拒绝原假设,故采用个体固定效应模型,得到回归方程为

TP＝−1.80−14.33GENG−47.06YUAN−8.90LIN+115.98MU+19.43CHENG−159.77SHI

根据 Hausman 检验结果,拒绝原假设,故采用个体固定效应模型,得到回归方程为

TN＝−11.58−20.24GENG−19.02YUAN+79.71MU+28.57CHENG−173.20SHI

根据 Hausman 检验结果,拒绝原假设,故采用个体固定效应模型,得到回归方程为

综合指数＝13.86−27.56GENG−49.80YUAN−81.22MU+53.20CHENG

面板数据分析结果表明:云南九大高原湖泊整体上存在流域土地利用类型结构与湖泊水质的某种程度的相关关系。园地显著减缓湖泊污染综合指数和总磷,牧草地、湿地和耕地较显著减缓湖泊总磷、总氮,但对湖泊污染综合指数的减缓作用较小。林地与湖泊水质变化的相关性不强,它只与总氮有弱相关性,与其他两个水质指标没有相关性。城镇村等建设用地与湖泊总磷、总氮和污染综合指数呈现弱的正相关,即只有在 39% 显著性水平下,建设用地才与湖泊水质呈现相关性。可能的原因是,第一,云南九大高原湖泊中,除了昆明滇池和大理洱海流域有大量城乡建设用地分布外,其他 7 个湖泊流域的城镇化水平都不太高,建设用地扩展对湖泊水环境的影响有限。第二,数据分析的时间跨度太短,只有 6 年,不能准确反映流域建设用地的比例变化。但是,九大高原湖泊流域建设用地与湖泊水质关系的面板数据分析结果表明,高原湖泊流域建设用地扩展对湖泊水质污染有正的影响,这个结论与滇池流域时间序列分析结果是一致的。因此,控制湖泊流域城镇村等建设用地扩展,对保护高原湖泊生态环境,具有重要的意义。

一般而言,由于现代农业大量使用化肥、农药,耕地、园地等农业用地会产生农业非点源污染,加重湖泊的总氮、总磷等污染。云南九大高原湖泊流域出现农业用地增加减轻湖泊总氮、总磷的负相关关系,主要得益于近年来云南省出台的环保政策。《滇池流域水污染防治"十五"规划》提出滇池全流域发展生态农业,确保沿湖周边 2km 范围内禁止

或限制施用化学农药和化肥。《云南省九大高原湖泊水污染综合防治"十一五"规划》指出,要加快调整农产品种植结构,发展生态农业和有机农业,科学合理施用化肥农药,优化平衡施肥技术,在洱海流域内推广测土培方平衡施肥,重点示范推广生物有机肥和有机无机复混肥。滇池全流域化肥、农药施用量逐年下降2%以上,湖周1km内不得种植蔬菜、花卉等高耗肥作物。洱海全流域在2005年施肥水平下,氮素化肥施用量减少5%~10%,磷素化肥施用量削减10%~15%。从数据分析的对照结果看,上述措施成效显著,使近几年云南高原湖泊总氮量和总磷量与农业用地之间开始呈现出一定程度的负相关关系。

2.3.2 九大高原湖泊流域土地利用强度与湖泊水质的关系

除了高原湖泊流域土地利用类型对湖泊水质产生影响外,土地利用强度尤其是城镇村工矿等建设用地利用强度和流域产业结构是否也会对湖泊水质产生影响?

借用环境库兹涅兹曲线(environment kuznet curve,EKC)来研究云南九大高原湖泊流域建设用地利用强度与湖泊水质的关系。环境库兹涅兹曲线是Grossman等和Shafik等于20世纪90年代初根据经验数据提出的描述经济发展与环境污染水平关系的计量模型。目前,国外学者经常使用这一模型来描述区域经济发展与环境污染的关系,称经济发展水平与环境污染水平的关系呈倒U形。

国内学者也对EKC模型做过讨论与分析。张晓(1999)根据中国环境与经济数据发现,我国拥有较弱的倒U形EKC。吴玉萍等(2002)发现北京市在经济增长与环境污染之间的EKC关系。苏伟和刘景双(2007)对吉林省经济增长与环境之间的关系进行分析后认为,吉林省存在EKC关系。宋涛等(2007)对我国各省经济增长与环境污染进行面板数据分析,结果显示,部分环境污染指标符合EKC,另一部分指标仍然呈线性关系,可能仍处于环境污染的冲突区间。李志涛等(2010)亦根据鄱阳湖流域的经济发展与水污染情况,验证EKC模型的存在。以往的研究表明,EKC模型在实际生活中确实存在,它对协调经济发展与环境保护具有重要的指导作用。这是本节选用环境库兹涅兹曲线模型进行分析的原因。

分别选取1999~2008年云南九大高原湖泊流域第二、第三产业的建设用地地均产值和九大高原湖泊流域的建设用地地均固定资产投入作为土地利用强度指标,它们分别反映流域地区内的建设用地的产出强度和投入强度。采用第二、第三产业的地均产值和地均投入可以间接反映工业与服务业对九大高原湖泊水质的影响,具有明确的指向。湖泊水质指标仍然选取1999~2008年的总磷量、总氮量和综合污染指数3个指标。其中,对部分环境指标缺失的年份,采取线性插值法进行补充。虽然这一方法可能与现实值有所偏差,但还是能较好地反映污染物增加或者减少的总趋势。

本节采用非线性拟合的分析方法,分析土地利用强度与环境污染之间的关系,并将土地利用强度和湖泊污染程度分成冲突区和协调区两类(图2.3)。

九大高原湖泊流域的环境变化过程与经济发展关系密切。2000~2008年,九大高原湖泊流域第二、第三产业呈增长趋势,建设用地规模不断扩大,地均产出、地均投入不断提升。以滇池流域为例,第二、第三产业地均产出从1999年的208.50万元/hm² 提升到

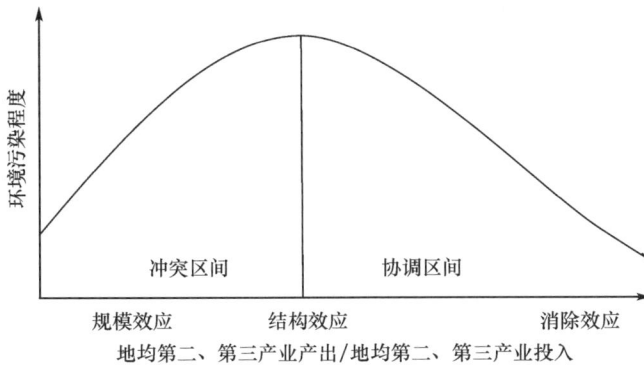

图 2.3 环境库兹涅兹曲线示意图

2008 年的 406.35 万元/hm^2, 累计增长幅度达到 94.89%; 第二、第三产业地均投入从 1999 年的 61.50 万元/hm^2 上升到 122.85 万元/hm^2, 累计增长幅度达到 99.76%。城镇的发展不可避免地加大了流域的产出强度。与之相反, 程海、泸沽湖等处于滇西北的高原湖泊流域, 第二、第三产业地均产值较小, 土地利用强度较低。

针对上述所选指标, 先进行环境监测指标无量纲处理, 即 $x_{total} = (x-x_{min})/(x_{max}-x_{min})$。再运用 AHP 法与当地环境污染现状及水文条件相结合, 确定各污染指标在整体污染指标中的权重。经过计算得到总氮量、总磷量、综合污染指数所占权重分别为 0.1712、0.0126、0.8162。最后, 根据 $Y=xw$ 求出整体污染指标 Y 的值(x 代表环境监测数据; w 代表 AHP 法计算出的权重值)。

以九大高原湖泊流域 1999~2008 年地均第二、第三产业产值和地均第二、第三产业投入为自变量 x, 以环境指标为因变量 y, 分别选取对数方程、二次方程、三次方程模型进行拟合。并依据以下原则来判断土地利用强度指标与某个湖泊水质污染指标是否存在相关性。第一, 拟合模型的检验统计量必须在 20% 的水平下显著; 第二, 模型拟合度 R^2 必须大于 0.3。各高原湖泊模型拟合结果如表 2.14 和表 2.15 所示。

表 2.14 九大高原湖泊流域地均第二、第三产业产值与湖泊水质关系拟合结果

湖泊名称	使用方法	模型	R^2	F	处于 EKC 区间
滇池	无明显相关				
阳宗海	二次方程拟合	$y=8.644-1.443x+0.088x^2$	0.887	15.663	冲突区间
抚仙湖	三次方程拟合	$y=1.348-0.014x^2+0.001x^3$	0.895	17.022	冲突区间
星云湖	无明显相关				
洱海	三次方程拟合	$y=2.179+1.259x-0.137x^2+0.004x^3$	0.334	2.502	协调区间
杞麓湖	无明显关系				
泸沽湖	三次方程拟合	$y=6.535-1.52x+0.181x^2-0.007x^3$	0.800	4.010	协调区间
程海	二次方程拟合	$y=11.553-1.686x+0.094x^2$	0.531	2.861	冲突区间
异龙湖	三次方程拟合	$y=-7.321+2.68x-0.011x^3$	0.383	4.241	冲突区间向协调区间转化

表 2.15 九大高原湖泊流域地均第二、第三产业固定资产投入与湖泊水质关系拟合结果

湖泊名称	使用方法	模型	R^2	F	处于 EKC 区间
滇池	三次方程拟合	$y=31.096-14.011x+2.762x^2-0.169x^3$	0.318	2.466	协调区间
阳宗海	三次方程拟合	$y=3.511-0.151x^2+0.024x^3$	0.822	9.240	冲突区间
抚仙湖	三次方程拟合	$y=1.338-0.123x^2+0.030x^3$	0.694	4.542	冲突区间
星云湖	三次方程拟合	$y=-26.697+17.905x-2.645x^2+0.120x^3$	0.448	2.811	冲突区间
洱海	三次方程拟合	$y=0.039+22.122x-26.689x^2+8.739x^3$	0.337	2.508	冲突区间向协调区间转化
杞麓湖	无明显关系				
泸沽湖	三次方程拟合	$y=3.519-0.691x+0.147x^2-0.009x^3$	0.700	3.337	协调区间
程海	三次方程拟合	$y=4.998-0.125x-0.120x^2+0.022x^3$	0.381	2.614	冲突区间
异龙湖	三次方程拟合	$y=17.204-8.781x+1.966x^2-0.123x^3$	0.542	3.181	协调区间

综合表 2.14 和表 2.15 的数据可以基本看出,从 1999～2008 年,处于协调区间的湖泊有:滇池和泸沽湖,处于冲突区间的湖泊有:阳宗海、抚仙湖、星云湖和程海,处于冲突区间向协调区间转型过程中的湖泊主要有:洱海和异龙湖,从计量上无法检验出关系的湖泊主要有杞麓湖。

也就是说,对于阳宗海、抚仙湖、星云湖和程海而言,其流域环境正处于库兹涅兹曲线的冲突阶段,未来发展经济未必一定要以破坏环境为代价。这 4 个湖泊应该调整流域产业结构,加强污染物排放的管理,保证区域水环境质量。对于滇池、洱海、泸沽湖和异龙湖而言,其流域环境目前处于库兹涅兹曲线的协调阶段,对这 4 个湖来说,表明流域地方政府重视环境保护取得一定成效,流域经济发展与湖泊环境保护"双赢"局面随着环境保护措施的深入逐渐显现,需要保持这个良好势头。

上述实证分析表明,只要重视湖泊环境保护,积极采取措施,在云南高原湖泊流域是可以实现生态经济良性循环的。

2.3.3 小结

对云南九大高原湖泊流域土地利用与湖泊水质变化的定量研究分析表明,云南高原湖泊的湖滨土地利用类型和建设用地开发强度与湖泊水环境质量之间存在一定的相关关系,进一步验证了我们的基本出发点,即云南高原湖泊流域土地利用格局与湖泊水质之间存在某种关联性,湖滨城镇村建设用地扩展对湖泊水质产生负面影响,是导致近些年来高原湖泊水质下降的原因之一。另外,如果采取强有力的环境保护措施,通过调整湖滨地区土地利用结构、布局和利用方式,加强污染排放控制和湖滨生态带建设,是可以减缓高原湖泊的湖滨区域城镇村建设用地扩展对湖泊水质和生态的不利影响,协调湖泊流域经济建设与湖泊水环境保护的关系。

参 考 文 献

鲍全盛,王华东.1996.我国水环境非点源污染研究与展望.地理科学,16(1):66-71

陈龙高,陈龙乾,杨小艳.2009.基于流域的邹城市土地利用水环境污染评价.国土与自然资源研究,(4):40-41

董文涛,程先富,肖明子.2011.巢湖流域非点源污染来源、影响及控制研究.农业环境与发展,28(5):74-77

付永锋,陈文辉,赵基花.2003.非点源污染的研究进展与前景展望.山西水利科技,(3):32-35

郭青海,马克明,杨柳.2006.城市非点源污染的主要来源及分类控制对策.环境科学,(11):2170-2175

郭青海,马克明,张易.2009.城市土地利用异质性对湖泊水质的影响.生态学报,29(2):776-787

贺缠生,傅伯杰,陈利顶.1998.非点源污染的管理及控制.环境科学,19(5):88-91

霍震,李亚光.2009.GIS 支持下滇池流域生态环境敏感性评价.林业调查规划,(5):12-16

焦锋.2003.小流域水环境管理——以宜兴市湖㳇镇为例.中国环境科学,23(2):220-224

金洋,李恒鹏,李金莲.2007.太湖流域土地利用变化对非点源污染负荷量的影响.农业环境科学学报,26(4):1214-1218

赖格英,于革,桂峰.2005.太湖流域营养物质输移模拟评估的初步研究.中国科学(D 辑),35(增刊Ⅱ):121-130

李恒鹏,杨桂山,刘晓玫,等.2005.流域土地利用变化的长周期水文效应及管理策略——以太湖上游地区蠡河流域为例.长江流域资源与环境,14(4):450-455

李娟娟.2007.上海城市景观格局演变及其生态安全影响研究.上海:复旦大学博士学位论文

李志涛,黄河清,张明庆.2010.鄱阳湖流域经济增长与水环境污染关系研究.资源科学,32(2):267-273

刘丰,刘静玲,张婷,等.2010.白洋淀近 20 年土地利用变化及其对水质的影响.农业环境科学学报,(10):1868-1875

刘阳,吴钢,高正文.2008.云南省抚仙湖和杞麓湖流域土地利用变化对水质的影响.生态学杂志,27(3):447-453

路月仙,陈振楼,王军,等.2003.地表水环境非点源污染研究的进展与展望.环境保护,(11):22-26

罗为检,王克林,罗明.2003.土地利用及其格局变化的环境生态效应研究进展.中国生态农业学报,11(2):150-152

欧维新,杨桂山,于兴修,等.2004.盐城海岸带土地利用变化的生态环境效应研究.资源科学,26(3):76-83

秦伯强,杨柳燕,陈非洲,等.2006.湖泊富营养化发生机制与控制技术及其应用.科学通报,51(16):1857-1866

荣琨,陈兴伟,刘梅冰,等.2009.AnnAGNPS 模型在丹江库区黑沟河流域的模拟应用与检验.土壤通报,28(7):1488-1493

宋涛,郑挺国,佟连军.2007.基于面板协整的环境库兹涅兹曲线的检验与分析.中国环境科学,27(4),572-576

苏伟,刘景双.2007.吉林省经济增长与环境关系污染研究.干旱区资源与环境,21(2):37-40

孙伟,陈雯,段学军,等.2007.基于生态-经济重要性的滨湖城市土地开发适宜性分区研究——以无锡市为例.湖泊科学,19(2):190-196

王静,丁树文,蔡崇法,等.2009.AnnAGNPS 模型在丹江库区黑沟河流域的模拟应用与检验.土壤通报,(4):907-912

王鹏,高超,姚琪,等.2006.环太湖丘陵地区农田磷素随地表径流输出特征.农业环境科学学报,25(1):165-169

吴玉萍,董锁成,宋键峰.2002.北京市经济增长与环境污染水平计量模型研究.地理研究,21(2):239-246

夏运生,李阳红,史静,等.2010.滇池宝象河流域土壤磷的累积及吸附特征研究.土壤学报,(2):325-333

熊金燕.2010.巢湖流域典型农田氮磷流失及其影响因素研究.安徽:安徽农业大学硕士学位论文

阎伍玖,鲍祥.2001.巢湖流域农业活动与非点源污染的初步研究.水土保持学报,15(4):123-126

阎伍玖,王心源.1998.巢湖流域非点源污染初步研究.地理科学,18(3):69-73

于兴修,杨桂山.2003.典型流域土地利用/覆被变化及对水质的影响——以太湖上游浙江西苕溪流域为例.长江流域资源与环境,12(3):211-217

张秋玲.2010.基于 SWAT 模型的平原区农业非点源污染模拟研究.杭州:浙江大学博士学位论文

张晓.1999.中国环境政策的总体评价.中国社会科学,19(3):95-98

Basnyat P,Teeter L D,Lockaby B G.1999.Relationships between landscape characteristics and nonpoint source pollution inputs to Coastal Estuaries.Environmental Management,23(4):539-549

Basnyat P,TeeterL D,LockabyB G,et al.2000.The use of remote sensing and GIS in watershed level analyses of nonpoint source pollution problems.Forest Ecology and Management,128:65-73

Boers P C M.1996.Nutrient emissions fromagriculture in Netherlands:causes and remedies.Water Science and Technology,33:183-190

Bsata D,Bower B T.1992.Analyzing Natural Systems.Washingtion DC:Resources for the Future

Grossman M,Krueger B.1992.Enviromental Impacts of a North American Free Trade Agreement.Princeton,NT:Woodrow Wilson School

Ha H J, Stenstrom M K. 2003. Identification of land-use with water quality data in stormwater using a neural network. Water Research, (17): 4222-4230

He C, Riggs J F. Kang Y T. 1993. Integration of geographnic information systems and a computer model to evaluate impacts of agricultural runoff on water quality. Jawra Journal of the American Water Resources Association, 29(6):891-900

Hrodey PJ, Sutton TM, Frimpong EA. 2009. Land-use Impacts on Watershed Health and Integrity in Indiana Warmwater Streams. The American Midland Naturalist, (1):76-95

Hwang S J, Lee S W, Son J Y, et al. 2007. Moderating effects of the geometry of reservoirs on the relation between urban land use andwater quality. Landscape and Urban Planning, (82):175-183

Jones J R, Knowlton M F, Obrecht D V, et al. 2004. Importance of landscape variables and morphology on nutrients in Missouri reservoirs. Canadian Journal of Fisheries and Aquatic Sciences, 64(8):1503-1512

Leggett C G, Bockstael N E. 2000. Evidence of the effects of water quality on residential land prices. Journal of Enviromental Economics and Management, (39):121-144

Moreno J L, Navarro C, De las Heras J. 2006. Abiotic ecotypes in south-central Spanish rivers: Reference conditions and pollution. Environmental Pollution, 143: 388-396

Omernik J M, Abernathy A R, Male L M. 1981. Stream nutrient levels and proximity of agricultural and forest land to streams: Some relationships. Journal of Soil & Water Conservation, (36):227-231

Osborne L L, Wiley M J. 1988. Empirical relationship between land use/ cover and stream water quality in an agricultural watershed. Journal of Environmental Management, (26):9-27

Phillips J D. 1989. Evaluation of North Carolina's estuarine shoreline area of environmental concern from a water quality perspective. Coastal Management, (17):103-117

Preston C D, Sheail J, Armitage P, et al. 2003. The long-term impact of urbanization on aquatic plants: Cambridge and the River Cam. The Science of the Total Environment, (314): 67-87

Ren W W, Zhong Y, Meligrana J, et al. 2003. Urbanization, land use, and water quality in Shanghai 1947 ~1996. Environment International, (29):649-659

Schoonover J E, Lockaby B G. 2006. Land cover impacts on stream nutrients and fecal coliform in the lower Piedmont of West Georgia. Journal of Hydrology, (331): 371-382

Schröder J J, Scholefield D, Cabral F, et al. 2004. The effects of nutrient losses from agriculture on ground and surface water quality: the position of science in developing indicators for regulation. Environmental Science & Policy, (7): 15-23

Shafik N, Bandyopadhyay S. 1992. Economic Growth and Enviroment Quality. Time Series and Gross. Country Evidence, Background Paper for World Development Report 1992. Washington DC: World Bank

Sonzogni W C, Chesters G, Coote D R, et al. 1980. Pollution from land runoff. Environmental Science and Technology, 14(2): 148-153

Tong S T Y, Chen W L. 2002. Modeling the relationship between land-use and surface water quality. Journal of Environmental Management, (66):377-393

Tong Susanna T Y, Chen Wen Li. 2002. Modeling the relationship between land use and surface water quality. Journal of Environmental Management, (66):377-393

Wilkin D C, Jackson R W. 1983. Nonpoint water quality contributions from land use. Journal of Environmental System, (13): 127-136

Zhang Hong, Zhang Jing, Zhang Dongmei, et al. 2014. GIS Based evaluation system for ecological constraints of dianchi Lake basin. Asian Agricultural Research, 6(4):94-98

第3章　昆明城市用地扩展对滇池水环境的
影响研究

3.1　昆明城市化进程

3.1.1　昆明概况

1. 地理位置与行政区划

昆明地处中国的西南部,云贵高原中部,昆明位于东经 102°10′~103°40′,北纬 24°23′~26°22′,南北长 237.5km,东西宽 152km,国土总面积 21 111km²。北与四川省的会理县隔江(金沙江)相望,南与玉溪市、峨山县、江川县和红河州的弥勒县毗邻,西与楚雄州的武定县及玉溪市的易门县接壤,东与曲靖市的会泽县、陆良县和红河州的沪西县相连。昆明市辖 6 区 7 县 1 市,五华区、盘龙区、西山区、官渡区、东川区、呈贡区、晋宁县、富民县、嵩明县、宜良县、石林县、禄劝县、寻甸县和安宁市。素有"高原明珠"之称的滇池

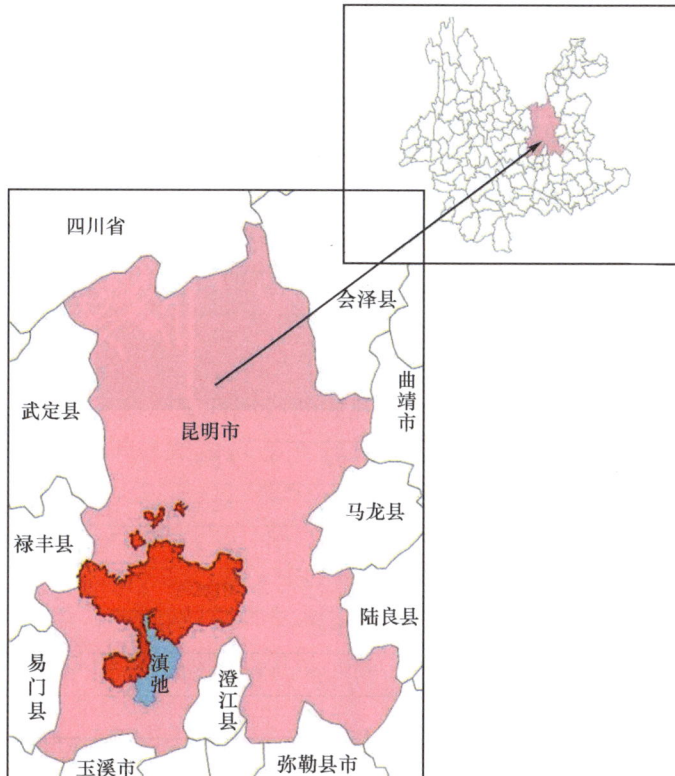

图 3.1　研究区位置示意图

位于昆明主城的西南面,海拔为 1886m,南北长 39km,东西最宽为 13km。湖岸线长 163.2km,面积为 306.3km²,容水量为 15.7 亿 m³,是云南省最大的淡水湖。

2. 自然条件

昆明位于北纬亚热带,然而境内大多数地区夏无酷暑,冬无严寒,气候宜人,具有典型的温带气候特点,城区温度为 0 ~ 29℃,平均气温为 15℃左右,最热时月平均气温 19℃左右,最冷时月平均气温 8℃左右。由于温度、湿度适宜,日照长,霜期短,所以鲜花常年不谢,草木四季常青,昆明"春城"的美誉由此得来。昆明气候的主要特点有以下几点:①春季温暖,干燥少雨,蒸发旺盛,日温变化大。②夏无酷暑,雨量集中,且多大雨、暴雨,降水量占全年的 60% 以上,故易受洪涝灾害。③秋季温凉,天高气爽,雨水减少。秋季降温快,天气干燥,多数地区气温要比春季低 2℃左右。降水量比夏季减少一半多,但多于冬、春两季,故秋旱较少见。④冬无严寒,日照充足,天晴少雨。⑤干季、湿季分明。全年降水量在时间分布上,明显地分为干、湿两季。5 ~ 10 月为雨季,降水量占全年的 85% 左右;11 月至翌年 4 月为干季,降水量仅占全年的 15% 左右。昆明地区河流分属金沙江(长江上游)、南盘江(珠江上游)、元江(红河上游)三大水系。全地区属金沙江流域的面积占 73.44%,属南盘江流域的面积占 24.81%,属元江流域的面积占 1.75%。主要河流有金沙江、普渡河、鸣矣河、掌鸠河、牛栏江、南盘江、巴江等。主要湖泊是滇池、阳宗海。滇池是云贵高原最大的淡水湖泊,属长江水系内陆高原湖泊,因滇族、滇国而得名。

昆明市境内地形以高原陷落盆地与陷落河谷相交错,北部高,由北向南呈阶梯状逐渐降低,中部隆起,东西两侧较低。境内河流分属金沙江、珠江、红河三大水系,形成高山大河与盆地共生,地面高低悬殊、水系复杂的地形特点。昆明市境内 85% 左右为山地,昆明坝子为全市最大的盆地。市中心海拔约 1891m,拱王山马鬃岭为昆明境内最高点,海拔 4247.7m,金沙江与普渡河汇合处为昆明境内最低点,海拔 746m。昆明市域地貌属云贵高原的一部分,严格受构造控制,山脉水系南北延伸、东西排列,呈现出盆岭相间、山原峡谷交替出现的宏观地貌景观。地势由北向南倾斜,其主要地貌类型是高山、中山,它们构成区域地貌的主体。除此之外,还有盆地、湖泊、阶地及剥夷面等。

3. 社会经济特点

昆明正在努力建设成为中国面向西南开放的区域性国际城市。昆明区位独特,地处"9+2"泛珠三角区域经济合作圈、"10+1" 中国-东盟自由贸易区经济圈和大湄公河次区域经济合作圈的交汇点。随着昆明至曼谷国际公路的通车,泛亚铁路的规划建设,以及正在建设中的昆明国际空港等重大基础设施的实施,昆明面向东南亚、南亚开放的"桥头堡"作用日益凸现,是云南省的省会,西南地区的中心城市之一。

改革开放以来,昆明经济始终保持快速健康发展的良好态势,综合经济实力进入西部地区先进行列。经过多年的发展,形成卷烟、机电、生物资源、信息、商贸旅游等五大支柱产业。

农业持续、稳定、协调发展,结构调整成效明显,特色突出,"斗南花卉"、"呈贡蔬菜"成为国内外知名品牌。工业形成以机械、冶金、烟草加工等为主的体系,是云南省的工业基地和西南地区重要的工业城市。第三产业在国民经济中的比例日益增大,商贸、旅游、信息、现代服务业快速发展,对全市经济社会的发展起到重要的带动作用和促进作用。

2010 年,全年实现生产总值(GDP)2120.37 亿元,比上年增长 14.0%,其中,第一产业实现增加值 120.30 亿元,比上年增长 4.8%;第二产业实现 960.86 亿元,比上年增长 16.7%;第三产业实现 1039.21 亿元,比上年增长 12.6%。三次产业结构为 5.7∶45.3∶49.0。人均生产总值达到 33 549 元。全年固定资产投资完成 2160.88 亿元,比上年增长 35.0%,其中,工业固定资产投资完成 467.28 亿元,增长 35.0%;房地产开发投资完成 440.68 亿元,增长 19.3%。全市实现工业增加值 709.62 亿元,比上年增长 13.9%,其中规模以上工业实现增加值 608.28 亿元,增长 15.8%。

昆明市 2010 年地方财政一般预算收入 253.83 亿元,增长 25.9%。全年全市地方财政一般预算支出 346.31 亿元,比上年增长 28.0%。值得一提的是,2010 年,昆明市城镇居民人均可支配收入 18 875.65 元,比上年增长 14.4%,扣除物价因素,实际增长达到 9.8%,而人均消费支出 13 243.53 元,比上年增长 16.2%,扣除物价因素,实际增长 11.5%。昆明经济发展在全国发展势头迅猛,经济形势和效果得到全国各界的肯定。2008 年获得“全国十大浙商最佳投资城市”,与成都、大连、包头、广州一起荣获“2008 中国制造业最佳投资城市”等称号。

3.1.2　昆明城市用地扩展

城市化作为社会文明的表现,促进社会、经济的发展,凭借着现代化的生产和生活方式为人类社会提供着优越的物质与文化生活条件。同时城市化又是一个人口高度集聚、产业结构变化、城市用地扩展、消费模式改变的过程,对环境产生较大的影响。对水环境而言,主要表现为随着湖泊流域城市化的推进,流域水资源的短缺和湖泊水环境质量的恶化日益加剧。本节以滇池流域的昆明城市化为例,深入研究高原湖滨地区城市化及城市用地扩展对湖泊水环境是否存在什么关联性,试图探索两者之间的机理关系。

城市化水平的测度主要有单一指标法和复合指标法,本书对昆明 1998～2008 年城市化水平的测度采用复合指标体系。参考国内其他城市的研究成果,结合昆明的具体情况并听取专家意见,采用层次分析法,从人口、经济、生活方式及基础设施 4 个子系统建立昆明的城市化水平综合评价体系,再采用线性加权法得出昆明城市化水平的综合值。

层次分析法(AHP)是将决策层有关的元素分解成目标、准则、方案等层次,在此基础之上进行定性和定量分析的决策方法。主要通过构建层次结构模型、构造成对比较矩阵、计算权向量并做一致性检验、计算组合权向量并做组合一致性检验、构造判断矩阵及计算权重等步骤来实现。本研究的数据来源主要为 1999～2009 年《昆明统计年鉴》、1999～2009 年《云南统计年鉴》。

1. 昆明城市化进程测算

为了客观认识 1998 年以来昆明城市化水平发展趋势及其特征,运用复合指标法,遵循针对性原则、层次性原则、全局性原则、可操作性原则和动态性原则,结合城市化丰富的内涵,从经济、人口、生活方式及基础设施方面选取 20 项指标构建以城市化水平为评价目标的城市化测度指标体系,运用层次分析法确定各层指标的权重(表 3.1)。

表 3.1 昆明城市化水平评价指标体系及其权重

系统层（权重）	目标层	权重	系统层（权重）	目标层	权重
人口城市化 B_1 0.32	非农业人口占全市总人口比例	0.30	生活方式城市化 B_3 0.26	人均生活用水量	0.20
	第二、第三产业从业人口占就业总人口比例	0.23		每万人拥有在校大学生数	0.17
	第三产业从业人口占就业总人口比例	0.21		每万人拥有医疗技术人数	0.14
	人口密度	0.26		每万人拥有医院病床数	0.17
经济城市化 B_2 0.21	人均GDP	0.18		每万人拥有公交车辆数	0.17
	第二、第三产业产值占全市GDP比例	0.16		燃气普及率	0.15
	第三产业产值占全市GDP比例	0.18	基础设施城市化 B_4 0.21	人均公共绿地	0.29
	城镇人均可支配收入	0.21		人均道路面积	0.29
	人均全社会固定资产投资总额	0.16		建成区绿地覆盖率	0.24
	人均全社会消费品零售总额	0.13		污水处理率	0.19

因所选取的各指标的量纲、数量级和变化幅度均不同,会影响到各指标的可比性和分析计算的精度。因此,有必要对各评价指标的原始数据进行标准化处理。标准化具体方法如下。

(1) 对发展类指标的标准化:$X'_{ij} = (X_{ij} - X_{j\min}) / (X_{j\max} - X_{j\min})$

(2) 对限制类指标的标准化:$X'_{ij} = (X_{j\max} - X_{ij}) / (X_{j\max} - X_{j\min})$

式中,X'_{ij} 为 X_{ij} 的标准化值;X_{ij} 为第 i 城市的第 j 指标的原始赋值;$X_{j\min}$ 为第 j 指标的最小值;$X_{j\max}$ 为第 j 指标的最大值(彭列珊. 1998)。由于篇幅有限,数据处理过程略。

对权重的确定采取以下步骤:

(1) 构造比较矩阵。运用具有较强的逻辑性、实用性和系统性的层次分析法进行计算。首先按人口、经济、生活方式及基础设施这 4 个准则层来具体确定其权重。选取若干有关方面的专家利用5/5-9/1比率标度法对各指标的相对重要性进行判断,取判断值的平均值后构建一个比较矩阵。根据标度可以列出下列比较矩阵:

$$\boldsymbol{A} = (a_{ij}) = \begin{matrix} & B & B_1 & B_2 & B_3 & B_4 \\ B_1 & 1 & 1.5 & 1.22 & 1.5 \\ B_2 & 0.67 & 1 & 0.82 & 1 \\ B_3 & 0.82 & 1.22 & 1 & 1.22 \\ B_4 & 0.67 & 1 & 0.82 & 1 \end{matrix} \qquad (3.1)$$

(2) 构造判断矩阵并计算因素和权重。对判断矩阵 $\boldsymbol{A}$ 求最大正特征根,通过求解 $BW = W$ 可获得排序值,归一化后得到各指标的权重。同理,对每一准则层下的指标层数据再进行权重计算,过程与上述方法相同,限于篇幅,计算过程略,得到的结果见表 3.1。

（3）一致性检验。按照公式：

$$PC_i = \frac{(\lambda_{max} - n)}{(n-1)} \quad \varepsilon \leqslant 0.001 \tag{3.2}$$

经检验，本节判断矩阵一致性指标 $PC_i = 0.0\,000\,007 < 0.001$，通过检验，所以系统层的权重为 0.32、0.21、0.26 及 0.21。同理，目标层也采用相应的检验方法，均通过检验，得到相应的权重见表 3.1。

2. 昆明城市化水平计算结果分析

本节采用线性加权和法进行昆明城市化水平综合值计算，基本公式为

$$F = \sum_{i=1}^{n} S_i W_i \tag{3.3}$$

式中，F 为某一区域城市化发展水平的综合评价指数；W_i 为该区域第 i 项指标的权重；S_i 为该区域第 i 项指标的无量纲化值。

通过式（3.3）计算得到昆明市 1998～2008 年的城市化水平见表 3.2。

表 3.2　昆明市 1998～2008 年城市化水平

指标	1998年	1999年	2000年	2001年	2002年	2003年	2004年	2005年	2006年	2007年	2008年
城市化水平	0.24	0.27	0.28	0.28	0.28	0.34	0.31	0.48	0.60	0.61	0.75

表 3.2 显示，1998～2008 年昆明市的城市化水平从 1998 年的 0.24 上升至 2008 年的 0.75，增加了 0.51，年平均增长速度为 0.046。另外，从图 3.2 可以看到，这个期间的城市化过程呈现出"J"形曲线，即整个 11 年间昆明城市化进程可以分为缓慢—快速发展的过程。在 1998～2004 年增长缓慢，而在 2004～2008 年则表现为快速增长势态。这说明，昆明城市化进程在 2004 年以后进入快速发展期，人口和产业迅速集聚、城市用地快速扩展，是该阶段的特征，从而对滇池湖泊生态环境产生前所未有的巨大压力。如何在快速城市化过程中，通过调整城市用地的利用方式和布局，节约集约利用城镇村建设用地，最大限度地保留流域的生态及农林用地，减缓高原湖滨地区城市化对湖泊生态的负面影响，实现可持续发展，是本节研究的核心问题。

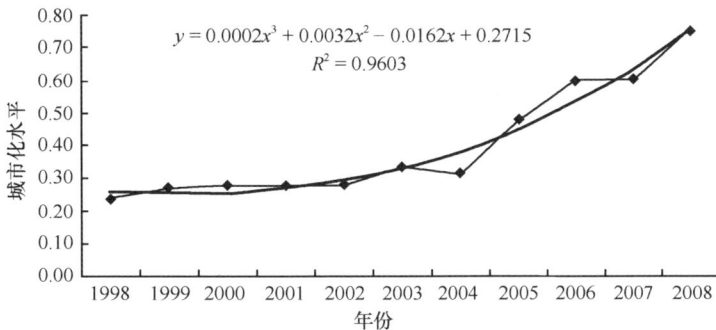

图 3.2　昆明城市化水平变化趋势

3.1.3 小结

昆明作为云南省省会城市、全省唯一特大城市,在全省社会经济加速发展过程中,具有辐射全省的最大经济中心带动作用。近几年,随着国家西部大开发战略和面向西南开放桥头堡战略的实施,昆明的城市化进程明显加快,全市城镇人口占总人口比例已经达到63%,规划2015年达到75%。根据第六次人口普查,昆明主城5区人口已经达到270万,规划2020年达到500万人。快速城市化的结果,导致滇池流域城市(镇)建设用地迅速扩展,加速改变着流域土地利用类型结构和空间布局,给滇池湖泊水环境产生了越来越大的生态压力。

3.2 昆明主城的城市用地扩展时空变化特征分析

3.2.1 数据获取研究方法

为了深入研究昆明主城的城市用地扩展动态变化特征和规律,采取1974年、1988年、1998年和2008年4期遥感影像数据为基础,构建元胞自动机仿真模型的技术方法,多角度研究30余年来昆明主城建设用地扩展的时空特征。研究的技术路线如图3.3所示。

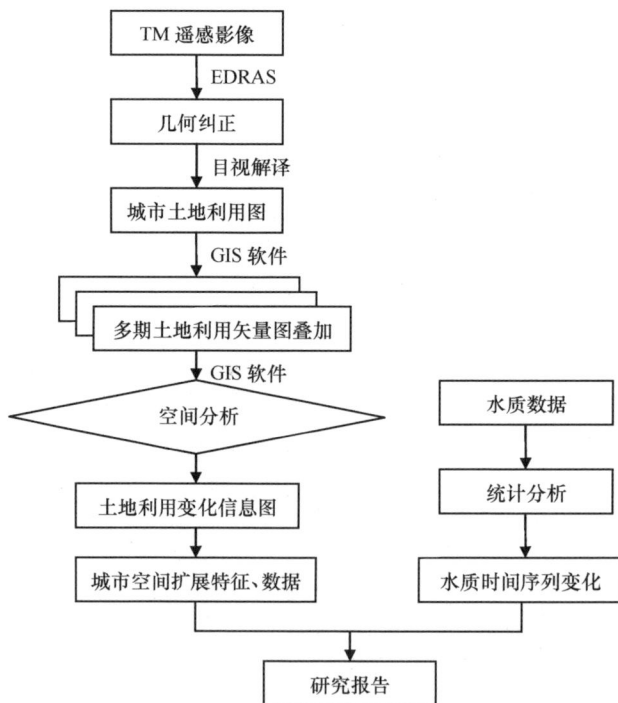

图 3.3 昆明主城的城市用地扩展时空特征分析的技术路线

TM 为专题绘图仪(thematic mapper)获取的图像。从 Landsat-4 起,发射的卫星上加装了专题绘图仪(TM)来获取地球表层信息。TM 在光谱分辨率、辐射分辨率和地面分辨率方面都比 MSS 图像有较大的改进,在光谱分辨率方面,TM 采用 7 个波段来记录遥感器获取的目标地物信息;在辐射分辨率方面,TM 采用双向扫描,改进了辐射测量精度,地物模拟信号经过模数转换,以 256 级辐射亮度来描述不同地物的光谱特性;在地面分辨率方面,TM 瞬间视场对应的地面分辨率为 30m。

具体的数据提取和分析方法如下:

(1)在 Landsat-5(TM)遥感数据的基础上,利用 GIS 软件提取 1974 年、1988 年、1998 年、2008 年 4 个时期的城市用地范围,重建昆明主城近 30 余年的空间扩展过程。

(2)分别对各时期的昆明主城建设用地面积变化进行分析,计算各时期城市建设用地面积。采用城市用地利用动态度、土地利用面积变化率、扩展速度等指标来衡量昆明主城建设用地在时间序列上的扩展速度。

(3)利用空间重心转移模型、八象限及重心缓冲区,分析昆明主城近 30 余年来城市建设用地在空间上的扩展方向及特征。

(4)从景观生态学角度,选用典型的景观格局指数对昆明主城发展进行测算。

(5)分析昆明主城扩展对湖滨湿地的侵入情况。

结合研究的实际需要及数据的可获取性,本节所采用的遥感卫星影像资料是美国陆地卫星 Landsat 系列所获取的 1974 年、1988 年、1998 年及 2008 年的 TM/ETM+影像(图 3.4 ~ 图 3.7),主要参数见表 3.3。

图 3.4　1974 年昆明主城遥感影像图　　　　图 3.5　1988 年昆明主城遥感影像图

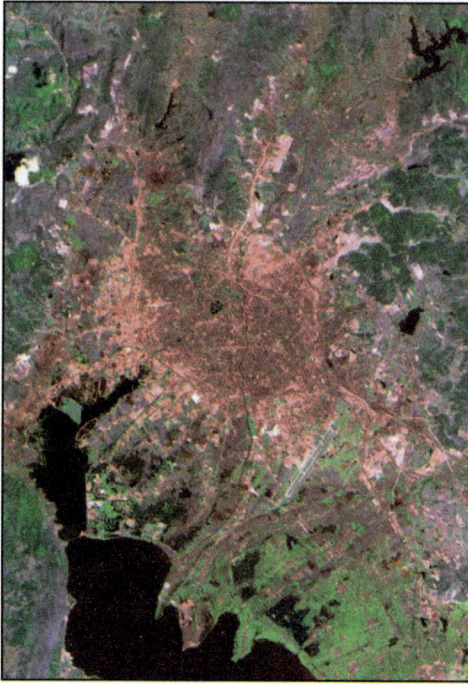

图 3.6　1998 年昆明主城遥感影像图

图 3.7　2008 年昆明主城遥感影像图

表 3.3　各时期遥感数据参数表

序号	卫星	接收日期(年/月/日)	轨道号	波段	分辨率/m
1	Landsat-5	1974/1/20	20760	1 月 4 日	57
2	Landsat-5	1988/1/26	20760	1 月 7 日	30
3	Landsat-5	1998/4/27	75282	1 月 7 日	30
4	Landsat-5	2008/4/6	128173	1 月 7 日	30

几何校正就是要校正成像过程中所造成的各种几何畸变。几何校正分两种,即几何粗校正和几何精校正。本次的卫星遥感数据地面站已做过几何粗校正的处理,但要恢复影像的原始形状特点,必须经过几何精校正。几何精校正是利用地面控制点进行的。它通过 GCP 数据对原始卫星影像的几何畸变过程进行数学模拟,建立原始的畸变图像空间与地理制图用的标准空间(校正空间)之间的对应关系,然后利用这种对应关系把畸变图像空间中的全部像素变换到校正图像空间中去,本书主要通过 EDRAS 软件实现。

多时期的影像往往在时相或者所获得的遥感器上有所不同,本节要求把这些影像统一到一个坐标系统下,并且要求同一地物的像元在不同影像中的位置相互重叠。以 2008 年遥感影像为基准图像,对另外 3 个时期的影像进行像元配准,所采用的坐标系为 WGS_1984_UTM_Zone_48N,通过 EDRAS 软件实现。

1974 年的 TM 影响由于时间较早,只有 4 个波段,其余 3 个时期均有 7 个波段,不同的波段反映地物不同侧面的信息,分别适用于不同地物的分类和探测。最优波段的选择主要有:①所选的 3 个波段的信息总量要大;②所选的 3 个波段的相关性要弱;③目标地物类型要在所选的波段组合内与其他地物具有很好的可分性。在 ArcGIS 软件里统计出各波段的信息值,通过相关分析得出能最佳反映实物的波段为 TM_Band_3(R)、TM_Band_4(G)、TM_Band_5(B),通过野外 GPS 实地考察,获取遥感影像的解译标志,根据判读的直观性及简易性,选取的波段组合为 TM_Band_4(R)、TM_Band_3(G)、TM_Band_2(B),这个组合能通过地物及植被的红外反射强度更方便地解译得出 4 个时间点的城市用地状况。

3.2.2　昆明主城建设用地扩展分析

主要从时间和空间两个方面对昆明主城建设用地扩展进行分析,着重研究昆明主城近 30 年来的用地扩展速度、强度、方向,并通过土地利用面积变化率、土地利用动态度、扩展土地占用其他地类的数量等指标来定量分析主城用地扩展变化特征。

1. 昆明主城用地扩展的速度及强度分析

通过 ArcGIS 软件得出 4 个时期点的城市用地数据及 3 个阶段的扩展量,如图 3.8 和图 3.9 所示。

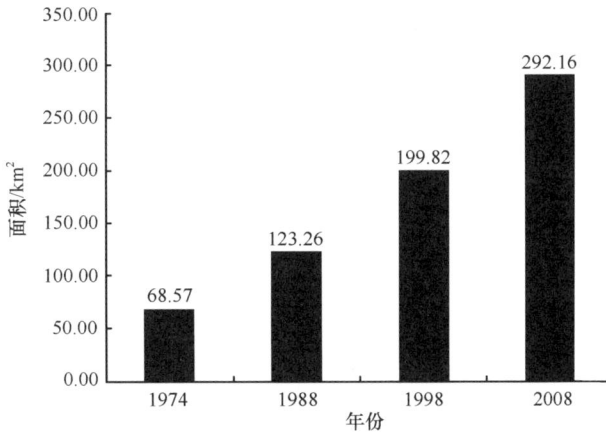

图 3.8　昆明主城各时期用地面积图

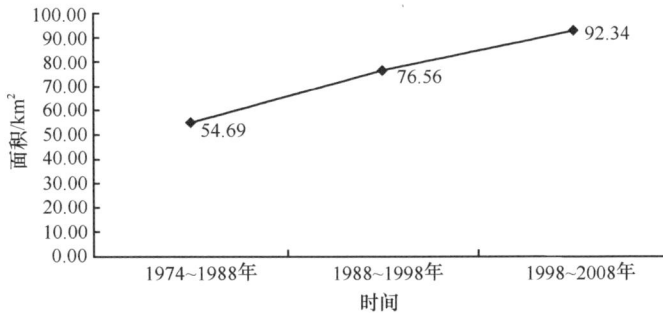

图 3.9　昆明主城各时期用地增长量趋势图

图 3.8 和图 3.9 直观地反映出,30 余年昆明主城建设用地呈直线上升趋势,各时期的城市用地增量也呈上升趋势,特别是在 1998~2008 年的用地增长尤其明显。为了能更为定量的说明昆明主城的扩展速度情况,引入以下指标进行分析。

1) 城市扩展年速度分析

城市扩展年速度是指在研究时期内的城市实体的年平均扩展面积(章剑龙和吕成文,2007)。其计算公式为

$$V = \frac{U_{ib} - U_{ia}}{T} \tag{3.4}$$

式中,V 为研究时段内城市实体的扩展速度,主要表示城市实体的年平均扩展面积;U_{ib}、U_{ia} 分别为研究末期和初期城市实体的面积;T 为研究时段长,单位为年。同时,参考扩展速度划分标准,将城市扩展分为 4 类:①高速扩展型(年扩展速度>10km²);②快速扩展型(年扩展速度 6~10km²);③中速扩展型(年扩展速度 2~6km²);④低速扩展型(年扩展速度<2km²)。根据公式并参照划分标准得出昆明主城扩展速度(表 3.4 和图 3.10)。

表 3.4　各时期昆明主城扩展年度统计表

时间	扩展面积/km²	扩展速度/(km²/a)	扩展类型
1974~1988 年	54.69	3.91	中速扩展型
1988~1998 年	76.56	5.47	中速扩展型
1998~2008 年	92.34	6.60	快速扩展型

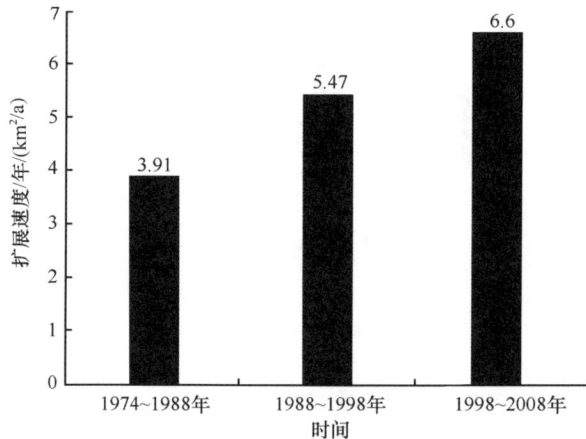

图 3.10　昆明主城各时期用地年度扩展速度图

从扩展速度可以看出:昆明主城建设用地在 1974~1988 年和 1988~1998 年两个时期的扩展类型均为中速扩展类型,其中 1988~1998 年这个阶段的扩展速度要高于 1974~1988 年的扩展速度,这主要与国家自 1978 年改革开放的进一步深化落实所带来的快速发展有关。在 1998~2008 年这个阶段,扩展面积为 92.34km²,扩展速度达到 6.60km²/a,属于快速扩展类型,主要原因是 1999 年昆明举办国际园艺博览会及自 2000 年国务院召开西部

地区开发会议后,扎扎实实地推进西部大开发战略,形成一轮昆明城市快速发展期。

2）城市扩展动态度分析

城市扩展动态度是指城市土地利用类型面积的年变化速度,是城市扩展的一项重要指标,它可以定量地描述城市用地利用变化速率,计算公式为

$$K = \frac{U_{ib} - U_{ia}}{U_{ia}} \times \frac{1}{T} \times 100\% \qquad (3.5)$$

式中,K 为研究时段内城市实体扩展的动态度;U_{ib}、U_{ia} 分别代表研究末期和初期城市用地类型的面积;T 为研究时段长,单位为年。

根据文献标准,可将城市扩展动态度分为 4 种类型(王丽萍等,2005):①高速扩展型(年均扩展速率>20%);②快速扩展型(年均扩展速率为 14%～20%);③中速扩展型(年均扩展速率为 8%～14%);④缓慢扩展型(年均扩展速率<8%)。根据公式并参照划分标准得出昆明主城扩展动态度(表 3.5 和图 3.11)。

表 3.5　昆明主城扩展动态度统计表

时间	扩展面积/km²	扩展动态度	扩展类型
1974～1988 年	54.69	5.70%	缓慢扩展型
1988～1998 年	76.56	6.21%	缓慢扩展型
1998～2008 年	92.34	4.62%	缓慢扩展型

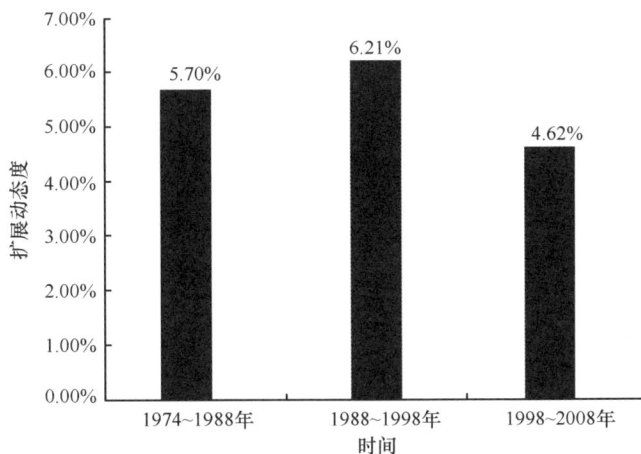

图 3.11　昆明主城各时期用地扩展动态度

通过以上计算得出的数据表明:从扩展动态度的角度看,昆明主城各时期的扩展类型均属于缓慢扩展型。

3）城市扩展强度分析

城市的扩展强度实质上是用空间单元土地面积来对其年平均扩展速度进行标准化处理。计算公式为

$$UII = \frac{U_{ib} - U_{ia}}{TLA} \times \frac{1}{T} \times 100 \qquad (3.6)$$

式中,UII 为研究时段内城市实体扩展的强度;U_{ib}、U_{ia} 分别为研究末期和初期城市用地类型的面积;T 为研究时段长,单位为年;TLA 为土地总面积。

根据 UII 的划分标准,可将城市扩展强度分为 5 类:①高速扩展(UII>1.92);②快速扩展(1.92>UII>1.05);③中速扩展(1.05>UII>0.59);④低速扩展(0.59>UII>0.28);⑤缓慢扩展(0.28>UII>0)(刘盛和等,2000)。根据以上公式及划分标准得出昆明主城的扩展强度(表3.6 和图3.12)。

表 3.6 昆明主城的扩展强度统计表

时间	扩展面积/km²	扩展强度	扩展类型
1974~1988 年	54.69	0.19	缓慢扩展
1988~1998 年	76.56	0.37	缓慢扩展
1998~2008 年	92.34	0.44	低速扩展

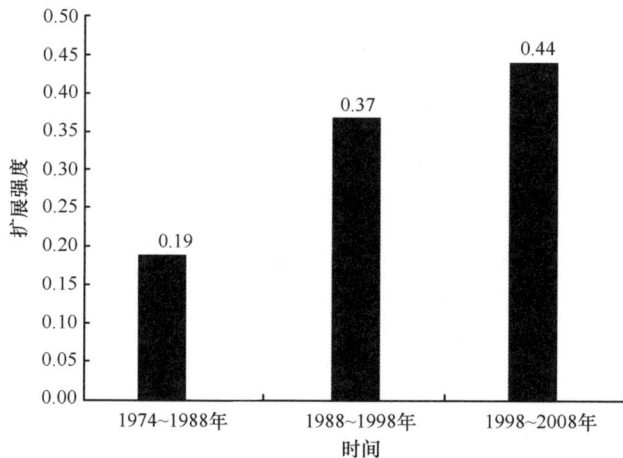

图 3.12 昆明主城的扩展强度

通过以上数据得出:昆明主城的扩展强度均不高,其中 1974~1988 年和 1988~1998 年处在缓慢扩展阶段,虽然 1998~2008 年扩展强度有所增加,但仍处于低速扩展的过程。

4) 城市扩展综合指数分析

以上 3 个指标某种程度上在某个单方面反映出城市扩展的情况,但由于其计算的方法不一样导致不同的结果,不能准确地反映出城市的一个综合用地的扩展情况。影响城市扩展类型的因素主要包括扩展面积、原有城市实体面积以及城市土地总面积 3 个方面。但是城市扩展年扩展速度分析只反映了扩展面积一个因素;扩展动态度分析只反映了扩展面积以及原有城市实体面积两个因素;扩展强度分析只反映了扩展面积以及城市土地总面积两个因素,这 3 个指标都不能全面地反映城市扩展状态。因此,综合考虑以

上 3 个因素,把其进行归一化处理,最终得出一个能通过 3 个指标综合反映城市扩展的综合指数。其计算公式为

$$\text{SI} = \frac{U_{ib} - U_{ia}}{U_{ia}} \times \frac{1}{\text{TLA}} \times \frac{1}{T} \times 10\ 000 \tag{3.7}$$

式中,SI 为研究时段内城市实体扩展的城市扩展综合指数;U_{ib}、U_{ia} 分别为研究末期和初期城市用地类型的面积;T 为研究时段长,单位为年;TLA 为土地总面积。系数 10 000 的目的是为了改变数值过小引起的统计的不便。由公式(3.7)可以看出,城市扩展综合指数其实质是用各空间单元的土地面积来对其扩展动态度进行标准化处理。

根据上述 3 种分析方法对城市扩展类型的分类,结合实际计算特征值,可根据城市扩展综合指数将城市扩展分为 4 类:①高速扩展(>0.50);②快速扩展(0.35~0.50);③中速扩展(0.20~0.35);④低速扩展(0~0.20)(李雪瑞,2010)。

根据上述公式计算得出昆明主城不同时期综合扩展指数(表 3.7 和图 3.13)。

表 3.7　昆明主城不同时期综合扩展指数统计表

时间	扩展面积/km²	扩展综合指数	扩展类型
1974~1988 年	54.69	0.27	中速扩展
1988~1998 年	76.56	0.29	中速扩展
1998~2008 年	92.34	0.37	快速扩展

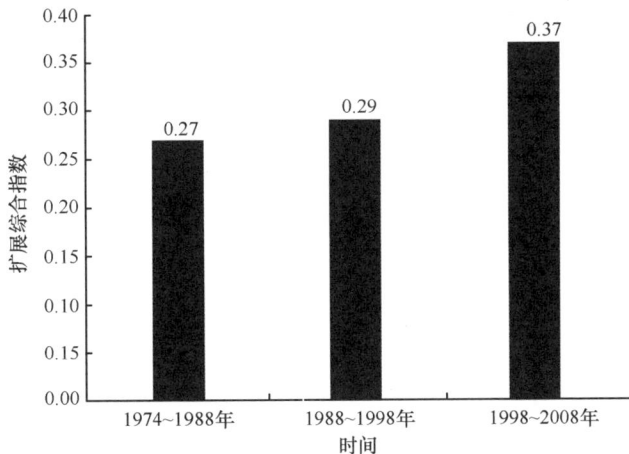

图 3.13　昆明主城不同时期扩展综合指数

通过以上计算,我们可以看出:昆明主城的综合扩展指数在 1974~1988 年和 1988~1998 年这两个期间分别是 0.27 和 0.29,为中速扩展型;在 1998~2008 年达到 0.37,为快速扩展型。也就是说,1998 年以后,昆明主城进入了快速扩展时期。

2. 昆明主城建设用地扩展的空间特征分析

通过 ArcGIS 软件,得出 4 个时期的城市建设用地范围,将这些不同时期的城市建设

用地范围进行叠加,得到如图 3.14 所示的昆明市主城实体扩展分布图。

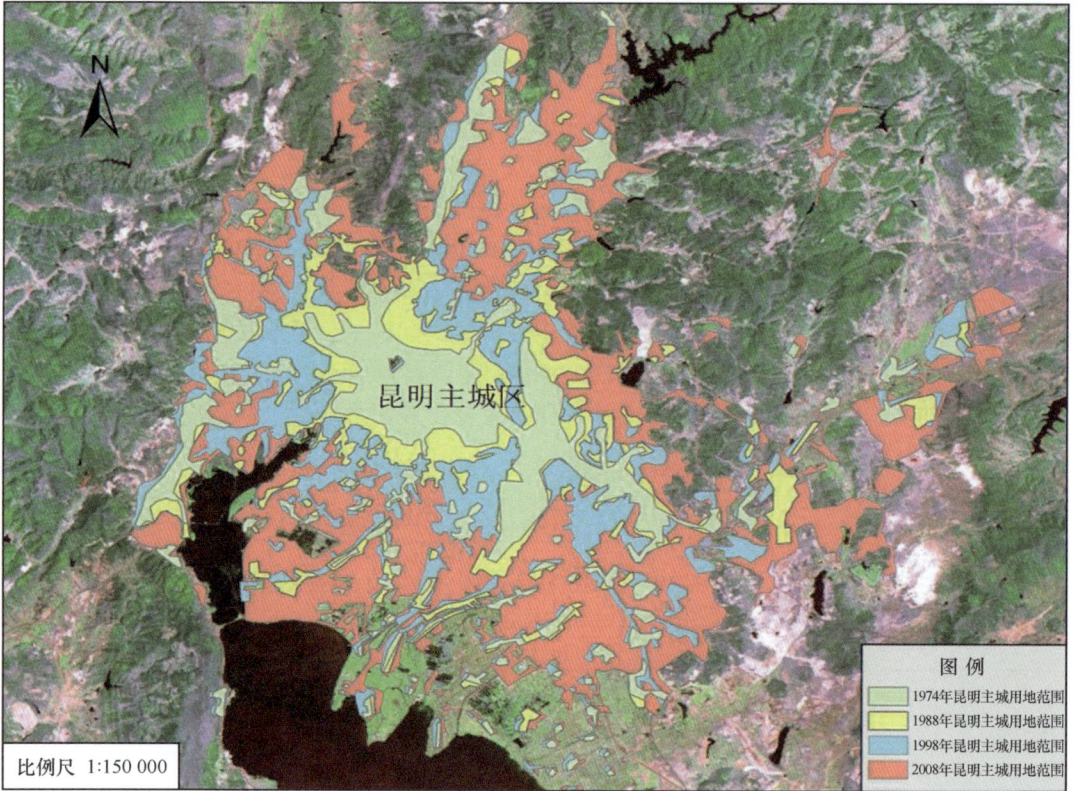

图 3.14 昆明主城不同时期扩展分布图

通过图 3.14 可以直观地看出,昆明主城在 1974 年只是非常小的一部分,随着时间的推移,呈现出不断向外扩展的趋势。由于昆明的地理位置特殊,三面临山,因此昆明主城主要向滇池周边扩展,侵占了原来的湿地、农田和牧草地等对湖泊污染有一定减缓作用的用地类型,滇池湖滨地区土地利用类型发生巨大变化,是导致滇池湖泊水质迅速下降的重要原因之一。

1) 昆明主城城市用地的重心分析

为了更好地描述其空间分布的特征,引入重心转移模型。重心的坐标计算公式为

$$X_t = \sum_{i=1}^{n} (a_{t_i} \times x_i) \Big/ \sum_{i=1}^{n} a_{t_i}$$

$$Y_t = \sum_{i=1}^{n} (a_{t_i} \times y_i) \Big/ \sum_{i=1}^{n} a_{t_i}$$

(3.8)

式中,X_t、Y_t 为第 t 年建设用地分布重心的坐标;a_{t_i} 为第 i 个建设用地斑块的面积;x_i、y_i 为第 i 个建设用地斑块重心的坐标(刘诗苑和陈松林,2009)。

重心的转移距离公式为

$$d = \sqrt{(X_1 - X_2)^2 + (Y_1 - Y_2)^2}$$

(3.9)

式中,d 表示转移的距离;X_1、Y_1 代表转移后重心坐标;X_2、Y_2 表示基准重心坐标(李雪瑞,2010)。通过以上公式计算得出昆明主城重心转移情况(表3.8和图3.15)。

表 3.8　昆明主城重心坐标及转移情况统计表

	1974 年		1988 年		1998 年		2008 年	
	x	y	x	y	x	y	x	y
城市重心	34572800	2770240	34573100	2770240	34572800	2770320	34573800	2769980
与上一年重心变化			300	0	−300	80	1000	−340
转移方向			向东转移	不变	向西转移	向北转移	向东转移	向南转移
转移距离			300.00m		310.48m		1056.22m	

注:该坐标采取平面坐标的表示方法,单位为 m。

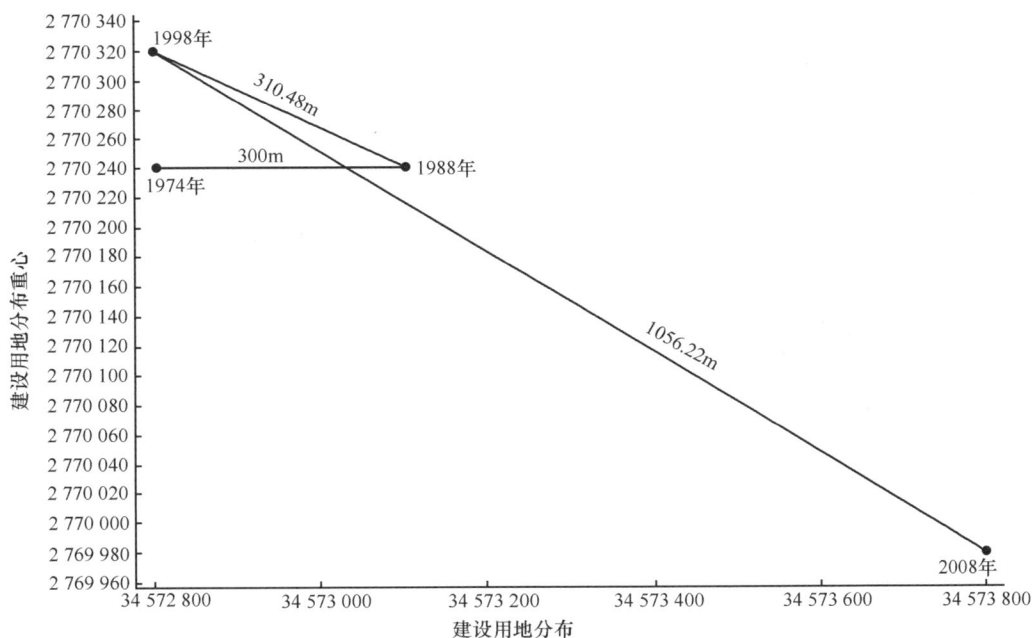

图 3.15　昆明主城重心转移示意图

从以上重心坐标及转移数据可以看出:昆明主城在 1974～1988 年重心向东偏移,距离为 300m,速度不是很快;在 1988～1998 年,重心突然转向北面,这主要与昆明北市区的发展有直接的联系,转移的距离为 310.48m,速度也不是很快;在 1998～2008 年,重心转向东南方向(滇池方向),而且转移距离达到 1056.22m,与之前的高速发展类型一致,主要是 2000 年后昆明采取围绕滇池、一湖四片的"新昆明"城市空间发展战略,大力发展呈贡新城以及呈贡新城与主城的连接线,带动主城建设用地迅速向滇池湖滨地带扩展。

2) 城市用地扩展的方向分析

为了进一步分析城市的扩展方向,采用象限-缓冲区综合测度法,分析 30 余年来昆明主城建设用地扩展的方向特征。其技术思路是:在 ArcGIS 9.2 的支持下,以 1974 年昆明主城建设用地重心坐标为原点,做 10 个 2km 的缓冲区,以正东方向为轴线,按逆时针方向,将研究区分割为 8 个象限。计算 1974～2008 年各个象限中建设用地扩展量占本象限面积的比例,统计各时期缓冲带内建设用地扩展量,绘制各建设用地类型扩展量曲线图。

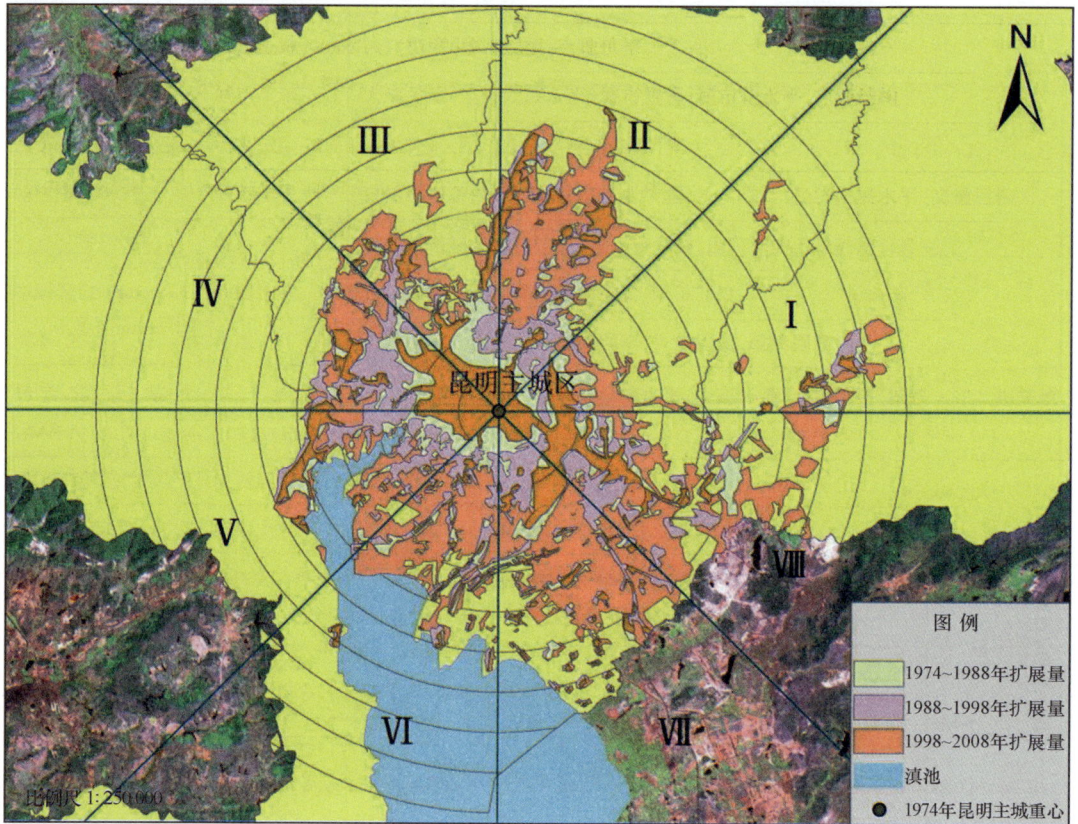

图 3.16　象限-缓冲区示意图

通过以上 8 个象限的划分,利用 ArcGIS 软件计算得出各象限 3 个时期的扩展情况如表 3.9 所示。

表 3.9　昆明主城 3 个时期在各象限的扩展量

象限	面积/km²	1974～1988 年/km²	1988～1998 年/km²	1998～2008 年/km²
I	436.10	4.44	3.87	13.71
II	257.67	5.96	10.09	28.44
III	316.22	6.78	5.05	14.13
IV	423.35	5.31	10.35	10.39
V	159.59	4.94	9.03	13.98
VI	275.65	4.71	6.84	23.57
VII	74.74	4.61	9.49	30.34
VIII	153.51	7.20	11.11	27.03

　　在得出 3 个时期各象限的扩展量后,计算出各扩展量占该象限的百分比,如表 3.10 所示。

表 3.10　昆明主城 3 个时期的扩展量占相应象限面积的百分比

象限	1974 ~ 1988 年/%	1988 ~ 1998 年/%	1998 ~ 2008 年/%	总计/%
Ⅰ	1.02	0.89	3.14	5.05
Ⅱ	2.31	3.92	11.04	17.27
Ⅲ	2.14	1.60	4.47	8.21
Ⅳ	1.26	2.44	2.45	6.15
Ⅴ	3.10	5.66	8.76	17.52
Ⅵ	1.71	2.48	8.55	12.74
Ⅶ	6.16	12.69	40.60	59.45
Ⅷ	4.69	7.24	17.61	29.54

　　从表 3.10 可以看出:1974 ~ 1988 年昆明主城扩展量最大的方向为第Ⅴ、第Ⅶ、第Ⅷ象限,但是均没有超过 10%,总体来说扩展的速度不是很快。1988 ~ 1998 年扩展量最大的方向仍为第Ⅴ、第Ⅶ、第Ⅷ象限,其中最大的第Ⅶ象限达到 12.69%。1998 ~ 2008 年昆明主城扩展得很快,扩展较快的方向分别是第Ⅱ、第Ⅶ、第Ⅷ象限,其中最快的扩展方向是第Ⅶ象限,达到 40.60%。通过对 3 个时期各象限的扩展量进行加和得出,昆明主城 30 余年来扩展量超过 10% 的方向有第Ⅱ、第Ⅴ、第Ⅶ、第Ⅷ 4 个象限,这恰好与前述昆明主城往北市区、环滇池及呈贡方向发展相对应。

　　同时,引入的 10 个 2km 缓冲区主要用来分析各缓冲区内的扩展量,进而分析扩展峰值离主城重心的距离,在 ArcGIS 中运用剪裁功能得出 3 个时期在 10 个缓冲区内的扩展量如表 3.11 和图 3.17 ~ 图 3.19 所示。

表 3.11　昆明主城各时期缓冲区内扩展量

距离/km	1774 ~ 1988 年/km²	1988 ~ 1998 年/km²	1998 ~ 2008 年/km²
2	3.01	0.17	0.00
4	9.39	12.53	1.78
6	12.11	17.03	23.12
8	8.54	15.62	38.70
10	4.24	8.84	42.38
12	3.34	7.24	28.40
14	2.19	1.78	12.94
16	0.19	0.74	8.32
18	0.92	1.59	3.10
20	0.04	0.15	2.19

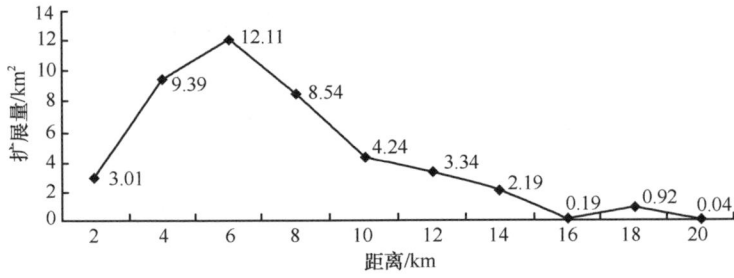

图 3.17　1974～1988 年在缓冲区内的扩展量

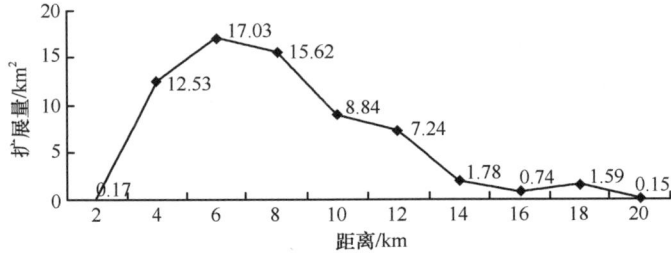

图 3.18　1988～1998 年在缓冲区内的扩展量

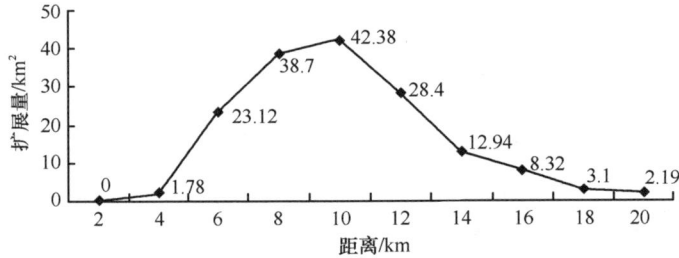

图 3.19　1998～2008 年在缓冲区内的扩展量

表 3.12　昆明主城各时期的扩展峰值统计表

时间	扩展峰	
	峰值/km²	距离重心/km
1974～1988 年	12.11	6
1988～1998 年	17.03	6
1998～2008 年	42.38	10

从表 3.12 得出:昆明主城在各个时期内的扩展峰值逐步从中心外移,在 1974～1988 年,最大峰值为 12.11km²,距重心 6km;在 1988～1998 年最大峰值为 17.03km²,距重心 6km,但是其第二个扩展峰值 15.62km²,距重心 8km,表现出在原有基础稳步扩展的情况下逐步外移;在 1998～2008 年,其扩展峰值和距离重心值均为最大,表现为在前 8km 处的 38.7km 逐步外移到 10km 处的 42.38km²,不过 3 个时期均表现为越往外面其扩展量逐渐减少的特点。

3) 城市用地扩展的景观指数分析

景观格局及其变化是自然和人为多种因素相互作用所产生的一定区域生态环境体系的综合反映,景观斑块的类型、形状、大小、数量和空间组合,既是各种干扰因素相互作用的结果,又影响着该区域的生态过程和边缘效应。本研究采用 Fragstats 相关景观指数,从宏观角度进行测算。Fragstats 是由美国俄勒冈州立大学森林科学系开发的一个景观指标计算软件,可以计算出 59 个景观指标。本节研究得出的 9 个景观指数如图 3.20 所示。

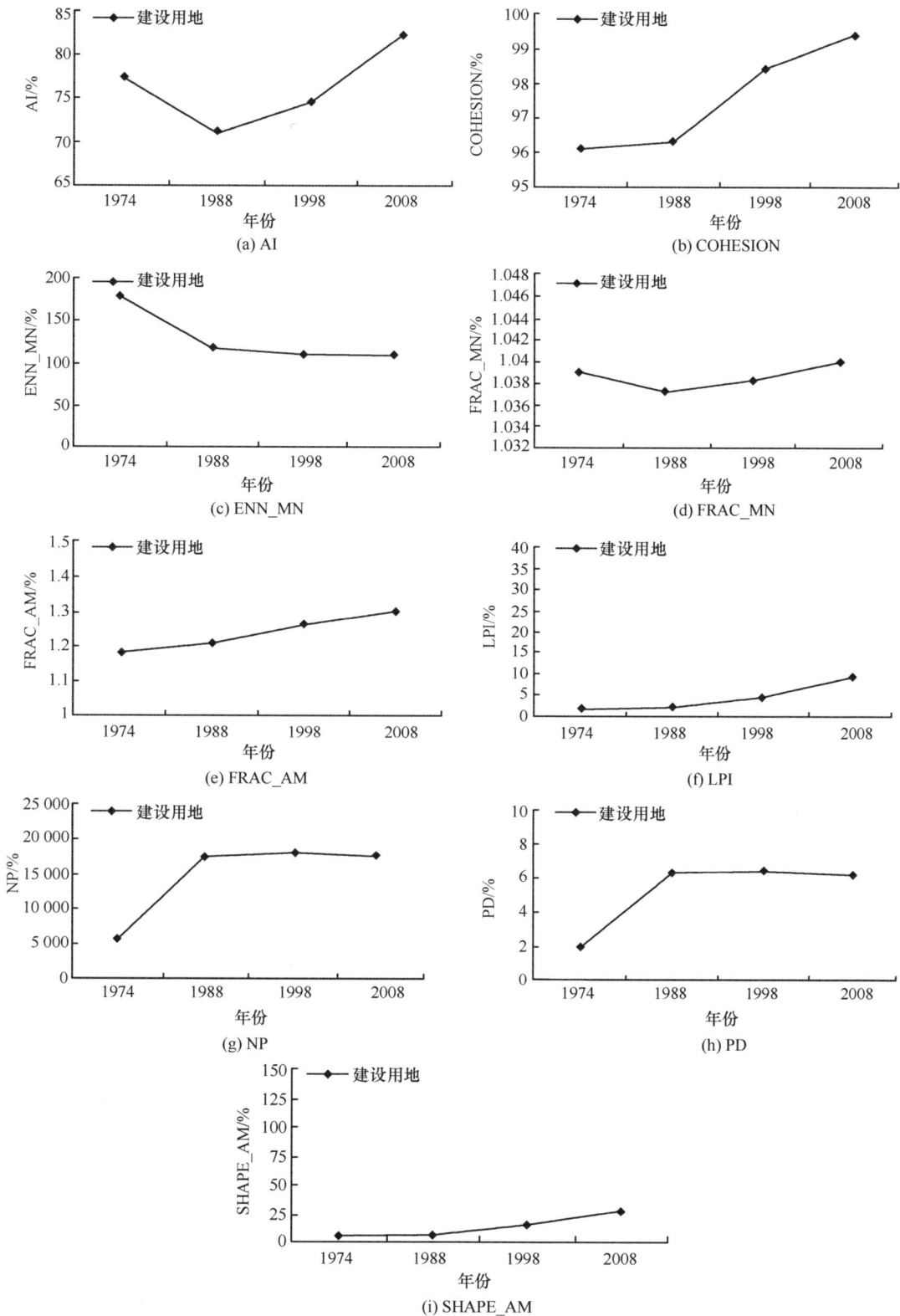

图 3.20　城市用地扩展景观指数

其中,以上指标中 AI 为聚集度指数,描述景观中不同景观要素的团聚程度,反映一定数量的景观要素在景观中的相互分散性。COHESION 表示斑块结合度,用来表示同一斑块类型之间的自然衔接程度,反映景观组分的空间分配特征。ENN_MN 表示某类斑块与其最近同类斑块的平均距离,该值越大,表明同类斑块间相隔距离远,分布较散;反之说明同类斑块之间相距近,呈聚集分布。FRAC_AM 和 FRAC_MN 表示面积加权的平均斑块分维数和平均斑块分维数,取值为 1~2,该值越大,表示图形形状越复杂。当<1.5 时,说明图形趋于简单;当等于1.5 时,表示图形处于布朗随机运动状态,越接近1.5,稳定性越差;当>1.5 时,则图形更为复杂。LPI 为最大斑块占景观面积的比例,是斑块水平上优势度的度量。NP 为斑块数量,反映景观的空间格局,经常被用来描述整个景观的异质性,其值的大小与景观的破碎度有很好的正相关性,一般规律是 NP 大,破碎度高;NP 小,破碎度低。PD 表示斑块的密度,即单位面积的斑块数,反映景观破碎程度,斑块密度越大,则斑块越小,破碎化程度越高。SHAPE_AM 为形状指数,形状指数越小,表明斑块形状越有规律,斑块的几何形状越简单。相反,斑块形状指数越大,表明斑块形状越复杂。

通过以上相关景观格局指数计算可以看出,昆明主城在 1974~1988 年一段时间,有简单的跳跃发展,斑块相对较多较散。1988 年以后昆明主城表现为聚拢集中同心圆方式扩展,通过分形维数、破碎度以及形状指数可以看出,后期的发展也不是很复杂,主要表现为外延式扩展。同时,LPI 一直呈上升趋势,进一步说明昆明主城后期的摊大饼扩展所形成的主城大图斑面积的增大。

3. 昆明主城建设用地扩展对滇池湖滨湿地的侵入

湖滨带湿地是陆地和湖泊水体的缓冲区,也是控制滇池污染的最后一道防线。滇池湖滨带生态环境历经 3 次大的破坏,前两次是 20 世纪 70 年代围海造田和 80 年代修建防浪堤,部分防浪堤阻断了滇池水体与陆地的交错联系,使滇池自净功能大大降低,致使滇池湖滨生态环境发生急剧变化,水陆交错带湖滨生态系统转变为农田生态系统,湿地被蚕食,生态系统退化。之后,随着人口急剧增加、城市规模扩展和经济发展,部分湖滨区土地利用又由农业用地转化为城市建设用地,滇池天然湖滨湿地消失殆尽,已经丧失其原有的调节气候、涵养水源、降解污染物、为动植物提供生存环境、改善湖滨带景观、保证湖滨生态良性循环、维持湖滨生态平衡的作用,滇池湖滨带生态功能严重退化。

在研究过程中,选取昆明主城所在的滇池北岸区域,分别沿滇池湖泊岸线做 20m、50m、100m 和 200m 的 4 类缓冲区,计算各缓冲区中昆明城市扩展所导致的城镇建设用地在各类缓冲区内的增长变化,得出如表 3.13 所示的结果。

表 3.13　昆明主城建设用地扩展对滇池湿地缓冲带的侵入分析表　(单位:hm²)

年份	20m	50m	100m	200m
1974	0.06	0.16	0.35	0.76
1988	0.18	0.45	0.91	1.82
1998	0.24	0.64	1.34	2.81
2008	0.39	1.01	2.12	4.62

表 3.13 显示:1974 年滇池北岸湖滨湿地缓冲带的城镇建设用地比较少,湖岸 20m 内基本上没有建设用地,50m 内只有 0.16hm² 少量村庄建设用地,200m 内有 0.76hm² 建设用地,湿地和农田对滇池湖泊的生态保护功能还能正常发挥,滇池水质较好,湖水清澈。1988 年以后,随着昆明主城扩展,滇池北岸湖滨湿地带被建设用地侵占加剧,湖泊污染问题开始出现。1998 年以后沿湖建房成为时尚,至 2008 年,滇池北岸湖岸线 50m 内有建设用地 1.01hm²,比 1974 年增长 531.25%;200m 内有建设用地 4.62hm²,比 1974 年增长 507.9%,滇池湖泊水质污染形势严峻。

因此,随着昆明城市用地向湖滨湿地带扩展,湖滨生态用地被严重侵占,影响湿地功能的发挥,增加滇池负荷。目前,滇池湖滨土地利用极其混杂,住宅区、休闲度假区、工厂企业用地、商贸、旅游观光区等与农田交织,天然湖滨湿地消失殆尽,湿地生境不复存在。2008 年以后,昆明市人民政府已经意识到湖滨湿地带被侵占的严重后果,出台了《云南省滇池保护条例》,稳步推进以退塘、退田、退房、还湖、还湿地、还林"三退三还"为主的环湖生态建设,在滇池草海实施生态修复,在滇池外海北岸、东岸、南岸、西岸环湖公路以内开展退塘、退田、退房、还湖、还湿地、还林的"三退三还",开展滇池环湖湿地建设,明确湖滨生态带的范围和功能布局,从而基本稳定了滇池水质迅速恶化的趋势。但是,要改善滇池湖泊水环境,重新恢复滇池清澈的湖水,还需要包括湖滨及流域土地利用调整的综合措施。

3.2.3　小结

昆明城市化加速,使昆明主城建设用地迅速扩展。受滇池流域地形条件限制,近 30 余年来昆明主城扩展的方向主要是逼近滇池,滇池北岸的湖滨湿地和农田不断被城市建设用地取代,湖滨湿地基本消失,湖滨地区土地利用格局发生重大变化,滇池北岸湖滨的生态系统遭到严重破坏,湖滨土地对流域污染的减缓功能逐步丧失。因此,可以认为,昆明主城建设用地的盲目扩展和对湖滨湿地带的侵占,是导致滇池湖泊水污染加剧的原因之一。恢复湖滨湿地等生态用地类型,控制滇池流域地区的建设用地规模,严禁建设用地侵占湖滨湿地带,是控制滇池湖泊水质进一步恶化的重要途径。

3.3　昆明主城建设用地扩展与滇池水环境的相互耦合关系研究

20 世纪 60 年代滇池草海和外海水质均为Ⅱ类水质,70 年为Ⅲ类,70 年代后期,水质逐渐恶化,草海水质 80 年代起变为劣Ⅴ类;外海水质 80 年代起变为Ⅴ类,2001 年起在Ⅴ类与劣Ⅴ类之间波动变化。滇池水质恶化,占水体绝对优势的蓝藻恶性繁殖和积累,滇池蓝藻水华暴发时,位于外海北岸的浮藻堆积区叶绿素含量每立方米可高达几万毫克,藻量每升高达几十亿个,覆盖湖面的浮藻厚度可达几十厘米,蓝藻水华面积达 16～20km²,盛时遍及全湖,造成滇池水体景观的恶化。蓝藻大量存在,使得滇池水体发黑发臭,并对滇池饮用水源地的供水安全构成严重威胁。滇池蓝藻水华污染的严重程度,属世界罕见。滇池的污染特征主要表现为以氮、磷、藻类为代表的富营养化;以生物需氧量、化学需氧量为表征的有机污染。

3.3.1 滇池湖泊水环境变化

1. 主要污染物浓度历史变化

2008 年昆明市水质完整的监测结果显示(表 3.14):草海水质为劣 V 类,水体重度污染,未达到水环境功能要求,主要超标指标为生化需氧量、氨氮、总磷、总氮。外海水质为 V 类,属中度富营养状态,主要污染物为总氮。滇池流域 29 条入湖河流的水质监测结果表明,90% 以上的入湖河流水质为劣 V 类(图 3.21 和图 3.22)。

表 3.14 2008 年滇池主要污染指标值

名称	高锰酸盐指数/(mg/L)	叶绿素 a/(mg/m³)	总磷/(mg/L)	总氮/(mg/L)	透明度/m	综合污染指数
草海	9.96	64.00	1.243	15.34	0.57	58.20
外海	63.10	3.06	0.126	2.44	0.42	9.19

资料来源:云南省环境厅,2009。

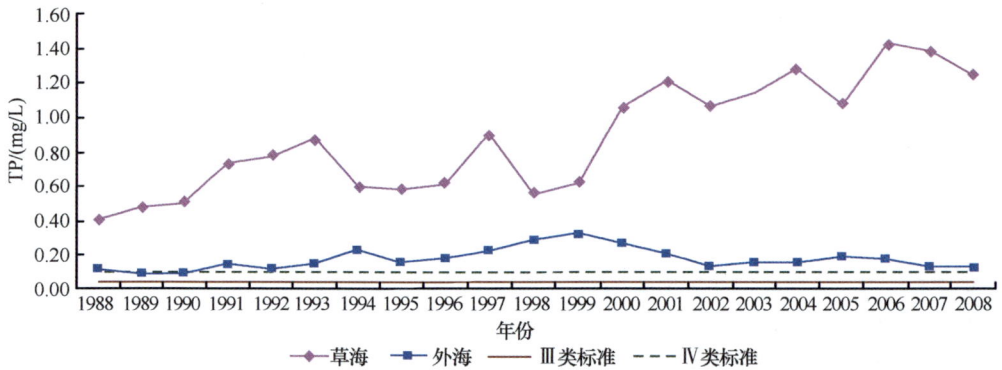

图 3.21 1988~2008 年滇池 TP 浓度年际变化

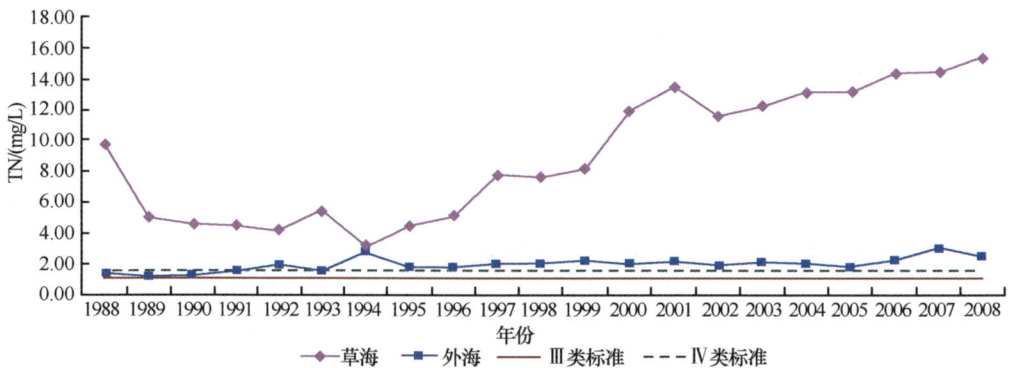

图 3.22 1988~2008 年滇池 TN 浓度年际变化

2. 综合富营养化状态指数变化

根据中国环境监测总站发布的全国地表水水质环境月报中的 TLI(综合营养状态指数)数据,对滇池水体综合营养状态指数进行统计分析,其中 TLI 数值越高就表示水体富营养化越严重。滇池的监测数据主要来自滇池水体的 10 个监测点位。同时,2004~2007 年的月报表明,总氮、总磷是滇池外海的主要污染指标,草海的主要污染指标则包含总氮、总磷以及氨氮。

纵观草海 2004~2007 年综合营养状态指数(图 3.23)可以看出,2005 年其营养指数较 2004 年降幅很大,但是到了 2006 年下半年(只有下半年的数据)却出现较大幅度的反弹,2007 年再次回落,近几年总的趋势是综合营养指数呈逐渐下降趋势。说明近几年来昆明市人民政府针对滇池草海的治理所采取的一些措施还是颇有成效的。

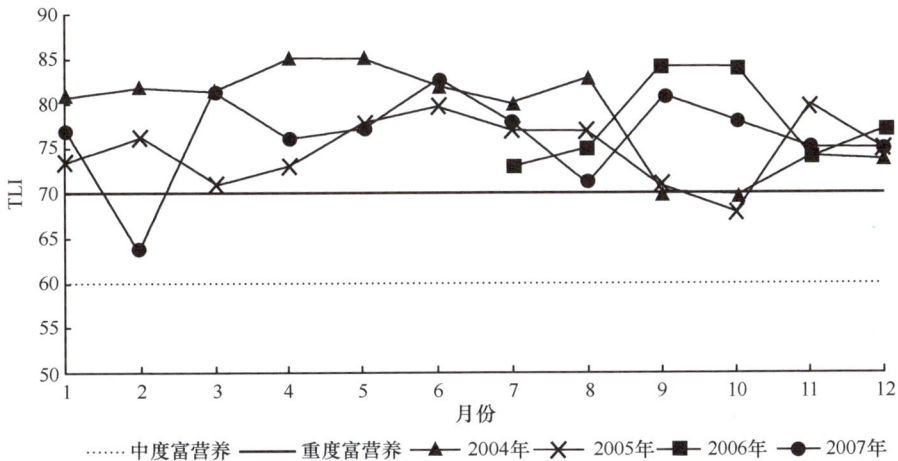

图 3.23　草海水体综合营养状态指数变化趋势

纵观外海 2004~2007 年综合营养状态指数(图 3.24)可以看出,2005 年其营养指数较 2004 年有所回落,但是到了 2006 年下半年(只有下半年的数据)却出现较大幅度的反弹,2007 年前 3 个季度基本上保持在重度富营养化范围线之上,只是第四季度时有所下降,总体来看外海综合营养指数近几年变化与草海相反,呈上升趋势。

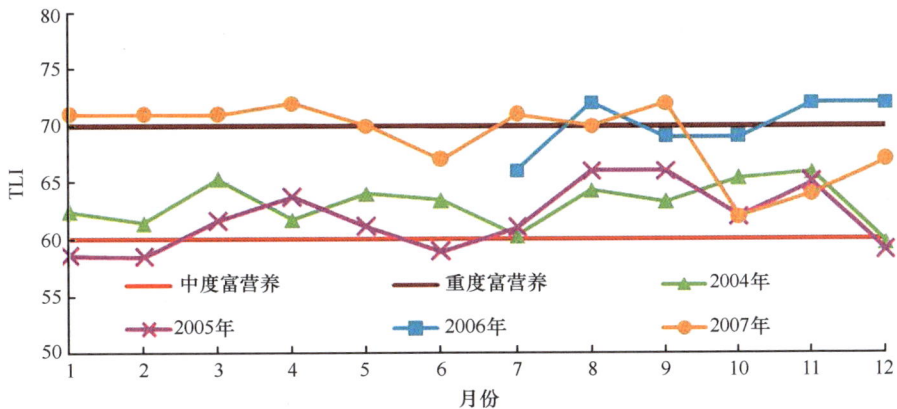

图 3.24　外海水体综合营养状态指数变化趋势

此外,在中国环境监测总站发布的流域自动监测周报中,公布了滇池草海和外海的两项参数(pH、DO)和两项指标(高锰酸盐指数、氨氮)。根据公布的2004～2007年周报数据,大致可以看出外海的溶解氧(DO)基本上一直优于Ⅲ类标准值,而草海的溶解氧(DO)却在Ⅰ类和劣Ⅴ类标准值之间波动,变化幅度较大。外海的高锰酸盐指数基本上处于Ⅴ类标准值和Ⅲ类标准值之间,草海的高锰酸盐指数和外海类似,但是其劣于Ⅴ类标准值的情况已大大增多。

伴随滇池污染的是水葫芦和蓝藻大量繁殖,水葫芦又被称为凤眼莲,原产南美,现已被列为世界十大害草之一,于20世纪30年代作为畜禽饲料引入我国。水葫芦引入滇池以后,由于滇池水质过肥,水葫芦疯长成灾。

蓝藻暴发形成水华。水华已成为滇池污染的一大特征。滇池水华的规模大、持续时间长。每年4～11月为水华发生期,外海、草海南部、海埂、灰湾断面常形成大面积水华,并向西南延伸至观音山一带,盛时可遍及全湖。外海水体表层藻类叶绿素含量最高可达5000mg/m³,草海可达2600mg/m³,造成水体景观的恶化,并且随着藻体的死亡分解,会产生一种特有的恶臭,严重影响周围的环境卫生。

由于长期以来大量入湖污染负荷流入滇池且呈逐年增加的趋势,滇池水质为Ⅴ类至劣Ⅴ类,属中度—重度富营养状态,主要污染指标为氨氮、总氮、总磷,超标倍数分别为5～9倍。

3. 水质综合污染指数变化

水质综合污染指数是评价水环境质量的一种重要方法。除此方法外,也有单因子评价法(污染最重的项目所达到的水质类别即为该处的水质类别)用于水环境质量评价。水质综合污染指数的计算方法为

$$P = \sum_{i=1}^{n} P_i \qquad P_i = C_i/S_i \qquad (3.10)$$

式中,P为水质综合污染指数;P_i为第i种污染物单项污染指数;C_i为第i种污染物实测浓度(mg/L);S_i为第i种污染物环境质量标准(mg/L)。

通过选取滇池具有典型代表的污染物指标计算得出滇池综合污染指数,如图3.25所示。

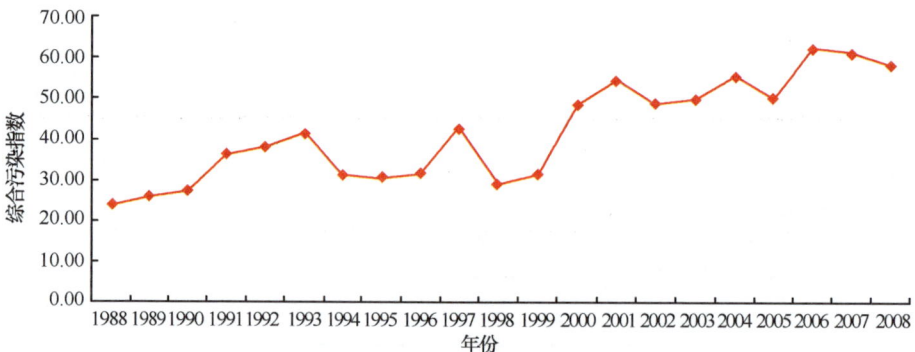

图3.25 1988～2008年滇池草海综合污染指数年际变化

参照水质综合污染程度的判别标准:$P \leq 0.8$ 合格;$0.8 < P \leq 1.0$ 基本合格;$1.0 < P \leq 2.0$ 污染;$P > 2.0$ 重污染。从图 3.25 中可以看出,滇池草海综合污染指数最小值大于 20,说明多项指标值已超过相应的标准值,其水体功能明显受到制约。虽然整个过程中有升有降,但是总体的趋势是上升的。

3.3.2　昆明主城用地规模扩展与滇池水环境变化的耦合关系分析

1. 主城用地规模扩展与滇池水环境指标的相关性分析

本研究所采用的为 1974 年、1988 年、1998 年及 2008 年 TM 遥感影像数据。为了与滇池水环境数据对应分析,采取 1988 年为起始基期年,以 1988~2008 年昆明主城用地扩展变化为增长规则,利用元胞自动机(CA)模型进行昆明主城建设用地扩展的演变模拟,并经过精度检验和校正,得到 1988~2008 年每年的主城用地规模数据。图 3.26 给出 1988 年、1998 年、2008 年 3 个年份的 CA 模型模拟结果与真实遥感影像数据比较,总体来看,CA 模型模拟精度较高,可以用于本研究的分析。

通过将每年的城市用地规模和 TN、TP 以及滇池草海的综合污染指数进行相关分析,结果见表 3.15。

表 3.15　1988~2008 年昆明主城建设用地规模变化与滇池水环境主要水质指标

	综合污染指数(草海)		TN(草海)		TN(外海)		TP(草海)		TP(外海)	
	相关系数 r	P	相关系数 r	P	相关系数 r	P	相关系数 r	P	相关系数 r	P
用地规模	0.86	0.00	0.94	0.00	0.68	0.00	0.84	0.00	0.11	0.65

表 3.15 显示,1988~2008 年,昆明主城建设用地规模变化与滇池水环境主要水质指标的变化存在较强的相关性。除了主城用地变化与外海总磷(TP)变化的相关系数偏低外,与其他几项水质指标变化均有较高的相关系数。另外,与外海相比,草海水质变化与昆明主城用地规模变化的相关程度更高,说明昆明主城用地规模扩展对紧邻的滇池草海水环境影响更直接,对草海水质恶化的作用更大。

总之,数据分析表明,昆明主城建设用地扩展与滇池水质下降存在较强的正相关关系,需要进一步研究两者之间是否存在某种耦合关系。

2. 主城用地规模扩展与滇池水环境变化的耦合关系分析

1992 年美国经济学家 Grossman 和 Krueger 在环境经济的研究中,首次提出"环境库兹涅兹倒 U 形曲线"理论,认为生态环境质量变化与经济发展水平之间大致呈现出倒 U 形曲线关系,其曲线基本模型为

$$z = m - n(x - p)^2 \tag{3.11}$$

式中,z 为生态环境质量;x 为人均 GDP;m,n,p 为相关参数。

因此,在本节中,借用"环境库兹涅兹倒 U 形曲线"理论,以滇池水质综合污染指数表示滇池水环境质量变化,结合昆明市的社会经济发展水平变化,计算得到滇池水环境质

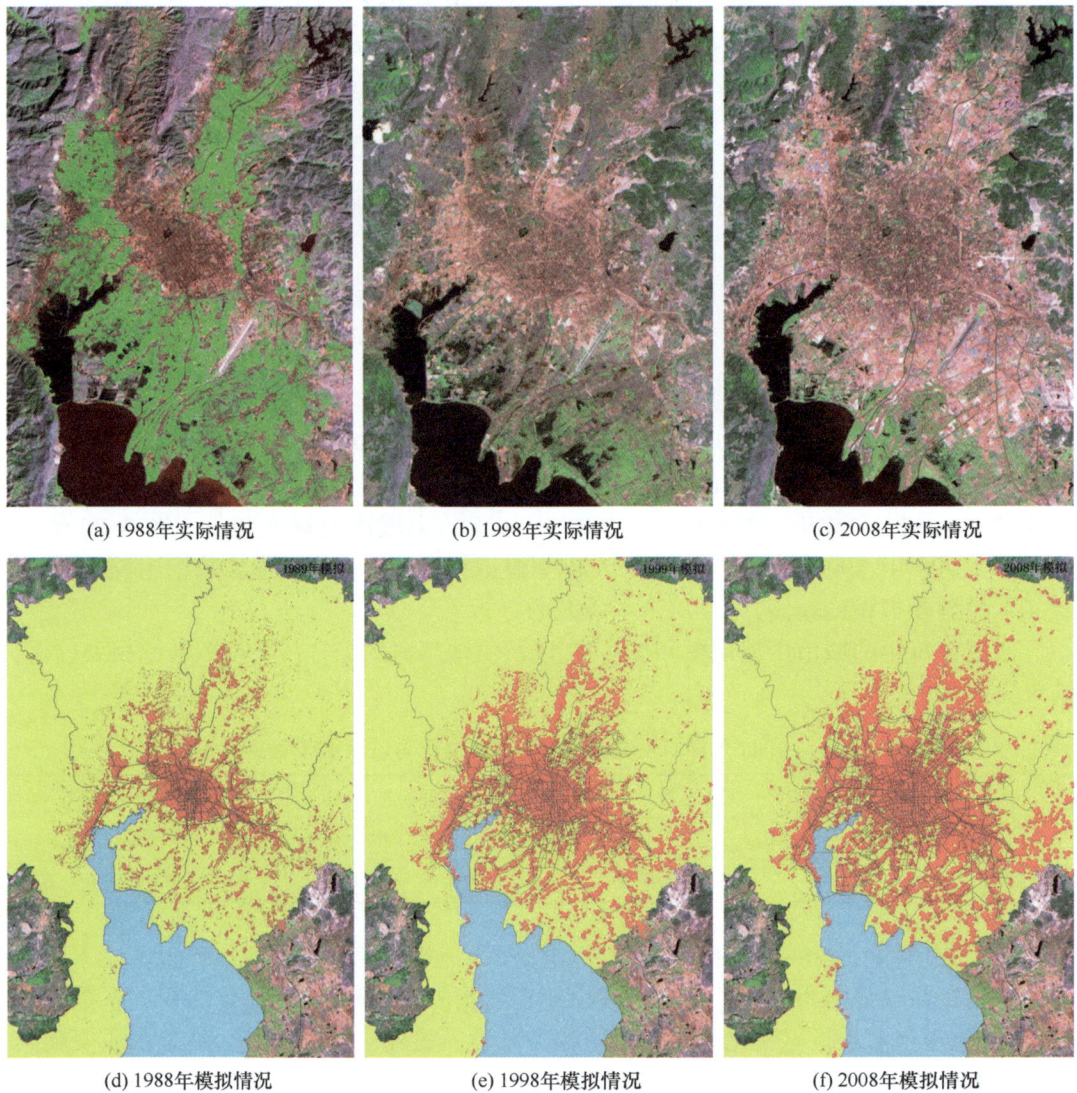

(a) 1988年实际情况　　　　　(b) 1998年实际情况　　　　　(c) 2008年实际情况

(d) 1988年模拟情况　　　　　(e) 1998年模拟情况　　　　　(f) 2008年模拟情况

图3.26　1988年、1998年、2008年3个年份的CA模型模拟结果与真实遥感影像数据比较

量与经济发展水平关系的EKC曲线近似数学模型为

$$z=15.40+1.97(x+2.46)^2 \qquad 滇池草海 \qquad (3.12)$$

$$z=1.52+0.3(x+1.76)^2 \qquad 滇池外海 \qquad (3.13)$$

式中,z为地表水综合污染指数;x为人均GDP(万元/人)。

　　参阅目前成熟的研究成果,可以得到城市用地规模与社会经济发展水平之间存在着对数关系曲线,通过对昆明市1988年以来城市用地规模与人均GDP指标相关数据的统计分析,得到昆明城市用地规模与经济发展水平之间的对数曲线($R^2=0.8894$)为

$$y=67.73\text{Ln}(x)+209.48 \qquad (3.14)$$

式中,y为城市用地规模(km^2);x为人均GDP(万元/人)。

　　将上述城市用地规模与经济发展的对数关系曲线和水质综合污染指数与经济发展

之间的环境库兹涅兹曲线进行逻辑转换(去掉中间因子"人均 GDP"指标),可以得到城市用地规模与水环境质量之间的耦合模型。

$$y = 0.062x^2 - 1.7173x + 159.4 \quad (R^2 = 0.7521) \qquad 滇池草海 \qquad (3.15)$$

$$y = 1709.3x^2 - 5185.9x + 4157.8 \quad (R^2 = 0.416) \qquad 滇池外海 \qquad (3.16)$$

式(3.15)和式(3.16)表明,昆明主城建设用地规模扩展与滇池草海水质综合污染指数之间存在耦合关系,其耦合关系模型中,y 表示昆明主城建设用地规模,x 为水质综合污染指数,拟合曲线见图 3.27。滇池外海水环境变化与昆明主城用地扩展也存在耦合关系,相对于草海,外海的耦合性要差一些,说明还有其他重要因素影响滇池外海水质,如农村非点源污染,拟合曲线见图 3.28。

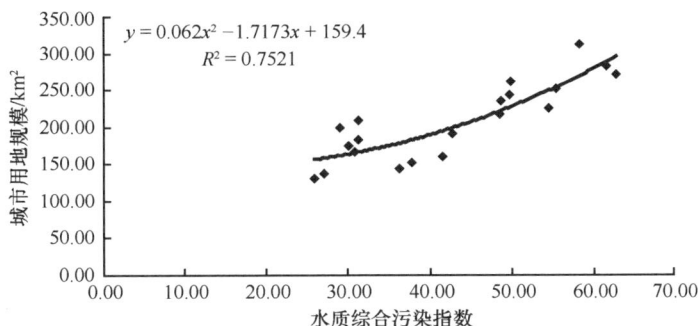

图 3.27　昆明城市用地规模与滇池水环境耦合关系曲线(草海)

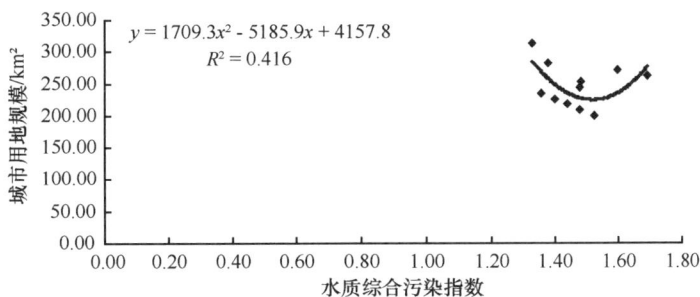

图 3.28　昆明城市用地规模与滇池水环境耦合关系曲线(外海)

事实上,将上述耦合关系模型的因变量和自变量进行变换,即 y 表示水质综合污染指数,x 表示昆明主城建设用地规模,同样可以得到类似的耦合关系模型,模型各变量参数均通过统计检验。变换后的耦合关系模型如下:

$$y = 0.0002x^2 + 0.1174x + 9.613 \qquad 滇池草海 \qquad (3.17)$$

$$y = -3 \times 10^{-5}x^2 + 0.0155x - 0.4137 \qquad 滇池外海 \qquad (3.18)$$

式中,x 为昆明城市用地规模;y 为水质综合污染指数。

需要说明的是,环境库兹涅兹曲线本身是一种近似的函数关系曲线,因此由城市用地规模与经济发展的对数关系曲线以及水质综合污染指数与经济发展之间的环境库兹涅兹曲线逻辑转化,得到的城市用地规模与水环境质量之间的耦合关系模型只是一种近似的曲线模型,可以用来定性或者半定量地分析城市用地规模与水环境质量的变化关系,但不能用这个关系模型做准确的预测分析。

从上述分析中可以看出,昆明主城在城市扩展过程中,一方面城市生产生活污水无处理的直接排放,增加滇池水环境污染负荷;另一方面,城市不透水建设用地地表面面积迅速增加,降雨引起的雨水径流的形式产生,径流中来自雨水对城市道路、建筑物表面的沉积物、无植被覆盖裸露的地面、垃圾等的污染物冲刷至滇池,也是导致滇池水环境恶化的重要原因之一。尤其是对紧邻昆明主城的滇池草海,城市用地扩展对湖泊生态产生的负面影响更加明显。

国内外的已有研究表明,我国城市雨水径流的污染现象普遍比较严重。城区雨水汇流介质主要有屋面、路面、绿地3种。由于植物和土壤的吸收截纳作用,绿地汇集的雨水径流水质应比较好。一般认为,屋面雨水径流水质较好,但由于城市环境因素和屋面材料的影响,城区屋面雨水径流也受到相当程度的污染,尤其是以沥青油毡屋面初期雨水径流污染最为严重,主要污染指标 COD 每升可高达数千毫克。路面除受大气面源污染外,还受汽车排放物、城市废弃物以及路面材料的影响,路面雨水径流污染物含量明显高于屋面和绿地径流中的污染物含量。路面径流雨水中含有汽车污染物,如重金属、碳氢化合物等危害性较大的污染物质,还有各种的尘粒等。大部分污染物最终将在自然沉降、雨水淋洗作用下迁移至湖泊水环境中。根据国外相关研究,高度城市化地区的城市非点源化学需氧量污染负荷当量约为农村农业非点源化学需氧量污染负荷当量的 5 倍。因此,必须高度重视昆明城市非点源污染对滇池水环境的影响。

3.3.3　小结

通过比较1988年以来20余年滇池水质变化与位于滇池北岸的昆明主城建设用地扩展的对应关系,运用理论模型、采取实证分析的方法,计算出昆明主城用地扩展与滇池水质恶化之间存在较强的相关关系;昆明主城用地扩展与滇池草海水环境变化存在较强的耦合关系,与滇池外海水环境变化存在一定程度的耦合关系,这种耦合关系可以用模型进行定量描述。因此,对像滇池这样的高原湖滨地区发展城市,必须控制城市用地规模,节约集约用地;必须在流域范围内,保留足够的生态用地和绿色空间,严禁建设用地无序蔓延,破坏流域生态系统;即使在城市用地范围内,必须采取集约组团式的土地利用布局模式,增加绿地面积和构建生态隔离带,以便于城市污水的回收处理,同时改善城市用地地表结构,增加能吸附污染物的城市绿地表面,尽可能减少城市点源和非点源污染,从土地利用上减缓高原湖滨地区社会经济发展与城市(镇)化对高原湖泊水环境的负面影响,实现可持续发展。

参 考 文 献

李雪瑞.2010.天津市土地利用变化与城市扩展研究.北京:北京林业大学硕士学位论文

刘盛和,吴传钧,沈洪泉.2000.基于 GIS 的北京城市土地利用扩展模式.地理学报,55(4):407-416

刘诗苑,陈松林.2009.基于重心测算的厦门市建设用地时空变化驱动力研究.福建师范大学学报(自然科学版),25(2):108-112

彭列珊.1998.中国城市化与地质灾害之分析.城市规划汇刊,(2):35-40

王丽萍,周寅康,薛俊菲.2005.江苏省城市用地扩张及驱动机制研究.中国土地科学,19(6):26-29

王燕飞.2001.水污染控制技术.北京:化学工业出版社

云南省环保厅.2009.云南省2008年环境状况公报.昆明:云南省环保厅

章剑龙,吕成文.2007.安徽省城市扩展及驱动力分析.安徽师范大学学报,30(6):708-711

周海丽,史培军,徐小黎.2003.深圳城市化过程与水环境质量变化研究.北京师范大学学报(自然科学版),(2): 273-279

Barclay D M. 2001. Wilderness Errands in Urban America:an Environmental History of the Twin Cities. USA:The University of Minnesota

Ferrier R C,Edwards A C,Hirst D,et al. 2001. Water quality of Scottish Rivers:spatial and temporal trends. Total Environment,265:327-342

Hengeveld H. 1982. Role of Water in Urban Ecology. Netherlands:Elsevier Scientific Publishing Company

Hope Sr K R,Lekorwe M H. 1999. Urbanization and the environment in southern Africa:towards a managed framework for the sustainability of cities. Journal of Environmental Planning and Management,42(6):837-859

Hosoi Y,Kido Y,Nagira H,et al. 1996. Analysis of water pollution and evaluation of purification measures in an urban river bassin. Water Science and Technology,34(12):33-40

Matthews P. 1998. Social economic influences on the restoration and maintenance of the environment. Water Science and Technology,37(8):1-7

Merlin P,Choay F. 1988. Dictionnaire Urbanize. Delamenagement. French:Puf

第4章　生态约束下滇池流域城市化地区城镇村土地集约利用模式研究

研究表明,高原湖泊流域土地利用格局和城镇村建设用地扩展,与湖泊水环境具有关联性,必须控制湖滨区域城镇村建设用地规模,节约集约利用土地,为湖滨留出足够的生态用地和绿色空间,维持湖泊流域生态系统的良性循环,才能保证高原湖滨地区经济发展及城市化与高原湖泊生态保护相协调。那么,如何构建高原湖泊流域生态经济良性循环的土地利用格局呢? 显然,问题的关键是如何找到一种高原湖泊流域生态约束下的城镇村土地集约利用模式,控制高原湖滨区域城镇村建设用地规模,在保障湖滨区域经济发展及城市化用地需求的前提下,促进湖泊生态保护和生态系统良性循环,实现高原湖滨地区社会经济与湖泊生态环境协调发展。为此,本章以滇池流域为例,通过理论分析和试验实证研究,试图探寻一条与生态环境保护相协调的高原湖泊流域城镇村土地集约利用模式,从土地利用角度探索高原湖滨城市化地区经济发展与湖泊生态保护的新途径。

4.1　高原湖滨城市化地区城镇村土地集约利用模式的理论研究

4.1.1　城镇村土地集约利用内涵

有关土地集约利用的研究,起源于杜尔格和李嘉图等古典经济学家在地租理论中对农业用地的研究,发现并证明农地集约耕作中的报酬递减规律。马克思在对古典经济学进行批判和继承的基础上,将集约利用定义为资本集中在同一土地上,而不是分散在若干毗连的土地上。随后,经济学、区位理论、城市规划理论开始涉及土地集约利用的内涵,将土地集约利用引入城市土地的研究中。从杜能(Thunen)农地利用区位的圈层理论到韦伯(Weber)的工业区位论,再到克里斯塔勒(Christaller)中心地理论,从霍华德(Howard)提出的"田园城市"规划理论到伯吉斯(Burgess)的同心圆理论、霍伊特(Hoyt)的"扇形理论"、海瑞斯和尤曼(Harris and Ullman)的"多中心理论"等。

我国学者对土地集约利用的内涵也做了大量研究,归纳起来有以下几种观点:

毕宝德(2001)认为,土地集约利用是在一定土地上增加投入,以获得更多产出的土地开发经营方式。

陈银蓉等(2006)将土地集约利用理解为土地利用结构、布局的合理及生态环境的优越等。

甄江红等(2004)认为,土地集约利用是指在合理布局、优化用地结构的前提下,通过增加存量土地投入、改善经营管理、充分发挥土地使用潜力等途径,不断提高土地利用效率、经济效益和生态效益的过程。

何芳(2003)认为,土地集约利用是在特定时段、特定区域的动态的相对概念。

杨重光和吴次芳(1996)认为,城市土地集约利用包括 3 个方面的内容:①城市单位面积的产出率不断提高;②通过土地利用规划和城市总体规划科学和合理地利用土地,建立合理和经济的空间布局,并且使地区的经济、社会和环境得到协调发展;③通过旧城改造和房地产开发,结合调整产业结构,调整用地结构,提高地区土地的整体利用水平,最大限度地利用现有土地。

徐国忠等(2001)等认为,城市土地集约利用是对现有城市存量土地加大人力、物力、财力的投入,提高土地的经营管理水平,在现有经济技术水平许可的条件下,尽可能提高土地的使用强度和效率,以获得单位面积更多的产品产量或土地负荷能力的经营方式。

迄今为止,中外学者对于土地集约利用的概念和内涵尚未达成共识,从已有的研究来看,土地集约利用的内涵可总结如下:

(1) 土地集约利用的基本涵义是指在土地上增加投入,以获得土地的最高报酬。一般用单位面积土地上的资本和劳动投入量来衡量土地与资本、劳动的结合程度,即土地利用的集约度。由于土地利用报酬递减规律的作用,土地利用集约度的提高是有限度的。

(2) 土地集约利用不仅是高投入、高产出,还是经济、社会和生态效益兼顾的最佳土地利用方式。

(3) 土地集约利用是一个动态的过程,而不是一个静态的终极目标。随着经济发展和科学技术进步,用地效率将会不断地提高。

(4) 土地集约利用水平衡量具有区域差异性,不同的地方由于土地条件不同,其衡量评价的指标也会不同。

(5) 土地集约利用发展自身具有阶段性。伴随着城市化进程,土地利用由最初的劳力资本集约型,过渡到资本技术集约型和更高层次的社会、生态集约型。

(6) 集约用地的目的是为了节约用地,就是各项建设都要尽量节省用地,不占或少占耕地。土地节约强调用地效果,集约用地强调用地方式。

4.1.2　城市(镇)土地集约利用的驱动力因素

按照对城市土地集约利用驱动力因素的分析,影响因素复杂且来自各方面,其中部分因素起主导作用。生态约束下的城市土地集约利用影响因素应该由主要因素来确定,使指标具有代表性和典型性。所以,本节首先参考已有研究成果的结论,为后续确定生态约束下城市土地集约利用的影响因素提供参考。主要文献研究如表 4.1 和表 4.2 所示。

城市土地是社会、经济与环境等多因素共同作用下的产物,城市土地资源的开发利用均应以自然条件为基础,同时又受到来自规划、资金、人口、国家宏观调控等方面因素的影响。分析影响城市土地集约利用的驱动力因素必然要从自然、社会、经济与环境等多方面展开,如图 4.1 所示。

表 4.1　近期不同研究对象的土地集约利用影响因素比较

学者(年份)	研究对象	主要影响因素
吴郁玲和曲福田(2007)	我国土地	人口因素、经济增长、技术进步、政府管制
于春艳(2005)	城市土地	人口密度、城市规模、土地价格
王晓艳等(2008)	城市土地	人地关系、经济发展水平、城市规模、城市化水平、产业结构
韦东(2007)	特大城市	人地关系、经济发展水平、城市规模
杨树海(2007)	城市土地	自然地理条件、城市规模、产业结构、技术进步、经济发展水平、交通运输
王家庭等(2008)	城市土地	级差地租和土地价格、农业比较利益、国家有关土地利用管理制度
赵丽等(2008)	乡镇土地	自然环境、社会经济、技术因素、政策制度
刘杰(2008)	小城镇	自然因素、区位因素、经济因素、人口因素、政策因素
刘吉伟,陈常优(2008)	农村居民点	人口、经济发展水平、基础设施水平、生态环境、土地价格、城镇规划及相关政策法规
马佳,韩酮魁(2008)	农村居民点	自然因素、社会因素、经济因素
孙志波,许月明(2006)	城市土地	自然因素、社会因素、经济因素(宏微观)
廖青月等(2010)	城市土地	准则层为各个功能区的土地集约利用指数;控制层分为土地利用、土地投入、土地产出3个方面;指标层则选取了8个指标
胡馨,张安明(2010)	农村居民点	农村居民点土地利用强度、投入、结构以及效益4个方面
宋观平,冉瑞平(2010)	省辖地级市土地	土地利用强度、土地利用投入、土地利用产出和土地生态环境质量4个方面
张宇硕,白永平(2010)	城市土地	土地利用的经济效益、社会效益、环境效益等方面

表 4.2　不同研究对象的土地集约利用共性影响因素

分类	共性因素
综合分析	人口因素、经济增长、技术进步、土地价格、人地关系、产业结构、政策法规、城市规模(单对城市)
自然-社会-经济	自然因素(地质条件、地形)、社会因素(人口状况)、经济因素(经济水平、土地价格)、政策制度(规划因素、宏观调控政策)
经济-社会-生态	经济效益、社会效益、环境生态效益

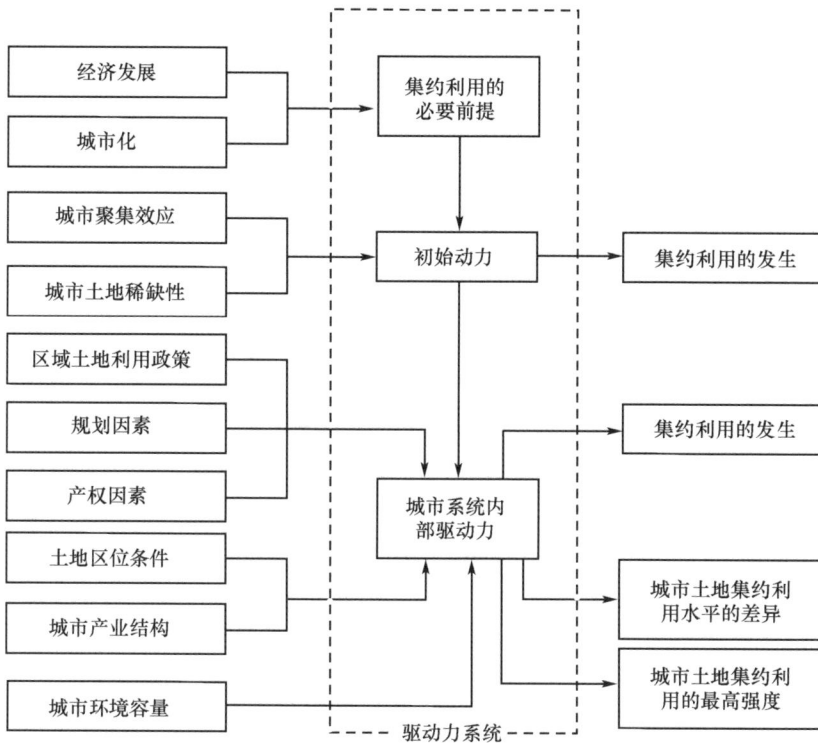

图 4.1　城市土地集约利用的驱动力因素运行机制

以上内容是根据黄继辉等(2006)，王家庭等(2008)关于城市土地集约
利用驱动力系统分析研究整理

1. 自然因素

自然因素包括地形地质条件。由于不同用途的土地利用对地形条件的要求不同，由此形成各具特色的城市土地利用结构和布局，进而决定城市土地集约利用的方向。同时，城市土地开发利用很大程度上受地基承载力的影响和制约，地基承载力大，则比较适宜进行高密度、高强度的土地开发，有助于提高土地利用强度，促使土地利用集约化。

2. 社会因素

社会因素是指人口状况、资金投入、科技进步、城市规划、宏观调控政策、土地产权等。城市人口、资金和技术的集聚，人口规模的扩大，导致大量的土地需求，从而引导人们开展土地的空间利用；人口密度的增加，导致土地的空间利用程度提高，建筑容积率和建筑密度提高；资金的集聚和科技进步为土地集约利用创造条件。因此，人口的增加、资金的集聚和科技进步共同促使土地利用由粗放向集约转变。规划因素和宏观调控政策是来自政府管理部门的驱动力因素。城市规划在宏观上指明未来城市的发展方向，对城市性质和城市功能进行定位，对城市内部不同功能区域的土地集约利用有着较大的影响；城市规划确定的新商业中心、行政中心，必然会吸引人口和资金聚集，促进该区域的土地集约利用。国家政策在宏观上也指引着城市土地集约利用，如国家倡导土地节约集约利用的方针,以及用地定额标准的制定,都将有力地促进土地集约利用。另外,近年来国家为控制城市规模,出台了限制农用地转用的相关政策,这些政策的最终效果都是促使城市土地内涵挖潜,进而促进城市土地集约利用。

土地集约利用在空间上体现为垂直方向(包括地上和地下)高度的增长,而某一宗地上建筑高度的增加可能影响到周围土地利用的采光。如果土地的空间权利界定不清,容易产生纠纷,进而阻碍土地集约利用。因此,明晰的产权,尤其是土地空间权利的完善对土地集约利用有着积极的意义。

3. 经济因素

经济因素主要有土地价格、土地区位条件及用途、资源供给、经济发展水平、产业结构等。地价水平是衡量城市土地集约利用程度的重要因素。从用地角度看,如果土地的获得成本高于提高建筑容积率所需费用,则用地单位会选择提高建筑容积率来规避高地价成本,从而促进土地的集约利用;反之,则会造成城市建设用地规模的外延扩展,不利于土地集约利用。不同用途的土地投入产出比不同,如区位条件相近的商业用地收益明显高于住宅和工业用途的用地收益,因此,商业用地会吸引更多的资金和劳力集聚,促进土地利用集约化。在竞争条件下,区位较好的地区其地租相对较高,不同用地类型的土地使用者其区位选择也会有很大差别。能获得较高土地收益的用途占据区位条件较高的土地,土地利用的集约程度高;土地利用收益低的用途只能占据区位条件较差的土地,土地投入产出少,土地利用的集约程度低。

资源尤其是土地资源的稀缺性是城市土地集约利用最直接的推动因素。在香港、东京等土地资源较为紧缺的城市,土地集约利用程度很高。据中国宏观经济学会的数据显示,香港土地集约利用水平大约是大陆城市的 3 倍。经济发展水平是集约利用的限制性因素,众多经济发达国家的实践证明,集约利用是经济发展到一定阶段的产物,只有较高的经济发展水平才能为土地集约利用提供更多的资金,推动土地集约利用发展。

产业结构也是影响土地集约利用的一个因素。各产业部门的土地生产率和利用率不同,一定的产业结构形成一定的土地利用结构。我国大量的土地资源从第一产业不断转向第二、第三产业,土地利用逐渐趋于集约化;同时,经济活动逐渐向附加值高的行业和领域转变,土地产出效益明显增加,土地集约利用程度显著提高。

4. 环境因素

环境因素是指地块周围土地利用微环境、环境容量(生态承载力)。就城市内部而言,土地集约利用与周围土地利用的微环境密切相关。当某一宗地的土地利用与周围土地利用之间存在正外部性时,该宗地土地集约利用与土地利用微环境之间是协调的,周围土地利用能够促进该宗地的集约利用;反之,则阻碍了该宗土地的集约利用。例如,产业链的形成有利于提高土地利用的连贯性和承接性,由此达到土地利用之间的协调有序,进而促进土地集约利用。

城市生态环境是城市土地最高集约利用程度的重要限制性因素。主要原因在于城市土地利用增加了环境的承载负荷,造成环境透支加剧,即城市环境容量决定城市土地集约利用的最高强度。而高原湖滨城市脆弱的湖泊生态环境是高原湖滨城市土地集约利用的主要约束因素。

总之，城市土地集约利用的影响因素众多，从生态视角看，高原湖滨城市土地集约利用必须以保护滇池生态环境为目的，城市发展不占用湖泊流域的生态隔离带；尽量节约集约用地，严格控制流域城镇村建设用地规模，保护流域的林地、园地、农田和水域；空间布局上尽量避免"摊大饼"扩展模式，提倡紧凑、集约、组团式的扩展模式，增加城市内部的绿地空间。只有从上述原则基础上提取土地集约利用主导因素作为评价和控制高原湖滨城市土地集约利用模式的指标，才能达到优化高原湖泊流域土地利用结构、促进生态经济良性循环和可持续发展的目标。

4.1.3　有关城镇村土地集约利用模式的理论探讨

1. 集约用地模式

所谓模式，是指对某些具体事物或现象在特定属性上的抽象，是人在认识这些具体事物或现象时，按照既定的需求，从这些事物或者现象的众多属性中抽取出来的符合需求的一些属性的概括。按照需求的不同，可以从众多的属性中抽取不同的共性因素，概括出不同的模式。模式是对现实世界事物的有序整合，它以逻辑的和简洁的方法去解释复杂的系统现象，一般是指某种事物的标准形式，或者是可供人们参考、借鉴的标准样式。模式具有如下特征。

1）共性和个性

共性，是指模式能有效地解决模式对象特定方面的普遍问题；个性，是指模式只代表特定模式对象的最基本、最重要的特点。

2）综合性和层次性

综合性，是指模式必须是模式对象特定属性的高度抽象概括；层次性，是指因目标对象的不同可能出现不同层次的模式。

3）地域性

不同的城镇村建设用地集约利用模式在操作过程中，应充分考虑实施地区的社会经济发展水平等随机因素，不存在"放之四海而皆准"的模式。

2. 城镇村集约用地模式的内涵

城镇村土地集约利用模式，是指以城镇村土地利用，特别是建设用地对社会经济和谐科学发展贡献为依据，对城镇村土地在利用过程中的各种具有正向效果的特征规律的抽象，并在此基础上完善深化后固结的城镇村集约用地理论形式。

王月等（2008）以土地集约利用理论的基本涵义与外延为基础，从分析兴化市土地集约利用的现状入手,通过指标评价分值等数学方法定量地评价兴化市城镇建设用地、农村居民点用地的集约利用水平,进而以此为依据,提出若干有益于兴化市土地集约利用的模式建议。主要有:①产业结构调整为主模式;②旧城改造模式;③对市区、中心城区进行立体开发模式。

向军等(2009)以湖南省江华县为例,分别对该县建成区、城郊及农村土地集约利用模式进行探讨,总结出同心圆、三维布局、扇形布局、多核心布局及多中心布局等不同角度的土地集约利用模式。

刘仙桃(2009)从农村居民点集约用地模式的概念出发,总结归纳多种农村居民点集约用地的理论模式和实践模式,如科赫(Koch)模式、"三集中"模式、"大分散小集中"模式;根据现有的集约用地模式和昌平区农村居民点用地调查现状,创造性地提出3种适合昌平区农村居民点发展的集约用地模式:山区分散集约用地模式、平原集中集约用地模式、交通带状集约用地模式。

赵思凡(2009)分析香港混合利用集约用地模式及其内涵,总结香港集约用地模式包括以下5个方面:①建筑布局的紧凑化;②土地利用的高密度;③土地利用的立体化;④底层空间开放化;⑤以社区为核心的综合用地模式。

唐启湘和于礼(2010)分析影响村庄土地整治模式选择的因素,并对中国现有的村庄整治模式进行分析评价,从武冈村庄的特点与存在的问题出发,对武冈选择的村庄土地整治模式总结为4种模式:①集中成片建新村模式;②整体搬迁建新村模式;③迁村并点模式;④内部整治模式。

郭岚(2010)通过对县域土地利用问题的探讨,在分析有关理论的基础上,以南县为例,综合分析南县的土地集约利用状况及土地集约利用模式。提出改造提升、存量挖潜、调整置换、集中聚合等途径实现土地集约利用的几个模式。

还有学者集中研究关于"提高工业园区准入门槛,加大引进和发展对符合区域的功能定位和产业布局的工业项目,大力整合没有规划、零散的工业点"的工业用地集约利用模式;"工业向园区集中,人口向城镇集中,居住向小区集中模式"的三集中模式;"城镇村循环经济模式"以及"鼓励企业提高原有用地效率,在不扩展用地的前提下,通过技术改造来提高产能和效益,从而提高单位面积土地的集约利用程度"的"零增地技改模式",等等。

综上所述,城镇建设用地集约利用模式,主要通过市场机制来调配城镇土地资源数量、质量的差异及其在各行业的不同配置,以等量的土地投入,取得尽可能大的产出率和最佳综合效益,是城镇用地集约利用模式力争达到的目标。城镇建设用地节约集约利用的重要途径是用地结构调整和容积率的提高。例如,在《城市用地分类和规划建设用地标准》中,城市规划人均建设用地指标在允许的调整幅度内进行调整,引导节约集约用地。农村居民点用地集约利用模式,主要是为提高农村建设用地集约利用水平,依据《村镇规划标准》适当提高农村居民点人均建设用地指标,合理规划和布局农村居民点,实行节约型、集约型的建设用地规划管理,使农村建设用地由数量扩展转向质量提高。

3. 城镇建设用地集约利用模式的类型

根据已有研究成果和集约用地实践,可以概括为以下几种城镇集约用地模式。

1) 产业结构调整模式

根据旧城镇中心土地开发利用率低,进行城镇土地置换,利用不同区位的土地级差地租进行产业转移和企业置换,促进城镇用地的合理化改造,并结合城镇自身功能定位,合理规划用地,科学确定城镇规模和发展方向,强化城镇综合功能,对工业、商贸、居住、绿化等综合规划、合理搭配。

2) 共享集中模式

与村庄相比,城镇拥有较为先进和完善的公用设备和基础设施。以城镇居民共用共享集中建设城镇的公用设备和基础设施,如供热、给排水、污染物集中处理等,能有效提高城镇土地集约水平,减少由于污水直接排放而导致的水体污染。

3) 多维空间开发的立体模式

由于土地是一种具有空间立体性的综合体,土地集约利用可以空间集约化为目标,对高层建筑实施功能分流,设立高架道路或高架人行道,公共设施立体化,工业用地立体化等;还可以将建设用地向地下空间拓展,节约能源和资源。根据不同区域特点,充分利用地上、地面、地下空间,以立体开发方式优化组合城镇空间资源。

4) 内涵挖潜模式

根据土地利用总体规划和城市规划,对已批准建设的低效、闲置用地通过转让、合理改变用途等措施,盘活城镇内部低效、闲置土地,内涵挖掘城镇建设用地潜力,提高其集约化水平。

4. 农村居民点集约用地模式的类型

根据已有研究成果和新农村建设实践,可以概括为以下几种集约用地模式。

1) 宅基地整理模式

按照《全国土地利用总体规划纲要》、《村镇规划标准》和宅基地相关要求和规定,通过填实"空心村"或对"居住分散,住宅档次低、功能质量差、生命周期短"等利用率不高的农村居民点按规划建设迁村并点,进行整理,并把腾置出来的用地整理复垦为耕地。

2) 产业化与组合化模式

目前,我国村庄住宅主要以自建房为主,住宅产业发展相对落后,住宅建造相对粗放。大力发展组合住宅、公寓住宅,按照统一规划、成片开发、综合管理的开发模式,改变目前一家一户住宅建设的小生产状况,将会节约出大量的空闲用地,对改善农村居住环境、节约土地、实现乡村城镇化,具有重要的意义。当然,此模式实施的前提,一是农村产业结构已转化为第二、第三产业为主,有乡村城镇化的经济基础;二是农民自愿。

4.1.4 滇池流域生态约束下城镇村集约用地模式研究

1. 滇池流域城镇村集约用地模式应考虑的生态因素分析

滇池作为高原湖泊与我国东部平原湖泊相比较,汇水面小,水量供给系数低;水量交换系数小,湖泊换水周期长,其湖泊生态更加脆弱。随着昆明主城扩展和滇池流域城镇化发展,滇池流域面临的生态问题比较突出,主要有以下3个方面:

第一,未经处理的城市生产生活污水直接排入湖泊,增大了湖泊污染负荷。因此,建立污水回收和处理设施,全面截留城市废水并处理为中水,再返还滇池,是减轻城市发展对滇池污染行之有效的工程措施。这就要求城市和城镇土地应尽可能集约利用,形成集中的污水、垃圾排放,以利于回收和处理,减少城市(镇)污水垃圾处理设施的建设和营运成本。

第二,滇池流域的湖滨湿地被侵占、面山森林植被被砍伐,使滇池流域失去生态系统自我调剂、减缓污染的功能。恢复滇池湿地和面山植被,在流域中保留足够量的生态用地并合理分布,重塑流域生态系统,是减轻城市发展对滇池污染的重要生态措施。这就要求流域城镇村等建设用地规模必须控制,通过节约和集约利用土地,在有限的建设用地上承载尽可能多的人口和经济活动。

第三,近十余年来,随着昆明城市化和城乡一体化进程加快,农村第二、第三产业迅速崛起,现代化设施农业迅速发展。由于农村居民居住分散,污染点多面广,治理成本高,目前农村产生的大量生产生活垃圾和污水都没有处理,导致农村非点源污染大幅增加,成为滇池水环境污染的主要方式。根据昆明环境保护部门监测,农村非点源污染约占滇池水污染的40%。所以,需要通过"城增村减"、"迁村并点"等方式,将农村居民适当集中,以利于集中建设村庄污水垃圾处理设施,减少环境治理的经济成本。同时,在农业土地利用方式上,应摒弃高化肥、高农药的发展模式,大力发展高附加值的绿色生态农业和旅游观光农业,减少农田污染,使农田成为保护滇池水环境的绿色生态用地。

2. 滇池流域生态约束下城镇村集约用地模式应遵循的原则

1) 景观生态学原则

生态约束的城镇村集约用地模式首先必须符合景观生态学要求,合理安排城市地域的土地及地表覆盖物和空间关系,尽量保留具有自然生境功能的湿地、林地、草地、水体和农田,大力建设城市生态隔离带和绿色廊道,并使之与自然生境的湿地、林地、草地、农田等连通连片,构成良性循环的城市-流域生态系统,确保滇池流域环境生态可持续发展。

2）集约用地原则

流域城镇村等建设用地必须集约利用,严格控制流域城乡建设用地总规模,严禁建设用地无序蔓延,为湿地、林地、草地、农田等具有自然生境功能的地类留足空间。应结合城乡经济结构调整和产业升级,逐步提高城市(镇)和村庄用地的集约利用水平,减少人均占地面积,提高容积率。应加快滇池流域城市(镇)化速度,尽量将农村人口转化为城市(镇)人口,并通过城增村减和迁村并点,实现产业向城市(镇)和工业园区集中,人口向城市(镇)和中心村集中,提高建设用地的利用效率和集约化水平;同时也有利于集中建设公益公共设施和污染处理设施,改善城乡人口的居住环境,减少城乡社会经济发展对滇池湖泊的污染。

3）紧凑组团发展原则

应该遵循现代生态城市设计理念,在空间上实行紧凑组团布局。一是多中心、多层次地配置城市和城镇组团,避免中心城区"摊大饼"无序蔓延,形成中心城市-次级城市-城镇-村镇合理的城镇村空间布局体系。二是每个组团都应该是高密度、集约化的紧凑发展,尽可能避免组团面积无限扩大,尽量少利用汽车交通就能满足居民日常生活的出行需求,减少污染。三是大力发展城镇村组团群之间的公共交通网络,实现紧凑的城市(镇)群和各组团连接。各城市(镇)群和组团之间有足够的绿地和林地、草地、农田等开放空间或生态隔离带和绿色廊道,形成山水园林的生态城市景观。

3. 滇池流域生态约束下城镇村集约用地模式设计中的主要控制指标

1）流域最小(适宜)生态用地量

必须在流域范围内,保留足够的生态用地和绿色空间,严禁建设用地无序蔓延,破坏流域生态系统。因此,需要设置流域最小(适宜)生态用地量指标,反向控制流域建设用地最大规模。这个生态用地是广义的生态用地,包括所有具备自然生境功能的湿地、林地、草地、农田、水体(滇池水体除外)。根据《滇池流域水环境综合治理总体方案》,目前滇池流域核心区面积 2920km², 仅 1992 ~ 2005 年,昆明市建成区面积扩大近 3 倍,流域土地结构发生较大的变化。滇池湖滨带面积 4260hm², 其中 96% 的土地已经被开发利用,湖滨湿地几乎消失殆尽。流域内人均水资源占有量仅为全国平均水平的 1/10, 全省的 1/25; 滇池流域人均生态承载力仅为 0.34hm², 远低于全省 0.9hm² 和全国 0.89hm² 的平均水平。本研究设置的最小生态用地量,根据《滇池流域水环境综合治理总体方案》,滇池流域人均生态承载力至少应参照全国 0.89hm² 的平均水平测算。

除了全流域最小生态用地量外,在城市内部,也要设置最小生态用地量,分别用城市绿地率(%)、绿化覆盖率(%)、人均公共绿地(m²)等指标表示。另外,将森林覆盖率(含灌木林)也作为最小生态用地量的一种控制指标。

2）城市(镇)紧凑度

城市(镇)外围轮廓形态的紧凑度被认为是反映城市(镇)集约空间形态的一个重要

指标。一方面,紧凑城市(镇)内部各部分之间联系距离较短,总体上增加了城市(镇)交通的方便性,提高了城市(镇)基础设施和土地利用效率、强度;另一方面,由于城市(镇)通过其规模效应、集聚效应、外部效应等作用对周边区域发展产生积极的带动作用,因此城市(镇)的形状越紧凑,越能够发挥其辐射带动作用。

衡量城市(镇)紧凑度的具体指标有多种。从外部形态衡量,可用形状紧凑性指数、形状指数、分形维数等景观布局指标表示。从土地利用衡量,可用建筑容积率、建筑密度和人均占地面积等指标表示。

3) 城市(镇)和村庄最低规模

为了控制滇池流域城镇村建设用地规模,节约利用建设用地,提高城、镇、村的集聚水平,更加充分地发挥城、镇、村作为不同层次区域中心的集聚经济效益,必须设置最低城、镇、村规模,促进人口和产业集聚,形成合理的中心城市-次级城市-城镇-村镇的城镇村布局体系。对达不到最低规模的城镇和村庄,在空间布局上应该进行合并,腾出的建设用地可复垦为耕地或作为生态绿化用地,从而实现现有城乡建设用地的布局优化。

4) 产业发展导向

按照中心地理论,不同等级层次的城市应有不同层级的中心地职能和产业类型;即使城镇也应该根据自身的资源特点,发展特色产业。因此,需要从宏观上设置各城市和城镇的产业发展导向,明确各城市(镇)的职能分工和产业发展方向,避免城市(镇)之间重复建设和恶性竞争,促进流域城镇村体系有序发展。同时,通过产业发展导向,引导具备条件的城市和城镇,逐步淘汰高污染、高消耗产业,实现产业结构的不断升级,促进流域经济发展与生态环境保护的协调。

5) 限制因素确定

限制因素是指对滇池流域城镇村发展具有强约束性的生态限制因素,是生态约束下城镇村集约用地模式的红线指标。根据前面的研究和已有的技术规范,确定以下 4 个限制因素,并以图层的方式将其进行空间定位,城镇村发展应该尽量避让这些地类。它们是:①湿地、水体、生态隔离带,禁止城镇村建设用地侵占;②面山林地、水源保护区、自然保护区、历史文化遗迹,原则上城镇村建设用地不得侵占;③基本农田保护区,城市和城镇建设应尽量避让;④大于 25°的陡坡地和有地质灾害风险或水土流失严重的区域,原则上不宜建设城市(镇)和村庄。

4. 滇池流域生态约束下城镇村集约用地模式的比选方案设计

根据以上原则和控制指标,研究认为,滇池流域生态约束下城镇村集约用地模式应该符合以下基本要素:

(1) 具有足够的生态用地和完整的生态景观网络,能够保证城镇村发展不破坏滇池流域生态系统,不影响滇池生态环境的良性循环。

(2) 建设用地节约集约利用,能够在人口增长、经济发展的形势下,滇池流域的城乡建设用地不增加或少增加,人口和产业集中度上升,城镇村紧凑度和综合容积率均有所提高。

（3）城镇村体系规模等级结构合理,职能分工明确,空间布局紧凑有序、错落有致,形成有机联系的网络体系。

为此,根据能够收集的数据资料,设计了以下 4 种滇池流域城镇村集约用地模式的比选方案,并通过计算机实验的情景模拟计算,定量分析各比选方案的优劣,为确定高原湖滨城市土地集约利用最佳模式提供科学依据。

1）比选方案一:自然发展模式

自然发展模式是指滇池流域城镇村发展按照历史发展轨迹和现有趋势发展下去,不考虑对城市(镇)发展的生态环境约束和城乡建设用地最大承载规模。主要考虑交通条件、基础设施条件、社会经济条件、地形坡度（CA 考虑的基本因素）等基础性、限制性因素对城市(镇)建设用地扩展的影响。

2）比选方案二:生态约束模式

生态约束模式是指在自然发展模式基础上主要考虑滇池流域最少(适宜)生态用地量的控制,流域城镇村发展尽量不占滇池周边湿地和湖滨生态保护带,尽量少占林地、园地、农田等具有自然生境功能的地类,鼓励占用流域适宜建设区。城市(镇)内部应该保证足够的绿化生态用地。城镇村发展不考虑建设用地集约利用和城镇村体系结构的合理性。

3）比选方案三:集约利用发展模式

集约利用发展模式是指在自然发展模式基础上,按照昆明市"全域城镇化"的要求,加快滇池流域的人口城镇化,增加城市(镇)人口,减少农村人口,并按照"城增村减"政策减少农村建设用地,适当增加城镇建设用地和广义生态用地。同时,从构建合理的城镇村规模等级结构、集约用地角度,结合现有城市、城镇、村庄空间布局现状和城镇村最低规模要求,按照人口、产业集聚,土地集约利用,方便居民生产生活等原则,调整中心城市、次级城市、城镇、中心村、一般村庄的规模、布局和土地集约利用水平,提高城镇村土地利用效率和效益。但是,该方案没有考虑滇池流域的生态约束。

4）比选方案四:生态约束下的集约利用发展模式

生态约束下的集约利用发展模式,又称为综合发展模式,是在自然发展模式基础上,加上比选方案二和方案三的生态约束和集约用地要求,是一种综合发展模式。首先,它可以保证城镇村发展不破坏滇池流域生态系统,不影响滇池生态环境的良性循环,确保维持滇池流域生态平衡的最小生态用地量和生态景观网络的完整性。其次,它通过调整城镇村空间布局、提高城市(镇)综合容积率,促进城镇村建设用地节约集约利用,确保在人口增长、经济发展的形势下滇池流域的城乡建设用地不增加或少增加,人口和产业集中度提高,在满足滇池流域生态环境要求的前提下城镇村用地效益、集聚经济水平都有所提高,有利于滇池流域生态经济良性循环的形成。

4.2 滇池流域生态约束下城镇村集约用地模式比选方案的实验研究

4.2.1 滇池流域生态约束下城镇村集约用地模式比选方案实验模拟的数据库建设

为了开展滇池流域生态约束下城镇村集约用地模式比选方案实验模拟研究,首先必须建立模拟研究需要的数据库。

本书的数据库是基于地理信息系统的空间数据库。地理信息系统具有强大的制图功能,丰富的地图数据编辑功能,既能满足大规模地理数据的作用设计、符号制作、编辑、校正、质量检查、接边处理,又能满足地理信息的符号化、图阔整饰、地图编辑等需要,不仅可以为用户输出全要素地图,而且可以根据用户需要分层输出各种专题地图。

本书的数据来源包括,1974年、1988年、1998年和2008年的TM遥感影像为基本信息源,根据几个明显的控制点的准确经纬度进行配准,之后采用人机交互的方式判读解译。除了TM遥感影像外,还收集了大量昆明市和滇池流域的城市建设与规划、土地利用、生态环境等方面的历史时期及现状图件和资料,如昆明历史时期和现状城市规划、全国第二次土地利用更新调查数据、土地利用总体规划(2006~2020年)、滇池湿地建设规划、十二五滇池环境规划、滇池风景区规划、昆明市历史时期和现状城区交通图、昆明生态隔离带建设规划、新昆明建设规划、"十二五"昆明社会经济发展规划等。根据这些资料,制作成各类专题图,并在数据库中建立起各图层。滇池流域数据库采用ArcGIS 9.2制作而成,其地理坐标系统采用GCS_Xian_1980,投影坐标系采用高斯-克吕格3°分带投影。数据库格式为Personal Geodatabase,其中包含的图层为Shapefile格式(附图4)。数据库主要图层见表4.3,共计30余个图层。

表4.3 滇池流域数据库主要专题图层

图层名称	数据来源	图层简介
历史时期和现状土地利用现状图斑	1974年、1988年、1998年、2008年遥感影像判断土地第二次调查数据库	滇池流域范围内各区县的土地利用现状地类图斑(比例尺1:1万)遥感影像判读数据(比例尺1:5万)
等高线	土地第二次调查数据库	滇池流域范围内等高线(比例尺1:5万)
土地规划地类	各区县土地利用总体规划(2006~2020年)	滇池流域范围内各区县的土地利用规划地类(比例尺1:1万)(中间成果)
建设用地管制区	各区县土地利用总体规划(2006~2020年)	包括允许建设区、有条件建设区、限制建设区、禁止建设区(比例尺1:1万)
规划基本农田保护区	各区县土地利用总体规划(2006~2020年)	包括基本农田集中区和与其相关的耕地、园地、草地(比例尺1:1万)

图层名称	数据来源	图层简介
线状地物	土地第二次调查数据库	滇池流域范围内各区县土地第二次调查数据库的 XZDW 图层合并而成（比例尺 1∶1 万）
坡度图	土地第二次调查数据库	滇池流域范围内各区县土地第二次调查数据库的 PDT 图层合并而成（比例尺 1∶5 万）
流域范围	TM 影像、等高线	根据卫片提取的三维模型绘制而成
滇池水面	土地第二次调查数据库	（比例尺 1∶1 万）
水系	土地第二次调查数据库	从土地第二次调查数据库中 XZDW 图层中提取而成（比例尺 1∶1 万）
主要入滇河流	土地第二次调查数据库	结合土地第二次调查数据及水系图绘制（比例尺 1∶1 万）
水库水塘	土地第二次调查数据库	从土地第二次调查数据库内 DLTB 提取出水库水面（比例尺 1∶1 万）
滇池流域三圈层次图	滇池流域水污染防治"十二五"规划	包括水源涵养圈、引导开发圈和生态防护圈（比例尺 1∶5 万）
滇池风景区规划	《滇池风景区规划图》	包括绝对保护区和主要风景点（比例尺 1∶5 万）
滇池风景区规划_line	《滇池风景区规划图》	比例尺 1∶5 万
环湖路	各区县土地利用总体规划（2006～2020 年）	比例尺 1∶1 万
各历史时期昆明主城区道路	《昆明市城区交通图》，历史时期城市规划图	铁路、环城路、二环路、三环路及部分主要干道等（比例尺 1∶1 万）
规划湿地	滇池湿地建设规划	比例尺 1∶5 万
适宜建设	昆明城市总体规划（2008～2020 年）	比例尺 1∶5 万
不适宜建设	昆明城市总体规划（2008～2020 年）	比例尺 1∶5 万
功能分区	昆明市"十二五"社会经济发展规划	比例尺 1∶5 万
隔离带	昆明城市生态隔离带范围划定规划	比例尺 1∶1 万

根据数据库图层，整理得到 15 个滇池流域专题图。它们是：20 世纪 80 年代昆明主城区道路、2002 年昆明主城区道路、2010 年昆明主城区道路、滇池流域水系、滇池流域数字高程模型、滇池流域内线状地物、土地利用现状地类图、土地利用规划地类图、建设用地管制区、规划基本农田保护区、滇池流域生态隔离带、滇池流域三圈层次图、滇池流域风景区规划、滇池流域规划湿地、滇池流域适建区。

4.2.2 滇池流域生态约束下城镇村集约用地模式比选方案实验模拟的模型研究

本节采用的模型是基于 SLEUTH 的元胞自动机模型,经过开发改进,形成的实验模拟模型。

SLEUTH 模型是一种自适应性元胞自动机,主要用于模拟城市增长及其土地利用变化,由美国加利福尼亚大学巴巴拉分校的 Keith C. Clarke 教授在城市增长模型的基础上开发而来。它包括两个子模型,即城市增长模型(the urban growth model,UGM)和土地利用/覆盖 Deltatron 模型(land cover deltatron model,LCD),两者耦合在一起,其中 UGM 可以独立运行,只有当输入数据中包含土地利用数据时,LCD 模型才能被激活。SLEUTH 是其 6 种输入数据的首字母缩写的简称:坡度图层(slope)、土地利用图层(land-use)、排除图层(excluded)、城市图层(urban)、交通图层(transportation)和山体阴影图层(hillshade)。该模型基于两个假设:未来现象可以由过去真实数据模拟预测获得,历史增长趋势是连续的。

SLEUTH 模型包括 3 个模块:测试模块、校准模块和预测模块。测试模块确保模型正确编译和运行,用于城市增长的历史重建;校准模块主要用于校准模型的预测参数,也是整个运行过程中最复杂、耗时最多的部分;预测模块用于产生预测结果,是整个模型中最重要的部分。该模型运行的基本流程如图 4.2 所示。

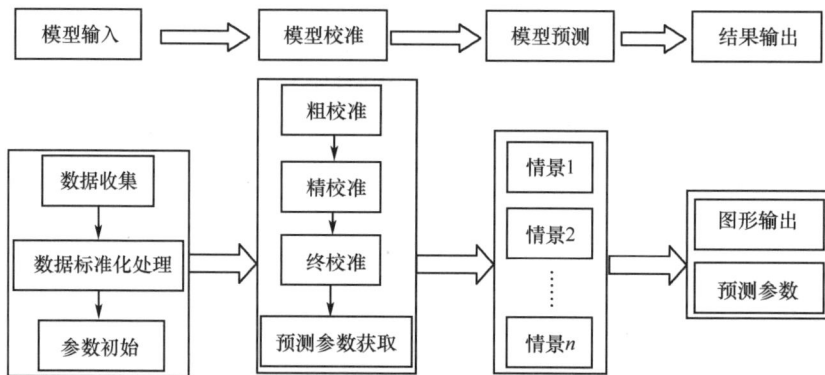

图 4.2 SLEUTH 模型运行流程图

城市扩展模拟中 CA 模型主要由元胞、元胞状态、元胞空间、邻域、演变规则等组成。散布在规则格网中的离散城市单元元胞选取有限的离散状态,依据确定的局部规则在离散的时间维上做同步演变,最终来反映城市整体动态系统的演变。

描述城市扩展一维元胞动态变化的数据空间组织结构有矢量和栅格两种方式。当前多采用栅格数据格式,便于与 GIS 软件结合进行时空模拟。栅格的形状是对地理实体近似的模拟,直接影响所表示的空间结构。演变规则是根据元胞当前状态及其周围元胞状态来确定下一时刻元胞状态的动力学函数,是地块单元演变的重要依据,是城市扩展模拟 CA 模型的核心。

基于地理实体的 CA 模型的扩展规则具体包括以下几个方面：

惯性自由扩展；

土地利用类型转变；

交通引力作用；

大城市辐射；

其他用地自组织和被组织过程；

限制约束条件；

决策修正行为。

滇池流域城市扩展动态模拟和预测采用自修正城市动态模拟系统 SLEUTH。在各种分辨率遥感影像和各类专题图层数据的支持下，SLEUTH 模型能在宏观和中观尺度上模拟人为因素造成的城市扩展情况，并能在输入数据的基础上进行中长期预测。输入图层后，模型通过散布系数、繁殖系数、扩展系数、坡度系数、道路权重系数的控制，模拟城市自发增长、新扩展中心增长、边界增长和道路影响增长这 4 种增长方式。该模型通过自调节功能来调节增长系数，当增长率总和超过最高临界阈值时，散布系数、繁殖系数和扩展系数均乘以一个大于 1 的乘数，模拟"繁荣"增长模式；反之，乘以一个小于 1 的乘数，模拟城市"萧条"的增长模式。本节运用 SLEUTH 模型进行城市扩展动态模拟的技术路线如图 4.3 所示。

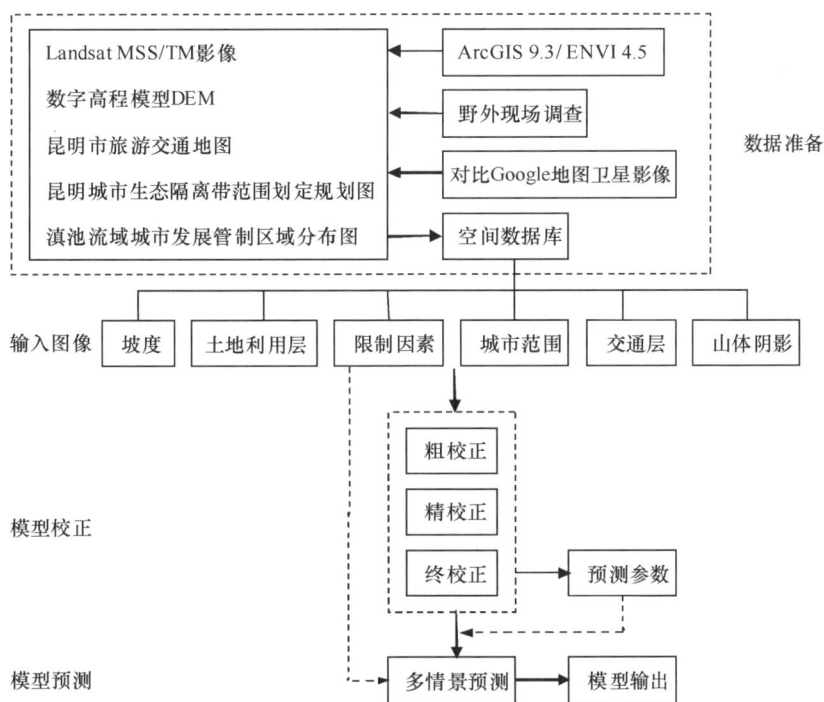

图 4.3　SLEUTH 模型的城市土地利用空间扩展研究技术路线

4.2.3 滇池流域生态约束下城镇村集约用地模式比选方案实验模拟的步骤与方法简介

1. 基础数据准备

滇池流域城市扩展动态模拟使用到的原始数据有:1974 年 57m 分辨率的 Landsat MSS 影像,1988 年、1998 年和 2008 年 30m 分辨率的 Landsat TM 影像,昆明市 100m 分辨率的数字高程模型(DEM),昆明市 20 世纪 80 年代、2002 年、2008 年交通地图,滇池流域生态隔离带范围划定规划图,滇池流域矢量边界文件,等等。所有的基础数据都经过配准和处理,统一投影坐标系,并用滇池流域边界裁剪到相同的空间范围。

各时期的城市范围通过遥感影像监督分类提取;各时期的道路交通数据通过对交通地图矢量化提取;坡度图由数字高程模型(DEM)计算得到,并通过实地采样进行校正,生成山体阴影图。这样,获得以下基本数据:

(1) 土地利用(classification value:1 = urban,2 = forest…);

(2) 现有城市化(0 = not urban,0 ~ 255 = urban);

(3) 交通层(0 = not road,0 ~ 255 = road);

(4) 坡度(25°以上禁止发展);

(5) 限制因素(0 ~ 99 = not excluded,100 = excluded)以下分析;

(6) 山体阴影(显示背景)。

2. 模式方案的主要控制指标确定

1) 城市和城镇建设用地最小规模确定

根据我国和西方发达国家城市规模等级的划分标准,结合我国人多地少、土地资源稀缺的国情,参考国内多个省会城市规划的技术资料,从集约利用土地角度,本书研究确定的各等级层次城市人均建设用地面积标准如表 4.4 所示。

表 4.4　城市规划人均建设用地指标标准

划分标准		人均建设用地面积/m²
四级划分法	特大城市	60 ~ 75
	大城市	75 ~ 90
	中等城市	90 ~ 105
	小城市	105 ~ 120
三级划分法	一般城市	人均用地不超过 100
	小城市	人均用地不超过 110
	特殊城市	人均用地不超过 120

根据以上标准,滇池流域城市最低人口规模首先按照不低于 6 万人,人均建设用地面积按照小城市人均用地不超过 110m² 计算:

最小规模城市面积不小于 6.6km² 不小于 6.6km²(60000 人×110m² = 6.6km²)

另外,滇池流域城镇最低人口规模依照以上资料分析不低于 2000 人,人均建设用地面积按照特殊城镇人均用地不超过 120m² 计算:

最小规模城镇面积不小于 0.24km²(2000 人×120m² = 0.24km²)。

2）村庄建设用地最小规模确定

《云南省村庄规划编制办法实施细则》①第 3 条村庄人口规划指出,"预测行政村的人口发展规模和人口结构变化,预测辖区内各自然村规划期内的人口数量和分布。按照规划期末人口数量将村庄分为特大、大、中、小型四级"。但是,该规划没有规定各级村庄具体人口数量和用地规模,只规定了村庄人均建设用地面积不超过 150m²。为此,本节参考北京市地方标准《村庄规划标准》②,北京市村庄规模确定了 4 级村庄的人口规模:小型村少于 200 人、中型村 200～600 人、大型村 600～1000 人、特大型村多于 1000 人,村庄人均建设用地应控制在 150m² 以内。我们认为,滇池流域由于有昆明主城等中心城市,正处在一个快速城镇化的过程,村庄人口是要向城市和城镇集聚的。因此,村庄人口应该不断减少,零散小村应该合并。为此,本节确定的小型村庄人口规模不小于 200 人计算,最小规模村庄面积不小于 0.03km²(200 人×150m² = 0.03km²)。

3）城市用地结构指标

城市用地结构指标重点是安排居住用地、工业用地、城市对外交通、城市道路广场、绿地、公共设施用地等。根据城市规划的技术规范,结合昆明城市规划多年实践,确定的各单项建设用地指标如表 4.5 所示。

表 4.5　城市用地结构各单项建设用地指标要求

用地类别	居住用地	工业用地	道路用地	绿地
用地指标/(m²/人)	18～28	10～15	7～15	≥9 其中,公共绿地≥7
占建设用地比例/%	20～32	15～25	8～15	8～15

4）流域最小(适宜)生态用地量确定

根据《滇池流域水环境综合治理总体方案》,滇池流域人均生态承载力参照全国 0.89hm² 的平均水平计算,滇池流域最小生态用地量为

最小(适宜)生态用地面积不小于 551.8km²(620 万人×0.89m² = 551.8km²)

---

① 具体参见云南省住房和城乡建设厅关于印发《云南省村庄规划编制办法实施细则》的通知,云建村[2010]702 号。

② 北京市地方标准《村庄规划标准》(征求意见稿)。由于国家和北京市都没有出台正式的"村庄规划标准",为指导新农村建设,北京市政府在 2011 年编制完成北京市 3900 多个村的村庄规划标准。该标准受北京市规划委员会标准化办公室的委托,由北京市城市规划设计研究院编制。

其中,昆明市中心城区绿化规划指标,包括城市绿地率(%)、绿化覆盖率(%)、人均公共绿地(m²)、昆明森林覆盖率(含灌木林);建成区绿化覆盖率等指标约束情况如表4.6所示。

表4.6 昆明市中心城区各类生态指标规划情况

指标	2010 年	2015 年	2020 年
城市绿地率/%	35	38	40
绿化覆盖率/%	40	45	46
人均公共绿地/m²	10	11	12

目前,昆明森林覆盖率(含灌木林)达到55%;建成区绿化覆盖率达到36%

注:根据昆明城市总体规划修编(2008~2020年)文本整理得到。

5) 城市和城镇发展紧凑度确定

城市(镇)外围轮廓形态的紧凑度具体计算公式如下:

$$C = \frac{2\sqrt{\pi A}}{P} \tag{4.1}$$

式中,A 为城市(镇)的面积;P 为城市(镇)轮廓的周长。城市(镇)紧凑度值越大,其形状越有紧凑性;反之,形状紧凑性越差。紧凑度的计算将圆形作为标准度量单位,从而便于对不同地物形态进行比较。当城市(镇)形状为圆形时,紧凑度 C=1。其他任何形状地物的紧凑度均小于1。因为圆是一种形状最紧凑的图形,圆内各部分的空间高度压缩。当为正方形时,城市(镇)离散程度增大,紧凑度就变小;如果是狭长形状,紧凑度就会远远小于1。

通过对滇池流域各个城市、城镇和村庄形状紧凑度的计算分析,并结合城-镇-村最小规模面积进行基于 GIS 的空间分析和筛选,得到滇池流域城镇化重点地区城-镇-村空间分布情况,如图4.4所示。

滇池流域各类城市、城镇综合容积率的确定,主要参考各城市和城镇已有综合容积率规划指标,结合流域最小生态用地量要求和流域城乡建设用地最大控制目标,从集约用地角度,对其进行适当调整和提高后确定。调整的原则是:在同等级规模城市或城镇,尽量选择相应技术规范偏高标准,以体现集约用地。

6) 限制因素的确定

本节将限制因素设计为4个排除因素图层(图4.5~图4.8):

(1)排除因素图层一。该图层只有研究区内的水体区域,不可能被城市化,模拟自然增长趋势下的城镇村扩展。

(2)排除因素图层二。该图层包括规划湿地、生态保护区、基本农田保护区等生态功能地类和水体,按其不可能被城市化的程度赋予20、40、60、80、100的数值,模拟生态约束模式下的城镇村扩展。

(3)排除因素图层三。该图层包括水体,并根据城市、城镇和中心村镇被管制的程度,对管制的区域赋予20、40、60、80、100的数值,模拟集约发展模式下的城镇村扩展。

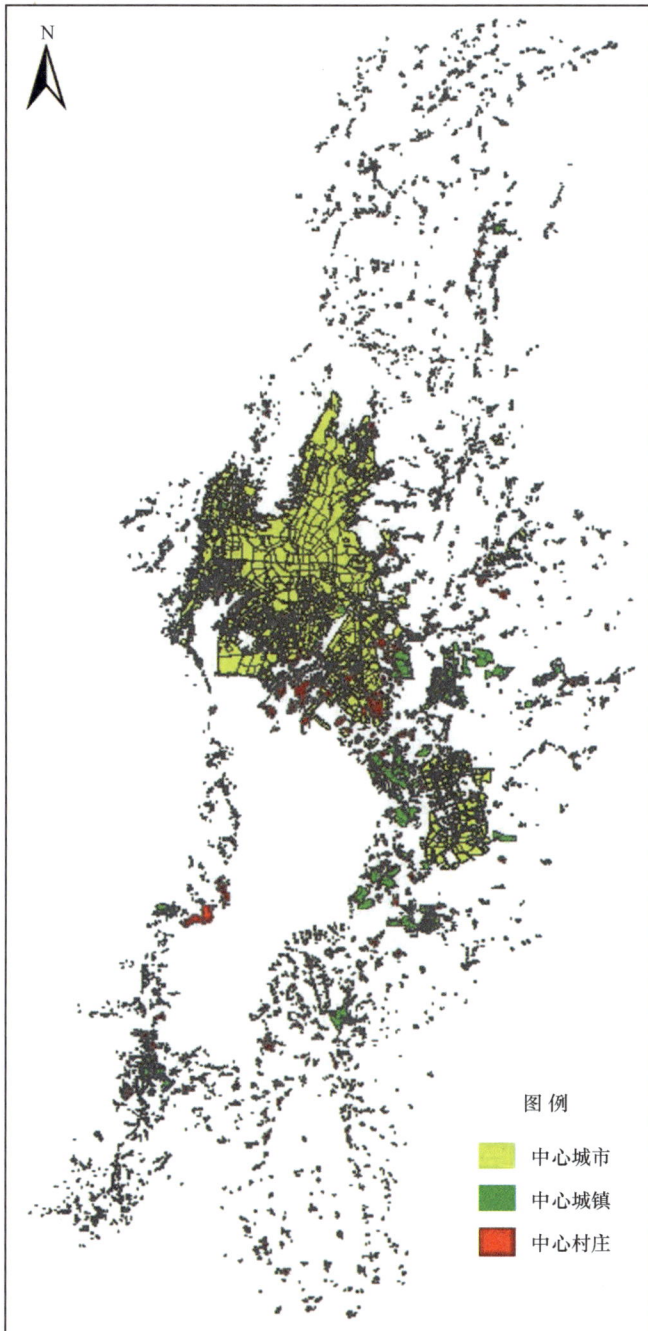

图 4.4　滇池流域城镇化重点地区城镇村空间分布

（4）排除因素图层四，该图层包括规划湿地、生态保护区、基本农田保护区等生态功能地类，按照城市、城镇和中心村等被管制的程度和水体，按其不可能被城市化的程度赋予20、40、60、80、100 的数值，模拟生态约束与集约发展相结合的综合模式下的城镇村扩展。

所有数据处理均在 ArcGIS 环境完成。主城区及空间分析得到的滇池流域中的中心城镇和村庄，赋予 0，表示无任何发展限制；其他城镇和村庄赋值情况如表 4.7 所示。

表 4.7 限制城镇和村庄赋值情况

城市		城镇		村庄	
面积/hm²	赋值	面积/hm²	赋值	面积/hm²	赋值
主城区及大于660	0	中心城镇及大于24	0	中心城镇及大于3	0
660 以下	经分析滇池流域无此类城市	18~24	20	2~3	20
		10~18	40	1.5~2	40
		5~10	60	1~1.5	60
		5 以下	80	1 以下	80

按照城镇村最小规模标准,情景模拟按照城市面积不低于 6.6km²,城镇面积不低于 0.24km²,村庄面积不低于 0.03km²。通过对滇池流域建设用地现状进行 GIS 空间分析,得到滇池流域限制发展的城镇村面积分别是城市(144 个图斑)合计 330.98km²,城镇(593 个图斑)合计 47.20km²、村庄(522 个图斑)合计 9.23km²,合计 1259 个图斑,限制发展的城镇村面积合计 387.41km²。

7) 昆明城市(镇)生态隔离带划分

根据滇池流域土地利用现状情况分析可知:滇池水面为 296.90km²,流域水库水塘面积为 18.14km²,以上为绝对禁止建设区域;根据《滇池流域水污染防治规划》(2006~2010 年)和《昆明市林业局关于滇池流域面山生态植被恢复项目中长期发展初步规划》[①],滇池水面周边湖滨湿地带总面积 20.37km²,为城市绝对禁止建设区域;根据《昆明城市生态隔离带范围划定规划》[②]和流域边界进行 GIS 空间分析和裁剪得到滇池流域城市(镇)扩展模拟的生态隔离带确定为 290.04km²。

昆明城市(镇)生态隔离带初步划定范围如表 4.8 所示。

表 4.8 昆明城市生态隔离带初步划定范围

序号	隔离带名称	面积/km²	最窄/km²	最宽/km²	平均宽度/km²	长度/km²
1	主城与呈贡	22.29	1	3.37	2.23	10
2	呈贡新区、度假区大渔片区、马金铺	37.97	0.4	4.13	2.53	15
3	主城与空港	107.7	0.4	10.78	7.06	15.08
4	空港与经济开发区	4.24	0.498	1.76	0.843	5.03
5	马金铺与晋城	28.58	0.5174	5.6	3.3	14
6	晋城与昆阳	62.89	0.87	5.4	2.6	28
7	昆阳与海口	32.72	0.722	4.45	2.7	12.13
8	海口与太平及西山	50.96	0.33	3.3	1.89	27
9	合计	347.35				

---

① 根据《昆明市林业局关于滇池流域面山生态植被恢复项目中长期发展初步规划》,昆明市林业局,2008 年 4 月有关资料整理。

② 《昆明城市生态隔离带范围划定规划》,昆明市规划局,2011 年 4 月有关资料整理。

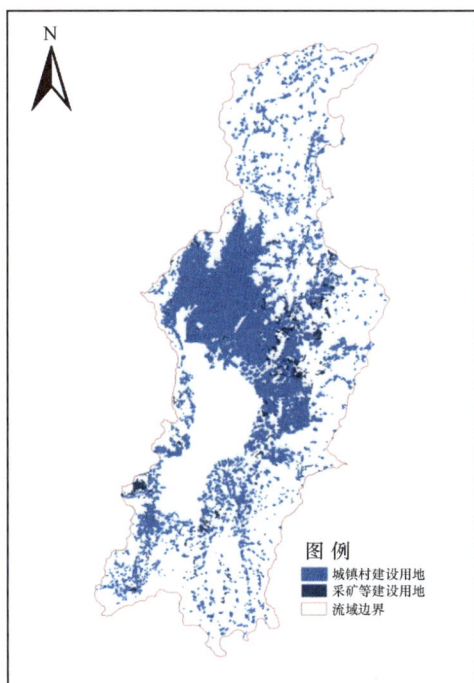

图 4.5　滇池流域城镇村等建设
用地分布示意图

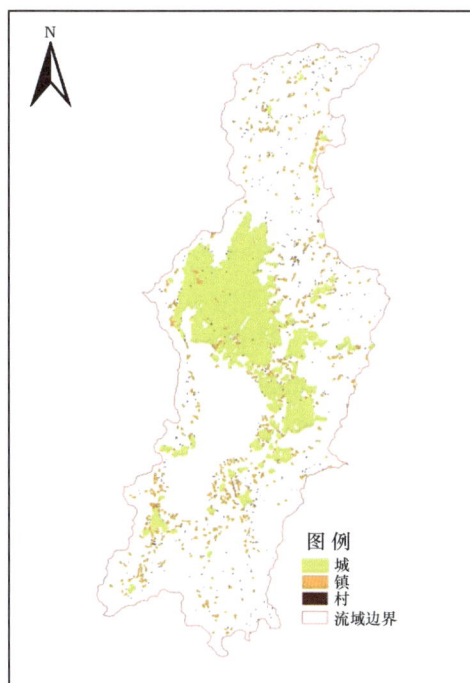

图 4.6　限制(管制)发展的城镇村
建设用地分布示意图

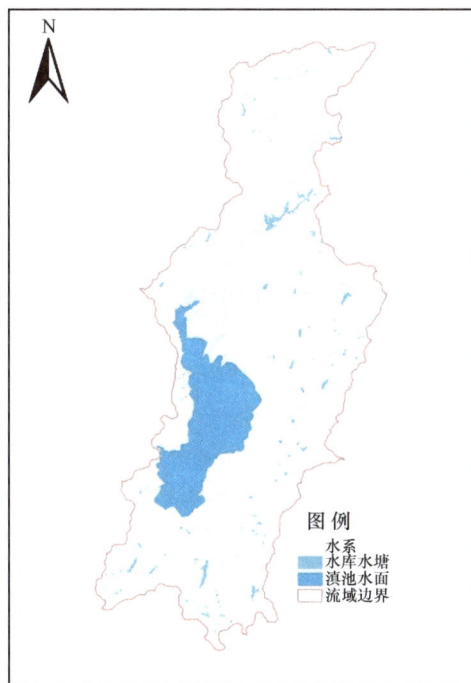

图 4.7　禁止发展的水库水面分布示意图

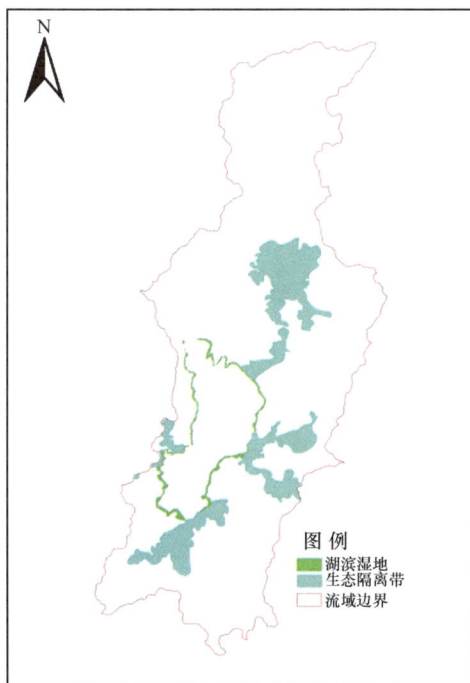

图 4.8　湖滨湿地和生态隔离带分布示意图

3. 模型的校正

滇池流域主要包括昆明市五华、盘龙、官渡、西山、晋宁、呈贡、嵩明7个县区的38个乡镇,2010年总人口为446万人,占全市的63%,其中城镇人口330万,城镇化率为74%。

根据《昆明市城市总体规划》采用综合增长法、城乡劳动力转移聚集法、经济相关法对昆明市域总人口和城镇化水平预测,经过综合比较和分析,综合户籍人口、外来常住人口预测结果,可以得到昆明市滇池流域(7个县区的38个乡镇)2020年总人口为620万人,其中城镇总人口为513万人左右[①],城市化率约83%。

为了获取城市在历史时期(本研究中为1974~2008年)的增长规则,需要进行模型的校正。SLEUTH采用蒙特卡洛迭代的方法,分粗校正、精校正、终校正3个阶段,确定模型各系数最佳取值范围,逐步缩小散布系数、繁殖系数、扩展系数、坡度系数、道路权重系数的取值范围,最后便可得到一组最优参数,由此获取一组预测参数,用以重建历史时期各年份的城市范围。并以2008年为起始年份,预测城市在未来20年的城市增长。本节分别以2015年、2020年和2028年3个时期为最终预测年份。

从模型校正所得出的参数可以看到,坡度系数最大,说明滇池流域城市扩展受坡度和道路的影响还是很大。事实也是如此,通过GIS叠加分析统计得出滇池流域95.21%的城市化像元全分布在坡度8.5°以内的地区,进一步指示滇池流域1974~2008年的昆明城市建成区扩张以占用滇池湖滨地区的平坝土地为主。流域内城市化像元对道路的可达性也较好,沿道路的城市扩展比较明显。在建成区边缘的城市增长比例较大。

4. 多情景模拟预测

本书根据前面4种比选方案的定义,运用GIS、CA模型等计算机软件技术手段,分别对滇池流域生态约束下城镇村集约用地模式4种比选方案进行情景模拟,分析这4种发展模式下2008~2028年的城市(镇)扩展态势,以此探索一套协调高原湖滨地区城市(镇)发展与湖泊保护的滇池流域生态经济协调的城镇村集约用地模式。

4种计算机情景模拟的预测模式是:

(1)模式一,自然发展模式。原则:按照现有发展趋势不加入任何干预,任由城镇村按现有趋势扩展。

(2)模式二,生态约束模式。原则:以保证滇池流域最少(适宜)生态用地量为目标,流域城镇村扩展受到滇池周边绝对禁止建设区(水面、水库水塘、湖滨湿地),相对禁止建设区(城市生态隔离带、林地和农田)的限制。

(3)模式三,集约发展模式。原则:按照昆明滇池流域"全域城镇化"发展的要求,城-镇-村规模发展控制(如紧凑度、最小规模控制)和中心城市-城市-城镇-中心村-村庄等城-镇-村体系结构限制,城镇村集约发展。

(4)模式四,生态约束下的集约发展模式,即生态约束与城市集约发展管制相结合

---

① 根据《昆明市城市总体规划》昆明市总人口规模预测表:2010年706万人;2020年850万人。

的综合发展模式。原则:在模式三的基础上,以保护滇池水质等生态环境为前提,限制城-镇-村发展占用生态用地,提高城-镇-村建设用地集约利用水平。即加入所有限制因素(水面、水库水塘、湖滨湿地、限制发展的城-镇-村等)。

通过限制因素图层的设置,将各种发展模式与 SLEUTH 模型相结合,预测不同情景下滇池流域的城市(镇)扩展与城镇村体系发展。

5. 模型评价

使用模型校正后的最优参数在 Test 模式下进行历史时期城市扩展的重现,对生成的1988 年、1998 年和 2008 年的城市范围图,参照同时期实际城市范围图进行 Kappa 系数检验,得出 1988 年、1998 年、2008 年的 Kappa 系数分别为 0.4048、0.4257、0.5512,均达到中等一致性水平。说明 SLEUTH 模型对滇池流域尺度的城市(镇)扩展模拟达到应用需求,研究结果适于为城市(镇)发展过程中宏观土地管理政策决策提供技术支持。

4.2.4　滇池流域生态约束下城镇村集约用地模式 4 种比选方案的情景模拟

根据不同的情景会有不同的输出结果,此处所列输出结果为除固定限制(水体、坡度等)外的自然发展情况,以 1988 年(主城区以 1974 年)为基准年,以 1988～2008 年的发展规则对过去历史和未来预测做了模拟。

1. 情景模式 1:自然发展模式

滇池流域城镇村发展按照现有趋势发展下去,不考虑对城市发展的生态环境约束效应及城市用地最大承载规模。主要考虑交通条件、基础设施条件、社会经济条件、地形坡度(CA 考虑因素)等资源条件对城市建设用地扩展的影响。通过 SLEUTH 模型检验校正得到的各个历史时期昆明城市规模模拟时空数据,并依此为基础进行后推预测的自然扩展形态情景模式(图 4.9)。

2. 情景模式 2:生态限制模式

以滇池流域最少(适宜)生态用地量为目的,流域城镇村发展尽量少占用滇池周边绝对禁止建设区(湿地、湖滨保护带)和相对禁止建设区(林地、园地和农田),鼓励城镇村在适宜建设区(规划建设区)发展。城镇村发展不考虑现有城镇村及集约用地要求的影响,主要考虑交通条件、基础设施条件、社会经济条件、地形坡度(CA 考虑因素)等因子对城市发展的限制(图 4.10)。

3. 情景模式 3:城镇集约利用管制模式

现有城镇村发展按照昆明滇池流域"全域城镇化"发展的最新要求和城镇村规模体系结构限制,人口城镇化将首先增加城市人口和城镇人口,减少农村人口,并由此产生的农村建设用地减少,将适当增加城镇建设用地的规模或生态用地规模。即按照昆明市全域人口城镇化要求,整个流域的城镇村统筹考虑,动态调整。根据滇池流域各种城镇村

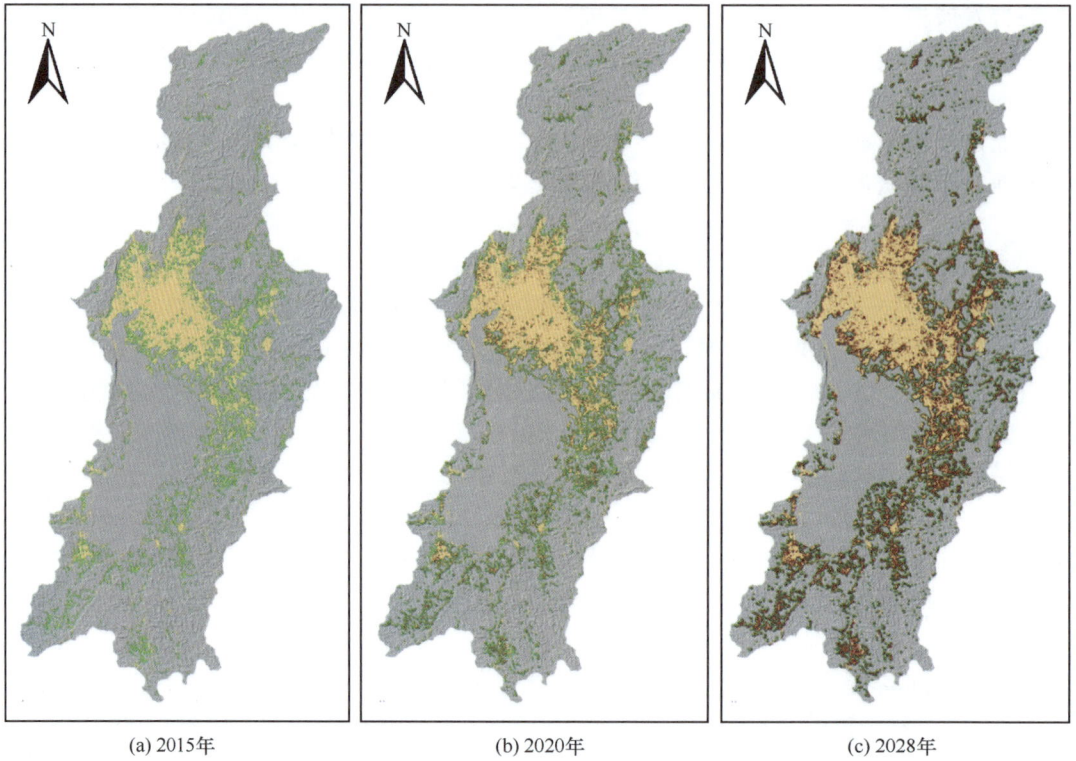

(a) 2015年　　　　　　　　(b) 2020年　　　　　　　　(c) 2028年

图 4.9　情景模式 1:2015 年、2020 年、2028 年 3 期扩展模拟图

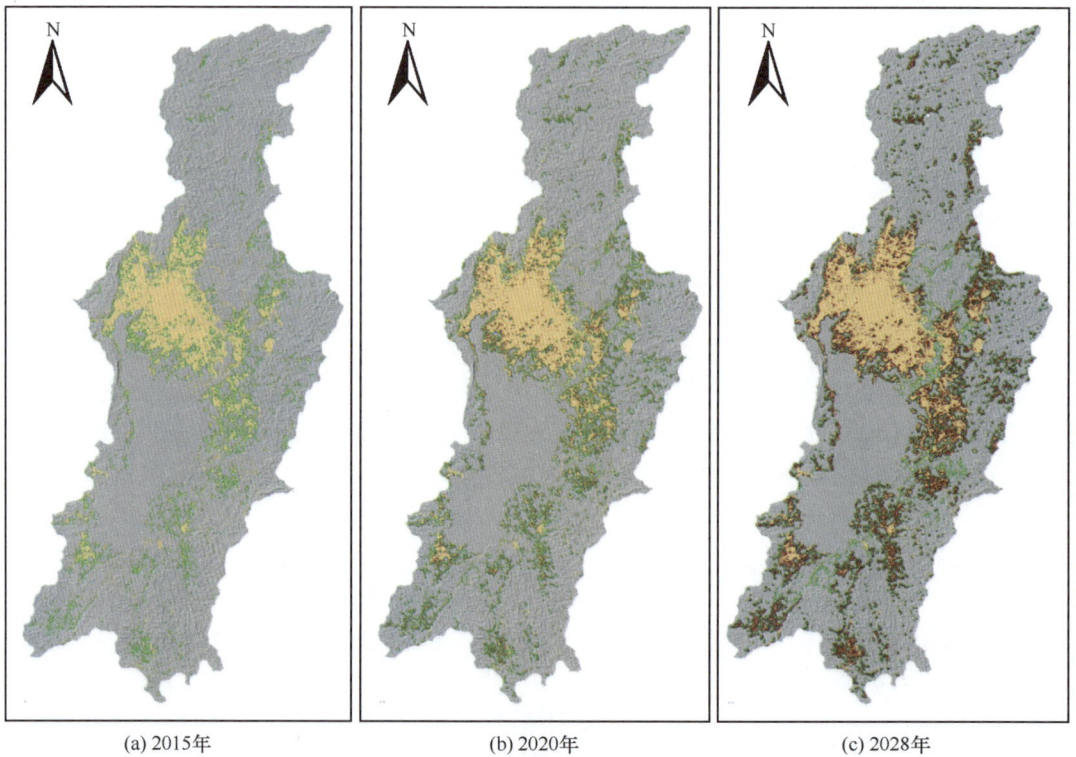

(a) 2015年　　　　　　　　(b) 2020年　　　　　　　　(c) 2028年

图 4.10　情景模式 2:2015 年、2020 年、2028 年 3 期扩展模拟图

等级规模不同,人口规模也不同,通过预测全流域总人口数量,优先保证城市人口规模的情况下,减去城镇人口,就是农村人口。农村村庄人口则按照最低限制的规模标准设置(或农村的村庄规模以居委会为中心、耕作半径为 1.5km 计算)。规模不到标准的向周边就近标准村庄(或耕作半径)并村。然后在人口确定的情况下,根据不同规模的人均用地标准可以计算出城镇村总的建设用地最大控制规模面积(图 4.11)。

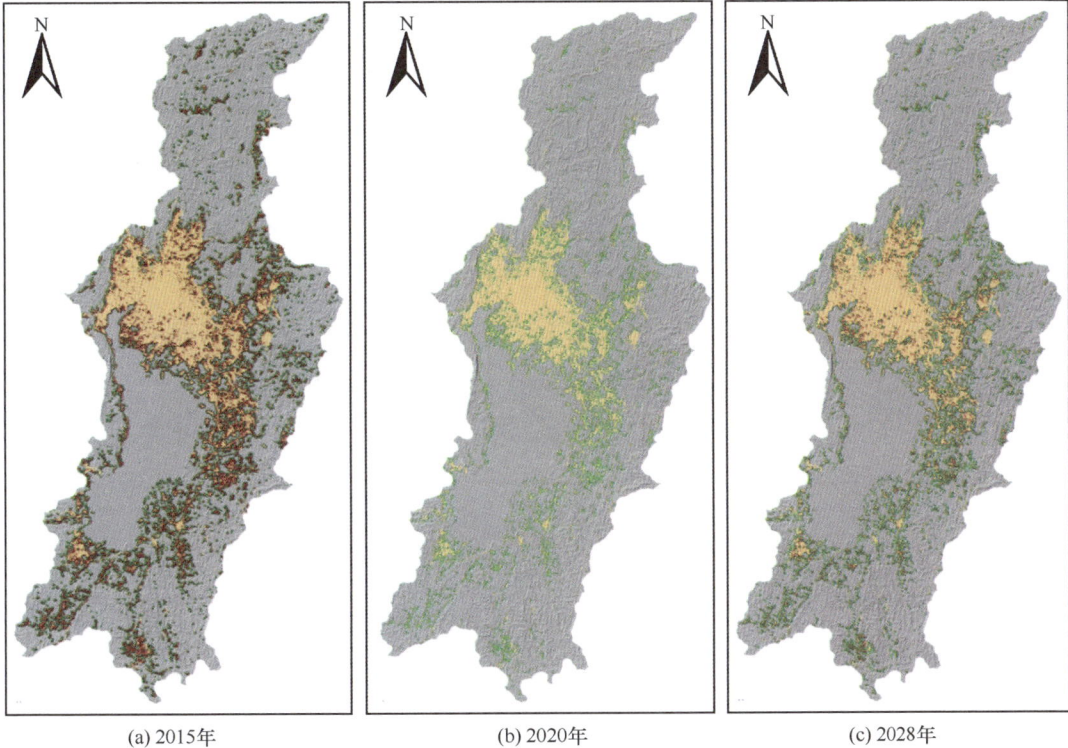

(a) 2015年　　　　　　　　(b) 2020年　　　　　　　　(c) 2028年

图 4.11　情景模式 3:2015 年、2020 年、2028 年 3 期扩展模拟图

4. 情景模式 4:生态约束下城镇村土地集约利用模式

以保护滇池生态环境为目的,城市发展不占用生态隔离带(湿地、湖滨保护带)、禁止建设区、城市规划空间管制区、滇池水域,尽量少占用滇池周边林地、园地和农田,考虑交通条件、基础设施条件、社会经济条件、地形坡度(CA 考虑因素)等因子对城市发展的影响,同时现有城镇村发展按照昆明滇池流域"全域城镇化"发展的最新要求和城镇村规模体系结构限制,人口城镇化将首先增加城市人口和城镇人口,减少农村人口,并由此产生的农村建设用地的减少,将适当增加城镇建设用地的规模或生态用地规模。同时,从滇池流域整个区域城市和城镇现状和规划综合容积率以及各城市、城镇、村庄的最小建设用地控制规模角度,通过适当提高容积率水平,减少人均建设用地指标及城市和城镇建设用地规模,腾出来的城镇建设用地面积可用于生态用地和新增城市或城镇建设用地规模的扩展。

4 种情景模拟模式的预测结果见表 4.9 和图 4.13~图 4.16。2015 年、2020 年、2028 年 3 个时期 4 种模式的建设用地扩展规模(按可能扩展的百分比累积)汇总情况如表 4.10 所示,2020 年 4 种模式的建设用地扩展规模趋势如图 4.17 所示。

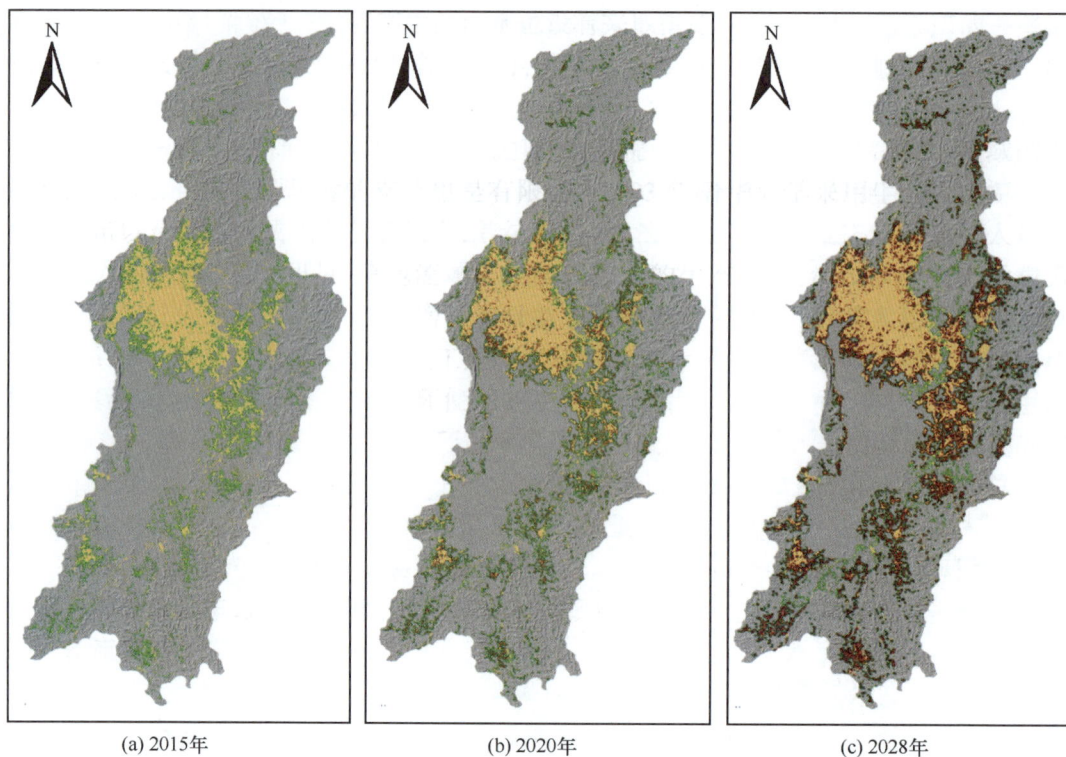

(a) 2015年   (b) 2020年   (c) 2028年

图 4.12　情景模式 4:2015 年、2020 年、2028 年 3 期扩展模拟图

表 4.9　不同情景模式扩展规模极值统计表　（单位:km²）

规模极值	模式	2028 年	2020 年	2015 年
极大值 (发展可能性>0)	模式 1(自然发展)	1229.88	1012.58	856.27
	模式 2(生态限制)	1209.18	997.69	847.77
	模式 3(集约管制)	1262.84	1034.18	870.88
	模式 4(生态集约发展)	1204.46	992.15	843.28
极小值 (发展可能性=100%)	模式 1(自然发展)	662.62	457.04	418.35
	模式 2(生态限制)	632.37	453.85	418.42
	模式 3(集约管制)	657.74	455.45	418.47
	模式 4(生态集约发展)	620.12	450.62	418.25

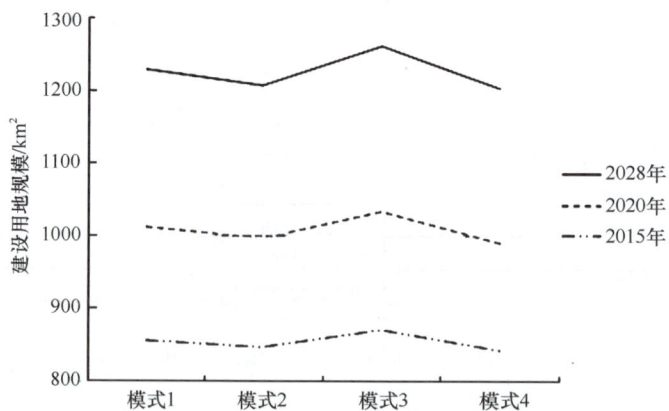

图 4.13　3 期各种模式建设用地规模图(发展可能性=0)

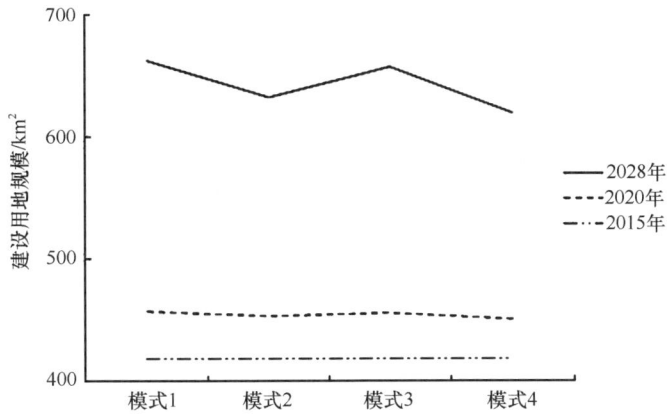

图 4.14　3 期各种模式建设用地规模图(发展可能性=100%)

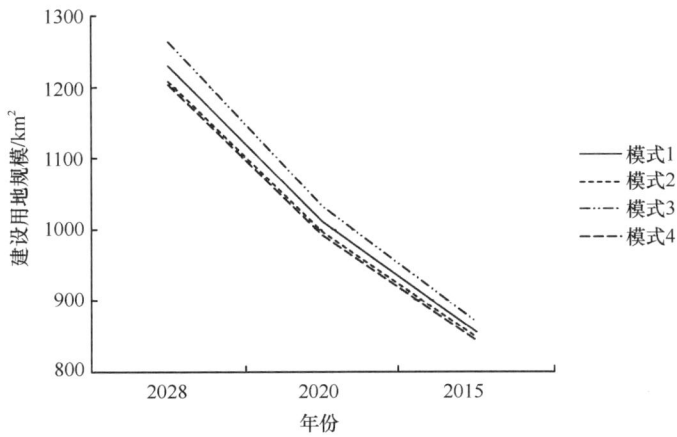

图 4.15　4 种模式各时期建设用地规模(发展可能性>0)

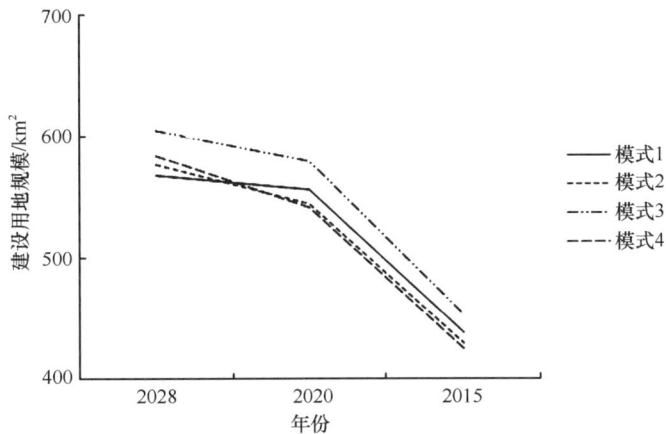

图 4.16　4 种模式各时期建设用地规模(发展可能性=100%)

表 4.10　2015 年、2020 年、2028 年 3 期 4 种模式的建设用地扩展规模

（按可能扩展的百分比累积）汇总表　　　　　　　　（单位：km²）

可能扩展百分比/%	模式 1（自然发展）			模式 2（生态限制）			模式 3（集约管制）			模式 4（生态集约发展）		
	2028 年	2020 年	2015 年	2028 年	2020 年	2015 年	2028 年	2020 年	2015 年	2028 年	2020 年	2015 年
100	662.62	457.04	418.35	632.37	453.85	418.42	657.74	455.45	418.47	620.12	450.62	418.25
>90	823.97	589.66	453.47	781.20	569.97	450.71	826.50	586.50	452.09	768.30	561.67	448.16
>80	875.78	641.01	499.12	834.58	616.98	490.86	882.07	639.74	496.87	822.50	608.07	485.89
>70	912.25	679.75	535.65	872.52	654.71	523.09	921.50	679.92	533.61	861.34	645.62	517.21
>60	942.72	711.78	566.69	904.27	687.30	551.57	954.30	713.39	565.63	893.68	678.30	545.26
>50	970.96	741.62	593.37	934.04	718.15	577.92	984.86	745.52	593.42	924.14	709.54	571.85
>40	998.11	772.10	621.69	962.91	749.11	606.90	1014.33	777.97	622.87	953.69	740.88	600.66
>30	1027.04	802.64	653.73	993.26	780.19	640.34	1045.31	810.69	656.38	984.61	772.63	633.92
>20	1059.95	838.31	689.24	1028.68	817.43	677.39	1080.89	848.91	694.25	1020.70	810.17	671.57
>10	1104.13	887.51	737.12	1076.25	868.26	725.37	1128.62	901.31	745.30	1068.95	861.76	720.34
>0	1229.88	1012.58	856.27	1209.18	997.69	847.77	1262.84	1034.18	870.88	1204.46	992.15	843.18

　　若按照昆明市城市规划对滇池流域到 2020 年不超过 620km² 城镇村建设用地面积预测，可以采取按可能扩展的百分比累积大于 80% 这种发展可能模式，如表 4.11 所示。

表 4.11　2020 年滇池流域城镇村建设用地面积预测

（按照可能扩展的百分比累积大于 80%）　　　　　　　（单位：km²）

可能扩展百分比	模式 1（自然发展）	模式 2（生态限制）	模式 3（集约管制）	模式 4（生态集约发展）
>80%	641.01	616.98	639.74	608.07

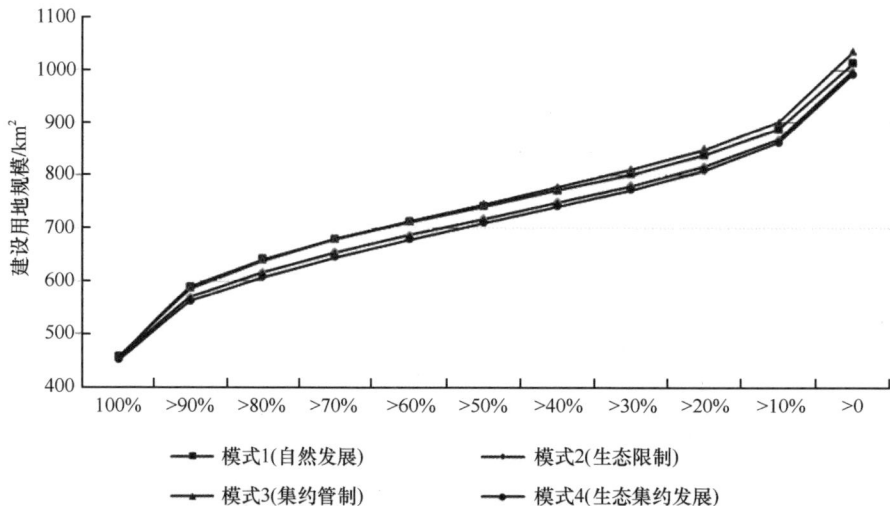

图 4.17　2020 年 4 种模式的建设用地扩展规模趋势图（可能扩展的百分比）

综合上述 4 种模式建设用地扩展规模的分析,可以得到以下判断:

首先,各种模式随着时间推移和可能扩展的百分比累计下降,建设用地规模呈现明显的增长趋势,这符合城市(镇)建设用地扩展的一般自然发展状况。

其次,在生态限制(约束)下的模式 2 和模式 4 明显比没有生态约束的模式 1 和模式 3 要节约建设用地规模,从而达到集约利用城镇村建设用地的目标。

再次,总体上各个时期模式 4 的城镇村建设用地规模小于模式 2 的规模、小于模式 3 的规模,说明生态约束有利于建设用地节约集约利用,对滇池流域来说,生态约束下的城镇化发展是最集约利用的模式。

最后,模式 3 随着可能扩展的百分比累计下降从规模上超过模式 1,说明全域城镇化虽然一定程度上可以通过迁村并点、城增村减等土地利用调整政策,使滇池流域城镇村建设用地节约集约利用。但是,随着大城市的扩展速度加快,在没有生态约束下,滇池流域城镇村发展有 70% 左右的可能性会因侵占生态用地,出现所谓城镇集约发展管制失控的现象,造成城乡建设用地规模超过滇池湖泊生态承载力的问题。

情景模拟的数据可进一步预测:

按照情景模式 1,城市将继续保持现在的增长趋势,并且侵占大量的湿地、农田、林地和园地;滇池流域未来建设用地扩展形势趋于紧张,中心城区已无地可用,城市由郊区逐步向交通条件较好的边远乡镇扩张。并且,随着城市(镇)的增长,滇池流域绝对禁止建设区和部分禁止建设区不可避免地被占用。因此,我们认为,昆明及滇池流域现在的城市(镇)扩张模式是不可持续的,应该采取积极的措施,严格控制城市(镇)规模的过度增长,保护生态及农业用地,维护流域生态平衡。

按照情景模式 4,将在保留大部分的生态用地,特别是保护滇池周边绝对禁止建设的湿地、湖滨保护带前提下,城市内部结构和布局以及城市(镇)外部形态将比较紧凑;并在此基础上,进一步提高城市(镇)综合容积率,提高土地利用强度,将达到既保护滇池流域生态,又保障城市(镇)发展,同时土地利用亦最集约的多重目标。

4.2.5　针对滇池流域生态约束下城镇村集约用地模式情景模拟结果的政策建议

1. 科学合理确定滇池流域城镇村发展模式

通过流域内城镇村建设用地扩展的 4 种情景模式比较分析,滇池流域城镇村建设发展模式应以保护滇池水质等生态环境为目的,城市(镇)发展禁止占用滇池湿地、湖滨生态保护带和城市(镇)生态隔离带,尽量不占用具有自然生境功能的林地、草地、农田和水体。城镇村发展必须节约集约利用土地,严格控制流域城乡建设用地总规模,加快农村人口向城市(镇)和中心村集中,提高城乡建设用地的利用效率和集约化水平。要大力建设城市、城镇和村庄高标准污水管网设施和污水垃圾处理设施,做到流域全覆盖,减少城乡社会经济发展对滇池湖泊生态的负面影响。要大力推广生态约束下高原湖滨地区城镇村土地节约集约利用技术标准,科学合理地利用土地,走可持续发展之路。

2. 适当控制流域内城市(镇)发展规模

模拟结果显示,到2020年,流域内城乡人口规模应控制在500万人以内(现在的昆明城市规划目标为620万人),城乡建设用地规模在608km² 以内,才能保证有足够的流域生态用地支撑滇池流域生态系统的良性循环。尤其是昆明主城,目前人口密度已较高,集约利用的空间有限,应予以适当控制。建议到2020年将主城(包括呈贡新区)人口控制在400万人以内(城市规划目标为500万人),建设用地规模控制在380km² 以内(城市规划目标为430km²)。应通过加强基础设施建设和政策引导,使流域内人口及相关产业向外流域转移,重点发展流域外安宁、嵩明、富民和宜良等次级城市,将昆明"摊大饼"式的城市发展模式转变为多中心紧凑组团式跳跃发展模式,减轻滇池流域生态环境的负荷压力,促进昆明社会经济与滇池生态保护协调发展。

3. 适当提高城镇村综合容积率

根据实地调查和遥感影像判断,昆明除主城核心区外,城市新区、城镇和部分村庄的综合容积率偏低,人均建设用地偏大,有集约用地的挖掘潜力。情景模拟表明,若适当提高滇池流域各城市、城镇的综合容积率,加大迁村并点、发展集约度相对较高的中心村,可以在有限的城乡建设用地控制规模内承载更多的人口和产业,不仅可以保护滇池流域生态环境,还能提高昆明主城城市群落的集聚经济水平和带动区域经济的能力。

参 考 文 献

摆万奇,赵士洞.2001. 土地利用变化驱动力系统分析. 资源科学,23(3):39-41

毕宝德.2001. 土地经济学. 北京:中国人民大学出版社

蔡玉梅,刘彦随,宇振荣,等.2004. 土地利用变化空间模型的进展——CLUE-S 模型及其应用. 地理科学进展,23(4):63-72

陈鹏,高建华,朱大奎,等.2002. 海岸生态交错带景观空间格局及其受开发建设的影响分析——以海南万泉河口博鳌地区为例. 自然资源学报,17(4):509-514

陈银蓉,梅昀,王传明,等.2006. 城市土地集约利用的研究. 资源调查与评价,23:7-12

陈莹,刘康,郑伟元,等.2002. 城市土地集约利用潜力评价的应用研究. 中国土地科学,16(4):26-29

董秀茹,石水莲,王秋兵.2006. 土地集约利用与生态环境的辩证关系研讨. 水土保持应用技术,(3):33-34

范少言,陈宗兴.1995. 试论乡村聚落空间结构的研究内容. 经济地理,15(2):44-47

龚义,吴小平,欧阳安蛟.2002. 城市土地集约利用内涵界定及评价指标体系设计. 浙江国土资源,2002(10M):46-49

郭岚.2010. 县域土地节约集约利用评价研究——以南县为例. 湖南:湖南农业大学硕士学位论文

何春阳,陈晋,史培军,等.2002. 基于CA 的城市空间动态模型研究. 地球科学进展,17(2):188-195

何春阳,陈晋,史培军,等.2003. 大都市区城市扩展模型——以北京城市扩展模拟为例. 地理学报,58(2):294-304

何芳.2003. 城市土地集约利用及其潜力评价. 上海:同济大学出版社

洪旺.2007. 长沙试验城市节约集约用地新模式. 城市规划通讯,(15):9

胡馨,张安明.2010. 基于熵值法的农村居民点集约利用评价——以重庆市黔江区为例. 中国农学通报,26(24):358-362

黄继辉,张绍良,侯湖平,等.2006. 城市土地节约利用与集约利用概念辨析. 国土资源导刊(湖南),3(6):17-19

黄庆旭,史培军,何春阳,等.2006. 中国北方未来干旱化情景下的土地利用变化模拟. 地理学报,61(21):1299-1310

黎夏,叶嘉安.1999. 约束性单元自动演化CA 模型及可持续发展城市形态的模拟. 地理学报,54(4):289-298

黎夏,叶嘉安.2001. 主成分分析与Cellular Automata 在空间决策与城市模拟中的应用. 中国科学(D),31(8):683-690

黎夏,叶嘉安.2005.基于神经网络的元胞自动机及模拟复杂土地利用系统.地理研究,24(1):19-27

李荣.2007.我国城镇密集地区农村聚落发展趋势研究.北京:中国城市规划设计研究院博士学位论文

廖青月,陈宗祥,刘友兆.2010.基于 BP 神经网络模型的城市集约利用中观评价研究.资源开发与市场,26(12):1089-1092

刘吉伟,陈常优.2008.新密市农村居民点用地集约利用研究.农村经济与科技,19(5):46-47

刘纪远,刘明亮,庄大方,等.2002.中国近期土地利用变化的空间格局分析.中国科学(D 辑),32(12):1031-1042

刘杰.2008.小城镇土地集约利用的内涵及影响因素分析.国土资源,(A01):10-11

刘仙桃.2009.农村居民点空间布局优化与集约用地模式研究——以北京市昌平区为例.北京:地质大学硕士学位论文

刘小平,黎夏,叶嘉安,等.2007.利用蚁群智能挖掘地理元胞自动机的转换规则.中国科学 D 辑:地球科学,37(6):824-834

刘勇,吴次芳,岳文泽,等.2008.基于 SLEUTH 模型的杭州市城市扩展研究.自然资源学报,23(5):797-807

龙花楼,李秀彬.2001.长江沿线样带土地利用变化时空模拟.地理研究,20(6):660-668

陆涛,李后强.1994.城镇空间体系的科赫模式——对中心地学说的一种可能的修正.经济地理,14(3):10-14

吕春艳,王静,何挺,等.2006.土地资源优化配置模型研究现状及发展趋势.水土保持通报,26(2):21-26

马佳,韩桐魁.2008.基于集约利用的农村居民点用地标准探讨——以湖北省孝感市孝南区为例.资源科学,30(6):955-960

毛蒋兴,闫小培,王爱民,等.2005.20 世纪 90 年代以来我国城市土地集约利用研究述评.地理与地理信息科学,21(2):48-57

邵晓梅,刘庆,张衍毓.2006.土地集约利用的研究进展及展望.地理科学进展,25(2):85-95

宋观平,冉瑞平.2010.湖南省城市土地集约利用空间差异研究.中国农学通报,26(23):446-450

孙志波,许月明.2006.城市土地集约利用现状指标体系构建.安徽农业科学,34(22):6020-6021

唐启湘,于礼.2010.武冈市村庄土地整治模式研究.经济研究导刊,(27):51-53

涂小松,濮励杰,吴骏,等.2008.基于 SLEUTH 模型的无锡市区土地利用变化情景模拟.长江流域资源与环境,17(6):852-857

王家庭,张换兆,季凯文.2008.中国城市土地集约利用——理论分析与实证研究.天津:南开大学出版社

王静,郭旭东.2003.我国县级尺度土地可持续利用的科学调控.地理科学进展,11(3):216-220

王静,邵晓梅.2008.土地节约集约利用技术方法研究:现状、问题与趋势.地理科学进展,27(3):68-74

王晓艳,邓良基,郑华伟.2008.成都市土地集约利用水平及影响因素.国土资源科技管理,25(3):69-73

王月,任学慧,李晖,等.2008.县域土地集约利用评价及利用模式探讨——以兴化市为例.甘肃农业,(3):68-70

韦东.2007.城市土地集约利用评价研究——以河南省城市为例.开封:河南大学硕士学位论文

魏伟,周婕,许峰.2006.大城市边缘区土地利用时空格局模拟——以武汉市洪山区为例.长江流域资源与环境,15(2):174-179

吴晓青,胡远满,贺红士,等.2008.SLEUTH 城市扩展模型的应用与准确性评估.武汉大学学报信息科学版,33(3):293-296

吴郁玲,曲福田.2007.中国城市土地集约利用的影响机理:理论与实证研究.资源科学,29(6):106-113

向军,唐国淘,伍多.2009.土地集约与节约利用模式研究——以湖南省江华县为例.北京农业,(10):71-73

徐亮,胡海霞,郑黎元.2001.元通镇居民点规模布局的分形研究与规划.经济地理,(21):150-153

徐忠国,葛吉琦,钟太洋.2001.城市土地集约利用的研究.上海土地,(5):26-28

闫广武.2003.元胞自动机与人工生命研究进展.吉林大学学报(理学版),41(1):40-44

杨青生,黎夏.2006.基于动态约束的元胞自动机与复杂城市系统的模拟.地理与地理信息科学,22(5):10-15

杨青生,黎夏.2006.基于粗集的知识发现与地理模拟——以深圳市土地利用变化为例.地理学报,61(8):882-894

杨青生,黎夏.2006.基于动态约束的元胞自动机与复杂城市系统的模拟.地理与地理信息科学,22(5):10-15

杨青生,黎夏.2007.遗传算法自动获取 CA 模型的参数——以东莞市城市发展模拟为例.地理研究,26(2):229-237

杨树梅.2007.城市土地集约利用的内涵及其评价指标体系构建.经济问题探索,(1):27-30

杨小雄,刘耀林,王晓红,等.2007.基于约束条件的元胞自动机土地利用规划布局模型.武汉大学学报:信息科学版,32(12):1164-1167

杨小雄,刘耀林,王晓红,等.2007. 基于约束条件的元胞自动机土地利用规划布局模型. 武汉大学学报:信息科学版,
    32(12):1164-1167

杨应奇.2006. 村居集约用地的苏南模式. 中国国土资源报,(5):

杨重光,吴次芳.1996.中国土地使用制度改革十年.北京:中国大地出版社

于春艳.2005. 城市土地集约利用探讨. 安徽农业科学,33(7):1333-1334

于苏俊,张继,夏永秋.2006. 基于遗传算法的可持续土地利用动态规划. 长江流域资源与环境,15(2):180-184

岳书平,张树文,闫业超,等.2007. 东北典型农区土地利用变化的生态效应研究——以公主岭市为例. 干旱区资源与
    环境,21(7):64-68

张岩,李京,陈云.2007. 利用 SLEUTH 模型进行北京城市扩展模拟研究. 遥感信息,(2):535-541

张岩,李京,陈云浩.2007. 利用 SLEUTH 模型进行北京城市扩展模拟研究. 遥感信息,(2):50-54

张岩,李京,陈云浩.2007. 利用模型进行北京城市扩展模拟研究. 遥感信息,(2):50-54

张宇硕,白永平.2010.甘肃省城市土地利用集约度时空差异研究.现代城市研究,(12):71-77

张正芬.2008. 上海郊区农村居民点拆并和整理的实践与评价. 上海:同济大学硕士学位论文

赵丽,付梅臣,张建军,等.2008.乡镇土地集约利用评价及驱动因素分析.农业工程学报,24(2):89-94

赵思凡.2009. 对集约用地内涵的再思考——基于对香港城市土地集约利用模式的分析. 中国土地科学,23(8):73-77

赵姚阳,濮励杰,胡晓添.2006.BP 神经网络在城市建成区面积预测中的应用——以江苏省为例. 长江流域资源与环
    境,15(1):14-18

曾辉,刘国军.1999. 基于景观结构的区域生态风险分析. 中国环境科学,19(5):454-457

甄江红,成舜,郭永昌,等.2004. 包头市工业用地土地集约利用潜力评价初步研究.经济地理,24(2):250-253

郑丙辉,郅永宽,郑凡东,等.2002. 滇池流域生态环境动态变化研究. 环境科学研究,15(2):16-33

郑丙辉,郅永宽,郑凡东,等.2002. 滇池流域生态环境动态变化研究. 环境科学研究,15(2):16-33

郑新奇.2004. 城市土地优化配置与集约利用评价. 北京:科学出版社

朱喜刚.2005. 城市空间集中与分散论. 北京:中国建筑工业出版社

Barredo J,Demicheli L,Lavalle C,et al. 2004. Modelling future urban scenarios in developing countries:an application case
    study in Lagos,Nigeria. Environmentand Planning B:Planand Design,2004(32):65-84

Batty M,Xie Y. 1994. From cells to cities. Environment and Planning B:Planning and Design Supplement,21(7):S31-S48

Batty M. 1999. Modeling urban dynamics through GIS based cellular automata. Computer,Environment and Urban Systems,
    23(3):205-233

Clarke K C,Gaydos L J. 1998. Loose-coupling a cellular automaton model and GIS:Long-term urban growth prediction for
    SanFrancisco and Washington/Baltimore. International Journal of Geographical Information Science,12(7):699-714

Clarke K C,Hoppen S,Gaydos L. 1997. A self-modifying cellular automaton model of historical urbanization in the San Francisco
    Bay Area. Environment and Planning B:Planning and Design,(24):247-261

Clarke K C,Hoppen S,Gaydos L. 1998. A self-modifying cellular automaton model of historical urbanization in the San Francisco
    Bay Area. Environment and Planning B:Planning and Design,(24):247-261

Clarke K C, Hoppen S. 1997. A self-modifying cellular automaton model of historical urbanization in the San Francisco
    Bay area. Environment and Planning B:Planning and Design,24(2):247-261

Dietzel C,Clarke K C. 2004. Spatial differences in multi-resolution urban automata modeling. Transactions in GIS,8(4):
    479-492

Dietzel C,Clarke K C. 2006. The effect of disaggregating land use categories in cellular automata during model calibration and
    forecasting. Computers,Environment and Urban Systems,30(1):78-101

Hall C A S,Tian H,Qi Y,et al. 1995. Modeling spatial and temporal patterns of tropical land use change. Journal of Biogeogra-
    phy,(22):753-757

Hazen B C,Berry M W. 1997. The simulation of land-cover change using a distributed computing environment. Simulation
    Practice and Theory,5(6):489-514

Jantz C A,Goetz S J,Shelley M K. 2003. Using the SLEUTH urban growth model to simulate the impacts of future policy
    scenarios on urban land use in the Baltimore-Washington met ropolitan area. Environment and Planning B:Planningand De-

sign,(31):251-271

Jantz C A,Goetz S J,Shelley M K. 2003. Using the SLEUTH urban growth model to simulate the impacts of future policy scenarios on urban land use in the Baltimore-Washington metropolitan area. Environment and Planning B:Planning and Design,(30):51-71

Jantz C A,Goetz S J,Shelley M K. 2004. Using the SLEUTH urban growth model to simulate the impacts of future policy scenarios on urban land use in the Baltimore/Washington metropolitan area. Environment and Planning B:Planning and Design,31(2):251-271

Jantz C A, Goetz S J. 2005. Analysis of scale dependencies in an urban land use change model. International Journalof Geographical Information Science,19(2):217-241

Jantz C A, Goetz S J. 2005. Analysis of scale dependencies in an urban land-use-changemodel. International Journal of Geographical Information Science,19(2):217-241

Lee D R,Sallee G T. 1970. A method of measuring shape. The Geographical Review,(60):555-563

Li X, Yeh A G O. 2002. Neural-net work-based cellular automata for simulating multiple land use changes using GIS. International Journal of Geographical Information Science,16(4):323-343

Li X,Yeh A G O. 2004. Data mining of cellular automata´s transition rules. International Journal of Geographical Information Science,18(8):723-744

López E,Bocco G,Mendoza M,et al. 2001. Predicting land-cover and land-use change in the urban fringe:a case in Morelia city,Mexico. Landscape and Urban Planning,55(4):271-258

Oguz H,Klein A G,Srinivasan R. 2007. Using the sleuth urban growth model to simulate the impacts of future policy scenarios on urban land use in the Houston-Galveston-Brazoria CMSA. Research Journal of Social Sciences,(2):72-82

Pijanowski B C,Brown D G,Shellitoc B A,et al. 2002. Using neural networks and GIS to forecast land use changes:a land transformation model Computers. Environment and Urban Systems,26(6):553-575

Pontius Jr R G,Huffaker D,Denman K. 2004. Useful techniques of validation for spatially explicit land-change models. Ecological Modeling,179(4):445-461

Silva E A, Clarke K C. 2002. Calibration of the SLEUTH urban growth model for Lisbon and Porto, Portugal. Computers, Environment and Urban Systems,26(6):525-552

Silva E A, Clarke K C. 2002. Calibration of the SLEUTH urban growth model for Lisbon and Porto, Portugal. Computers, Environment and Urban Systems,26(6):525-552

Skinner G W. 1964. Marketing and social structure in rural China. Journal of Asian Studies,(24):3-34

Soleck W D,Oliver C. 2004. Downscaling climate change scenarios in an urban land use change model. Journal of Environmental Management,(72):105-115

Syphard A D,Clarke K C,Franklin J. 2005. Using a cellular automaton model to forecast the effects of urban growth on habitat pattern in southern California. Ecological Complexity,2(2):185-203

Wang Y Q,Zhang X S. 2001. A dynamic modeling approach to simulating socioeconomic effects on landscape changes. Ecological Modelling,140(122):141-162

Wickham J D,O'Neill R V,Riitters K H,et al. 2002. Geographic targeting of increases in nutrient export due to future urbanization. Ecological Applications,(12):93-106

Wu F L,Webster C J. 1998. Simulation of land development through the integration of cellular automata and multi-criteria evaluation. Environment and Planning B:Planning and Design,25(1):103-126

Wu F,Webster C J. 2000. Simulating artificial cities in a GIS environment:urban growth under alternative regulation regimes. International Journal of Geographical Information Science,14(7):625-648

Wu F. 1998. SimLand:a prototype to simulate land conversion through the integrated GIS and CA with AHP-derived transition rules. International Journal. Geographical Information Science,12(1):63-82

Xie Y,Batty M. 2003. Integrated Urban Evolutionary Modeling. Southampton:Presented at Geocomputation

Yang X,Lo C P. 2003. Modelling urban growth and land scape change in the Atlanta metropolitan area. International Journal of Geographical Information Science,17(5):463-488

第5章 生态约束下高原湖滨城市(镇) 土地集约利用模式研究

5.1 高原湖滨城市(镇)土地集约利用模式的理论研究

5.1.1 国内外湖滨地区生态保护和生态型土地利用模式概述

1. 国内外湖滨地区生态保护

湖滨带是水陆生态交错带(aquatic-terrestrial ecotone)的简称,是湖泊水生生态系统与湖泊流域陆地生态系统间一种非常重要的生态过渡带。湖泊水污染及富营养化的防控是世界性的难题。自20世纪50年代以来,世界各国在湖泊水污染与富营养化防控方面开展了大量工作。美国1972年启动清洁湖泊计划,从1975年以来,美国政府连续拨款支持湖泊恢复的研究和技术发展,包括湖泊营养状况分类、恢复计划实施的可行性研究以及恢复项目实施的反应评价等。1991年美国又提出针对受损河流、湖泊和湿地的生态修复计划。美国国家环境保护局还出台了《美国流域水环境保护规划手册》,用以指导流域规划;同时开展俄亥俄州"老妇人河"湖滨生态工程等。德国近几十年也实施了湖滨带恢复工程,根据湖泊特点铺设网状下水管道,取得一定的效果。澳大利亚在Capel附近修建了一个用于沉积稀有金属矿砂的湖泊群,通过种植水生植物来恢复湿地生态系统。印度通过禁止放牧、禁挖草坪、污水分流与处理等措施来恢复已退化的河岸生态系统。日本的琵琶湖主要采用工业污染治理、下水管道铺设和芦苇群保护等措施来治理水质。美国和加拿大五大湖区主要利用各种规范措施抑制湖区工业、农业和生活污染源的扩大和增加。

我国从20世纪80年代以来,开始重视湖泊污染与富营养化问题。侯长定(2003)针对抚仙湖的污染情况,提出抚仙湖湖滨带生态治理构想。颜昌宙等(2003)对云南洱海湖滨带进行功能区划,提出高、中、低3个目标的生态重建方案。陈静等(2007)对湖滨生态湿地建设工程实施过程中征地工作难度大的问题提出编制规划控制土地的无序开发、调整农业产业结构等对策措施及建议。虞锡君(2007)分析太湖流域水生态补偿机制的两种形式及政策框架。赵果元等(2008)介绍洱海湖滨带生态修复和重建。从我国治理湖泊污染的时间看,以流域为单元的湖泊水环境管理刚刚起步,尽管在探索中形成松辽管理模式、江西山江湖模式与太湖流域管理模式,但多以行政区域管理为主,流域管理实践还比较薄弱。

2. 国内外生态型土地利用模式

国外对土地利用中生态问题的研究由来已久。到20世纪90年代以后,世界上很多国家特别是发达国家对土地的生态利用及保护非常重视。例如,德国在其州际层次上,就特别强调对生态优势地区的土地利用规划。澳大利亚城市生态协会针对城市问题的不可持续特征,提出生态城市发展原则。日本通过生态建设常态化的城镇发展理念,将密集集约的城市规划作为一个有机体进行呼吸,与自然进行对话,使环境与便利性相互协调,城镇与自然景观配合融洽,逐步实现城市生态化。美国的伯克利、澳大利亚阿德莱德、瑞典马尔默等都是将生态建设理念贯穿于城市建设的始终,形成了三维的、一体化的复合模式,从而大幅度减少对自然的"边缘破坏",防止城市蔓延,使城市回归自然。

　　我国关于生态型土地利用的研究起步较晚,随着生态环境不断被破坏,环境污染加重,围绕环境友好型社会的建设,我国学者逐渐开始重视生态型城市及生态型土地利用模式的研究。杨子生等(2007)以云南省为例进行中国山区生态友好型土地利用的研究,提出相应的框架体系与发展模式。张春轶(2007)以新疆策勒县为例,对环境友好型土地利用模式进行研究。贾亚男(2008)对西南典型岩溶地区生态型土地利用模式进行了有益的探索。周宾等(2010)通过对嘉峪关市的土地利用现状进行分析,结合嘉峪关市未来土地利用发展需求,参照国家有关标准,构建了循环生态型土地利用战略。王恒伟(2010)以城市生态健康为导向,对基于生态健康的城市土地集约利用问题进行研究。袁薇锦(2011)根据生态城市理论对城市土地生态集约型利用问题进行初步的研究。同时,许多学者围绕生态学理论,对国内生态城市建设进行了大量的理论与实证研究。这些研究,为生态约束下高原湖滨地区城市(镇)土地集约利用模式研究提供了有益的参考。

5.1.2　国内外城市土地集约利用模式

1. 城市土地集约利用主要理论

　　随着可持续发展思想和城市规划理念的发展和时代的进步,在城市土地利用的空间结构形态方面,出现新的具有代表性的理论。例如,"精明增长"理论,其核心内容是用足城市存量空间,减少盲目扩展;加强对现有社区的重建,重新开发废弃、污染工业用地,以节约基础设施和公共服务成本;城市建设相对集中,密集组团,生活和就业单元尽量拉近距离,减少基础设施、房屋建设和使用成本。紧凑城市理论,紧凑城市是一种集中的城市形态,紧凑城市思想反对城市的无控制蔓延和无节制的浪费,强调充分利用城市土地资源,提高城市空间的使用效率和集约化程度,降低城市的交通需求,积极发展公共交通系统,减少环境污染和能源消耗,遏制城市蔓延,保护农村土地和生态环境,实现城市的可持续发展。新城市主义理论,新城市主义倡导重新回到传统城镇的设计,并将之与现代生活结合,以找到一种城市发展的途径,在区域、村镇和邻里 3 个尺度内分别相应地提出发展模式,提倡构建合理的街道网络,以合理的步行距离范围去规划各种活动,使自然环境与社区紧密结合,其最终目标是要通过对区域和地方规划的调整,加快旧城改造,限制新区开发,在郊区进行填充式建设。生态城市理论,生态城市是根据生态学原理,综合研究社会-经济-自然复合生态系统,通过生态整体规划设计实现社会-经济-自然复合系统的协调,使居民在其中幸福而安全地生活,达到人-自然和谐与可持续地发展。

2. 国外城市土地集约利用实践模式

随着社会经济的发展,生态环境的不断恶化,城市扩展问题越来越严峻,各国都十分重视本国城市土地集约利用问题,在总结以往城市土地利用过程中的经验教训基础上,相继调整本国城市土地利用策略,加强城市土地利用的法律、规划效力与管理水平以及土地科学领域的研究,以提高本国土地可持续利用能力,其中以美国、日本、新加坡以及欧洲等国为代表。

1)美国的城市土地集约利用模式

20世纪80年代后期,美国出现一种城市无限制低密度扩展的"城市蔓延"现象,为了应对城市蔓延所带来的各种问题,美国政府制定了各种各样的国家政策,用以管理城市增长、保护开敞空间,并提出"精明增长"理论。美国规划界将其归纳为十大原理:①土地的混合使用。②设计紧凑的住宅。③能满足各种收入水平人群的符合质量标准的住宅。④适合步行的社区。⑤具有自身特色,极具场所感和吸引力的社区。⑥保护开敞空间、农田和自然景观以及重要的环境区域。⑦强化已有社区。⑧多种选择的交通方式。⑨城市增长的可预知性、公平性和成本收益。⑩公众参与。在此基础上,提出城市增长边界模式、TOD发展模式和"棕色地"再利用模式。城市增长边界的核心是通过划定城市周边的自然资源和生态敏感区域等限制发展区,以此为基础规划城市发展区,将城市周边的生态基础设施当做一种开放空间来看待,从而起到保护土地生态的作用。TOD是以公共交通为导向的开发模式,一个布局紧凑、功能混合、适宜步行的社区,可以说是一种特殊的用地单元。"棕色土地"再利用是指以前被利用过但现在没有被完全利用的土地进行再开发利用,主要是在经济激励上对"棕色土地"再开发上给予一定的优惠政策,促使"精明增长"的实现。

2)新加坡城市土地集约利用模式

新加坡位于东南亚马来半岛最南端,领土由新加坡岛和附近54个小岛组成,是一个典型的花园城市国家。其土地利用模式主要表现在3个方面:一是建立各种花园;二是建立高密度型的居住、交通、办公等土地利用方式;三是各种建筑大都向纵深发展。新加坡的房地产主要由政府组屋和完全市场化的私人住宅组成,其中组屋占80%。公共住房集中、集约用地,增加了土地的使用效率。商业园内包括3种主要经济活动,即无污染的高新技术工业生产、普通办公(科技研发)和商业销售,在土地利用上,这3种形式的经济活动用途是相互兼容的,可以分配在同一座建筑和同一个地块中,极大地节约了商业用地面积。在工业用地方面,采用优化年租政策,在工业园的开发中保证土地的持续升级,这也是新加坡土地利用效益能够持续得以提升的主要因素之一。在交通用地方面,新加坡以其健全高效的道路交通网络,合理的交通管理与协调战略,前瞻性的土地使用与城市扩展政策,发达的智能交通系统,在集约利用交通用地中成功地实现了可持续发展的绿色交通。此外,新加坡土地规划给予用地在功能上更有弹性的发展空间,也给未来不可预测的功能留有发展空间。除污染性用地外,白色用地可容许多种土地类别。它被设于重要节点,如地铁附近、滨海湾等。

3)英国城市土地集约利用模式

英国是现代城市规划的发源地,1909 年就建立了土地规划制度,1947 年作了进一步的修改,形成了完善的土地利用规划制度。英国历来十分重视控制城市土地的开发,英国的城市土地规划是由完善的立法系统和强有力的执法系统构成的。其中,立法系统包括制定城市土地利用规划法案和编制具有法律约束力的开发规划,执法系统则是指以签发规划许可控制地区的土地开发活动。英国通过不同法令严格控制城市土地的开发,抑制城市的盲目扩展。英国从 20 世纪 50 年代开始建立城市绿带,目的是为了控制城市过度外延、减少乡村土地被占用和保护环境,为了节约用地,英国政府特别重视存量土地的开发,主要利用存量土地进行开发建设,英国每年有大约 60% 的新住宅要在已开发土地(存量土地)上建设;中央政府还制定了多种政策,鼓励和支持对工矿废弃地的改造,实现工矿废弃地的高效充分利用。

4)德国城市土地集约利用模式

德国历来很重视土地的可持续利用,将空间规划体系与其法律体系紧密结合,对不同层次的空间规划都有相应的法律文件对其目的、原则、主导思想以及功能作出规定(周颖等,2006)。德国在经过近 20 年的城市发展探索的实践过程中,摸索出许多有效利用城市空间的办法,并于 1996 出版了《可持续的城市发展——面向资源保护和环境保护的城市艺术》一书,书中对城市土地和开放空间利用等方面进行分析和总结。制定了可持续的土地和开放空间政策的主要目的,一是出于居住区建设目的,确实有效地减少土地资源的消耗;二是优先土地利用方式,提高居住密度,实现城市功能的整合;三是在数量和质量上,对居住区的扩张进行平衡和调节,防止土地浪费,并依据目标,制定主要措施,如对现有建筑用地进行再度开发利用,通过提高居住密度和城市功能的整合,节约土地资源,对居住区扩张采取补偿、调节和平衡措施,通过规划和税收手段进行建筑用地的供需调节,现有建筑用地的优先重新利用,减少居住区空隙的土地浪费等,将城市用地规划和修建性规划、景观规划、绿地规划、景观抚育规划等结合起来,形成稳定、科学的居住区和城市建设指导性文件,以规范居住区和城市的建设(王洪涛,2003)。

5)欧洲土地多功能集约利用模式

随着社会经济的发展,城市已经成为欧洲社会的多功能中心,它不仅带动国民经济的持续发展,同时也承载着超过 80% 的社会人口。为了实现城市土地集约利用的目标,欧洲许多国家都相继采用紧凑城市理念重新审视城市的建设,控制一定的人口规模,大力发展公共交通,减少城市对周边地区及其生态环境的负面影响等。同时,十分注重城市土地的多功能利用。所谓城市土地多功能集约利用,就是在不同时段、对大量用于满足不同功能需求的城市土地进行集约配置和高效使用,为城市居民、工作者和旅游者提供高质量服务和适宜的区域环境。其主要实现途径包括 4 个方面:①复合多种功能,即单一功能分别需要大量土地,通过在一定量、可利用土地上对多种功能进行组合,达到节约土地利用总面积的目的;②加大服务于单一功能土地的空间利用强度;③空间多层利用,即从土地的三维空间出发(包括地下部分),在尽可能小的地块上实现尽可能多的利用目的;④时间集约,即每一个时期土地利用都要尽可能为多个目标服务,同时在每天的不同时段土地利用也应该有不同的用途(喻峰,2010)。欧洲各国的普遍做法,一是对城市内部的低效和废弃地进行改造与再开发利用;二是对城市用地功能进行空间布局,如商业、居住、办公和车辆停放等不同功能的立体空间布局;三是充分开发利用地下空间;四是构建合理高效的交通体系;五是控制城市的蔓延与扩展。

6) 日本城市土地集约利用模式

日本是一个人口众多的岛国,土地资源十分稀缺,用地矛盾非常突出。日本城市土地集约利用是与城市规划密切相关的:一是密集集约的城市规划;二是作为一个有机体进行呼吸,与自然进行对话的城市规划;三是环境与便利性相互协调的城市规划。日本还很重视环境的保护,确立国土利用的基本方针时优先发展公共福利、保护自然环境,同时实施大都市发展战略,形成以都市圈为中心,以大城市为骨干,分别布置 3 套相对独立的产业结构的城市化和工业化道路,减少重复建设对土地的占用,土地集约程度很高。进入 21 世纪,日本政府又提出分散首都职能和都市产业职能,严格管制土地交易,进一步完善土地利用规划;促进住宅供给,促进土地有效利用,管治土地相关融资,确保土地相关负担的合理化;推进公平、公正、合理的土地估价制度,充实、完善土地信息系统,启发及普及土地基本理念的土地利用的基本方针。在都市规划法的理念基础上,根据各地的特殊情况采取适当措施,重点是要细致地应对土地的有效高度利用,低利用及未利用土地的活用,有计划地推进再开发,更新都市机能和保全良好的环境。除了开放容积率的限制,诱导开发商到市中心建设住宅,以提高土地的集约利用效益以外,日本还强调加强防灾避难区域和避难道路的建设,将废弃的工厂遗址及填埋形成的土地都列入到城市开发用地范围,促进居住与工作接近的住宅提供方式,促进土地的流动;积极推进城市中心闲置土地的转换利用,与低利用及未利用地的集约相结合,引导公益设施及市中心住宅的建设。同时,日本还十分重视城市建设与生态环境的协调,如日本的千叶市在规划上十分重视自然景观的保留,精心规划城市地区的湖泊、河流、山地、森林等,将其与市民交流活动设施紧密结合并辅以相应的景观设计,形成十几个大小不一、景观各异、均匀分布于城区的开放式公园。

目前,从各国城市土地集约利用的模式与策略来看,一是国外十分重视城市土地集约利用理论的研究,如"精明增长"理论、"新城市主义"理论、"紧凑城市"理论和"生态城市"理论。二是国外高度重视城市土地集约利用的规划设计和建设的可操作性,设计的理念和思路比较具体,结合了各国城市社会的现实问题,强调因地制宜,注重理论联系实际。三是制定了长期和短期的发展目标并围绕这些目标采取切实可行的措施。

3. 国内城市土地集约利用实践模式

1) 旧城改造模式

随着城市的不断发展,旧城区的各项设施状况往往不能满足当前城市发展的需要,出现基础设施老化、土地利用结构不合理、土地利用率偏低、生态环境恶化等情况。但是,旧城区又是城市区位条件较好、城市发展基础较强的地区,在城市土地集约利用方面的潜力较大,是各城市土地集约利用的主攻方向之一。

在我国各城市旧城改造的过程中也探索出一些有益的操作模式,如以政府为主导的强制改造模式、以规划和市场为主导的土地收购储备模式、以业主为主导的自主改造模式等。

政府主导的强制改造模式是城市土地集约利用较早的改造模式,其主要是政府根据公共利益需要,依法授权拆迁主体对城市旧城区特定区域行使强制拆迁权利。一般对老的居住小区、街区的改造等往往采用此种模式。此模式拆迁的效率较高,时间周期较短,但政府的财政压力较大,一旦存在资金和规划等问题往往造成安置的问题。早在1988年广州市以政府为主导推动越秀区的东风小区和荔湾区的金花小区改造,由于回迁问题未解决,直到2004年两小区的改造仍没有完成。

以规划和市场为主导的土地收购储备模式,是对土地所有权和使用权进行调节的转换机制,主要适用于城市内部“退二进三”的工业企业用地的置换。此种模式以城市规划为主导,引入市场机制,充分利用土地级差地租效应,合理引导城市土地的集约利用,是我国目前普遍采用的城市土地集约利用操作模式之一。例如,天津市的“双优化工程”和深圳市的“统储统供”等,都采用土地储备的方式合理引导旧城改造,优化城市内部用地结构,提高城市土地集约利用水平。

以业主为主导的自主改造模式是指在不变换土地权属的基础上对土地建筑和附属物进行改造。该模式比较适合零散的片区改造,如企事业单位家属区的改造、小型商业街区的改造等,一方面可以分担政府改造的财政压力,另一方面拆迁安置的自主性较高,矛盾较小。

2) 开发区挖潜模式

各地十分重视开发区土地集约利用。国土资源部于2007年制定出台了《开发区土地集约利用评价规程(试行)》,对开发区土地集约利用程度与集约利用潜力进行严格规范。从总体来看,各地区在开发区土地集约利用方面走着“存量挖潜、拓展立体空间、设立政策门槛与制度创新”的道路,比较有代表性的是苏州市开发区土地集约利用模式。一方面苏州工业园区提出“无地招商”,鼓励已经投产的企业,在不新占土地的前提下,充分挖掘自身土地资源的潜力,在扩大生产规模时尽可能立体式发展,鼓励建造多层厂房与高层公寓房;另一方面昆山经济开发区提出“企业投资要有强度、配套用地要有限度、地上建筑要有高度、产业转移要有梯度”的“四有”方针,严格执行开发区土地集约利用政策。

3) 城中村改造模式

城中村是指城市建成区或发展用地范围内处于城乡转型中的农民社区。从地域上,城中村已经被纳入城市的范围,但其生产生活条件与基础设施条件与城市还有较大差距。一般为低矮密集,具有一定规模的建筑群,缺乏统一规划,建筑密度和居住率很高,违章建筑和私搭乱建多,城市基础配套设施缺乏,缺少必要的城市公共绿地、文化、体育、休闲设施等。所以,城中村是城市化过程中形成的一种新的“城市病”,严重影响城市化的质量,对城市的持续发展和社会进步产生严重影响;同时,也是城市土地集约利用潜力较大,在城市发展中急需解决的问题。

目前,城中村改造模式主要有3种,一是政府改造模式,二是村民自主改造模式,三是村民、开发商、政府三方结合改造模式。城中村改造实施时间较长的深圳、珠海、广州、杭州等发达城市的城中村改造实践基本上都采用这3种模式,或在这些模式基础上根据城中村的特征条件进行适当的演化,并取得很好的成果,不但有效地拓展城市发展空间,还解决了城中村的一系列社会性问题。

4)整体布局优化模式

整体布局优化是指城乡用地优化和城市内部的布局优化,一般需要较高的社会经济发展对其支撑。上海市就是整体布局优化的典范。上海市注重把城乡规划的控制与疏导作用贯穿于节地挖潜工作的全过程,一方面加快对城区内土地的再开发力度,包括对再开发后的土地使用性质、开发强度以及再开发的时序等作出安排;另一方面在对郊县城镇的规划控制与引导中,明确提出"三个集中"的原则,即农村人口向集镇和中心村集中、乡镇企业向工业园区集中、耕地向农场集中,并成功进行浦东新区的开发。上海市在新一轮总体规划中注意根据土地使用的功能分区,以及社会、经济、环境的发展要求,充分发挥地域经济效益,确立开发强度(特别是容积率、建筑总量)的级别分区,成功完成跳跃式的城市扩展。

5)长沙节地模式

长沙市积极探索土地集约节约利用模式,以新河三角洲为试点,探索在新河三角洲近1.5km^{2}的老城区改造中率先采用人车竖向分流的节地模式。三角洲地区改造范围147.2 hm^2,人口28 270人,老企业152个,需拆迁房屋46.7万m^2。通过效益分析,按传统方式改造,公共设施需要政府财政出资,投入产出无法平衡。人车分流方案与原平面设计方案相比,总建筑面积由300余万m^{2}增至近600万m^2,容积率由2.0增至2.8,开发强度提高40%,相当于节约土地58.6hm^2,绿地率由30%提高到50%以上,达到很好的集约节约用地效果。

6)南京的地下空间开发模式

随着城市土地集约利用的深入发展,许多城市将城市用地方向转向地下,充分开发地下空间,以提高城市土地利用效率,其中南京市是我国利用地下空间较早的城市之一。2003年年底全市地下空间包括人防工事、普通地下室、隧道、人行地下街道等建筑面积合计为175万m^2,其中主城区163.9万m^2,占93.6%(蔡云鹏,2007)。南京市目前已制定了《南京市人防工程与地下空间开发利用总体规划》,用以全面指导地下空间的开发利用,充分利用地下空间弥补城市地上空间的不足,采用立体开发模式不断提高城市土地集约利用水平。

4. 国内城市土地集约利用理论模式

1)环境友好型土地集约利用模式

环境友好型土地集约利用模式是以环境建设为基础,主要从生态城市、生态健康等方面出发构建土地集约利用模式。田光明(2008)在研究基于产业空间集聚的土地集约利用过程中,提出生态型土地集约利用空间发展模式,认为生态型土地集约利用空间发展模式是在结构型土地集约利用的基础上更高层次的利用模式,它具有开放性、非平衡性、非线性、突变性、多尺度性、有序性、自相似性、不确定性、综合性、层次性、高维性等特性。生态型土地集约利用空间发展模式与城市空间发展紧密相连,在集聚扩散往复循环发展的过程中,伴随着土地利用的复杂性和层次性的增长,要求产生新的空间结构和城市环境系统,通过选择、复制和进化,发展出更高层次的多样化空间形态,以满足城市发展的需要。另外,以乌鲁木齐为例进行城市内部土地集约利用模式、城市外围土地集约利用模式、城市区域空间关联模式的研究。李丽华(2008)在进行北京城乡结合部土地集约利用中提出生态工业型土地集约利用模式。其模式主要是在生态环境容量范围内高效发展工业,合理布局,保护环境,全面实现经济效益和生态效益。王恒伟(2010)基于生态健康构建了重庆市渝北区城市土地集约利用模式,提出重庆市渝北区未来应走生态集约型、低扩展型的城市发展模式。

2) 统筹联动型土地集约利用模式

所谓统筹联动土地集约利用模式是指,以产业、城乡和区域宏观调控发展为对象的整体性推动土地集约利用。曲福田等(2008)指出,基于产业转移和区域统筹发展的目的,应在土地统筹联动开发模式中明确规定由政府计划调节;配合产业转移和区域核心转移,应当建立起前后双向的产业关联链、城乡用地指标挂钩链和区域财政转移支付链等。此种模式要求,一方面加快地区间产业转移与产业联动发展,延长产业链,促进欠发达地区新增长极的形成;延长产业链,拉动经济发展,促进经济发展较好地区的产业结构调整与升级。另一方面,是用地指标挂钩政策下的多核心、区域平衡发展策略的制定,主要包括:新增用地与已批未用的存量闲置土地挂钩;新增用地与城市、村庄整理挂钩;新增建设用地与区域间异地开垦土地置换挂钩。

3) 交通发展型城市土地集约利用模式

目前,我国较多的特大与大城市轨道交通系统已经进入大规模快速建设阶段。北京市、上海市、天津市、深圳市、广州市与南京市等都已有城市地铁线路,此外杭州市、哈尔滨市和昆明市等22个城市已经获批开始修建城市地铁,石家庄市等5个城市正在积极申报地铁项目。从相关实践经验来看,轨道交通必然对整个城市空间结构和土地使用产生巨大的影响。所以,城市交通模式与土地利用模式紧密关联,一方面密集的用地模式有利于公共交通的发展,交通技术的创新极大地提高了人们空间可达能力;另一方面分散的用地布局则促进小汽车交通的发展。鉴于此,我国应构建一体化"交通-土地利用"空间发展模式,城镇空间增长模式应为"高(快)速路导向的产业空间发展"+"快速公交导向的中、高密度人居空间发展"。由城市群发展"走廊"结合城市"发展轴"在区域层面上相互连接,构成多层次集约化的城市群空间网络结构(孙玉,2010)。

4) 空间布局型城市土地集约利用模式

城市土地集约利用离不开城市发展的空间格局。所谓空间布局型城市土地集约利用模式,主要考虑城市的区域空间结构对城市土地集约利用的效应,其中主要是城市群空间结构的研究。城市群空间结构是指各个城市的经济结构、社会结构、规模结构、职能结构等组合结构在空间地域上的投影。我国比较典型的城市群有长三角城市群、珠三角城市群、京津唐城市群等,通过城市群的建设可以有效分散各城市的功能,实现城市间的互补,优化各城市的空间用地布局,达到城市土地空间布局的优化,为城市土地集约利用提供方向性的指导,是宏观层面的城市土地集约利用模式。

5) 产业调控型城市土地集约利用模式

城镇化进程实质上是劳动力流、资本流、信息流、就业流和资源流等从农业向非农产业、从农村向城镇的转移,产业集聚和经济活动集聚的有效整合过程。根据劳动力、资本和技术3种生产要素在各产业中的相对密集度,把产业划分为劳动密集型、资本密集型和技术密集型产业。一般劳动密集型产业对土地的投入主要以劳动力和资本为主,以占地较多、生产粗放的行业为主,主要为轻工业部门。资本密集型产业对土地的投入主要表现在资本和技术的投入,主要资本密集型产业是指钢铁业、一般电子与通信设备制造业、运输设备制造业、石油化工、重型机械工业、电力工业等,资本密集型工业主要分布在基础工业和重加工业。技术密集型产业是指在生产过程中,对技术和智力要素依赖大大超过对其他生产要素依赖的产业。目前技术密集型产业包括:微电子与信息产品制造业、航空航天工业、原子能工业、现代制药工业、新材料工业等。不同产业有自身发展的特点,反映在土地利用方面也有所不同,所以要根据城市性质和功能定位合理选取产业主导的城市土地集约利用模式,并通过产业转移与升级,逐渐调整城市土地利用集约利用程度,实现产业调控下的城市土地集约利用。

5.1.3 生态约束下高原湖滨城市(镇)土地集约利用模式构建的基础理论

1. 区位理论

区位理论是关于人类活动的空间分布及其在空间中的相互关系的学说。土地区位包括两层含义:一是土地资源所处的位置或场所,二是土地利用项目在空间上的定位或布局关系。不同的区位具有不同的自然、经济、社会条件,相应地具有不同的经济效益,会形成不同的区位优势或区位劣势,促进或制约当地的发展。根据土地区位原则,比较利益原则或最低成本或最大利润原则,土地总是向收益最大的土地利用用途转变。根据土地区位理论,结合高原湖滨生态建设与保护的要求,合理优化城镇村空间布局,特别是城镇各功能用地的空间区位选择,实现生态约束下的城市(镇)土地集约利用。

2. 生态经济理论

生态经济学是生态学和经济学密切结合的科学,从总体上研究经济系统和生态系统之间的相互关系及其发展规律,具有很强的理论经济科学性质。生态经济学认为:①在资源的开发和利用之间,通常存在链状和网状的关系,而且与短链相比,长链循环转化环节增多,更有利于系统稳定和物质的多次利用,同时也可以提高系统的生产力。②生态经济系统中有一个生态阈值,在生态因子或经济因子的变化或经济系统作用于生态系统时,没有超过生态系统的承载能力,则系统会在各因子的相互反馈调节下得到补偿,从而保证其内部能量、物质转化率得到提高;相反,如果人类的经济活动超过生态系统的承载能力,就会出现系统失控、环境破坏和生态失衡等问题。③价值增值可以通过3种方式实现,首先是加环增值,通过增加一个或几个转化效率高的环节来延伸产业加工链,提高生态资源利用效率,生产出数量更多、品种更优的产品,实现价值的增值。其次是减环增值,适用于以自然力和自然能力为主的产业链,能量转化和经济产出水平较低难以达到高产型利用,为获得高产出,借助高技术方法来减少原来产业链的环节,从而取得高增值产品。最后是差异增值,通过产品的品质、外观、功能的差异和季节性差异以及习惯差异等,使价值和价格相背离,达到价值增值的目的。根据生态经济学理论,构建生态约束下城市(镇)土地集约利用模式应按生态经济要求优化各类建设用地的布局,降低经济发展对环境的污染与破坏。

3. 人地关系地域系统理论

吴传钧(2008)认为:人地关系地域系统是以地球表层为基础的人地关系系统,是由人类社会和地理环境两个子系统在特定的地域中交错构成的一种动态结构。人地关系地域系统理论作为现代地理学的核心理论,是20世纪90年代初由吴传钧院士提出的,其核心是将中国古代经典的"天地合一"思想、西方倡导的"人地和谐"理念,上升到区域的、系统的层次,侧重区域发展的过程、格局、机理与情景的综合研究,以期为科学协调人地关系的规划与决策提供科学依据。吴传钧认为,土地利用是人类生产活动及科学研究与自然环境的关系表现得最为具体的景观,通过研究土地利用不仅可了解到农业生产的核心问题,而且还可以了解人地关系的主要问题。

地理学以研究人地关系地域系统为核心,而土地利用是人与自然相关的核心,是地理学着力研究的问题。土地利用通过人类活动与土地结合获得物质产品和服务,是连接人与自然关系的纽带,因而是人地关系地域系统中最重要的一个环节。因此,生态约束下的城市(镇)土地集约利用应遵循人地关系地域系统的思想及其原理,指导土地集约利用理论模式的制定与实践。

4. 可持续发展理论

可持续发展是一个涉及经济、社会、文化、技术及自然环境的动态性综合概念,它有着丰富的内涵。贯彻落实可持续发展战略必须遵循以下基本原则:①公平原则,可持续发展强调发展应该追求两个方面的公平,即代内公平和代际公平。②持续性原则,是指人类的经济建设和社会发展不能超越自然资源与生态环境的承载能力。③共同性原则,由于世界各国的历史文化、发展水平等差异,其可持续发展的具体目标、政策和实施步骤可能不尽一致,但是可持续发展作为全球发展的总目标所体现的公平原则和持续性原则,则是必须共同遵从,必须采取全球的联合行动。

可持续发展具有两个鲜明的特征:一是发展的可持续性,即发展应能持续满足当代人和未来人的需要,达到现代人和未来人利益的统一。二是发展的协调性,即可持续发展既不是单指经济发展或社会发展,也不是单指生态可持续,而是指"生态-社会-经济"复合系统的可持续。因此,从三维结构复合系统出发,可持续发展是指能动地调控"生态-

社会-经济"复合系统,使人类在不超越资源与环境承载能力的条件下,促进经济发展,保护资源永续利用,提高生活质量。

5. 土地集约利用理论

土地集约利用可包括以下几个方面的含义:①某一块土地的利用程度或利用方式可能会直接影响到其他相邻或相近地块的利用状况,土地利用布局和结构是否合理决定了对土地增加投入所产生的综合效益,土地利用必须以区域整体合理布局、结构优化为前提。②土地集约利用的基本含义是通过增加土地投入来提高土地产出。从经济理论上分析,土地集约利用合理值应是土地边际投入等于边际产出时的投入值,低于这个值,土地的投入量越大则反映该城市土地的集约化程度越高。③在布局合理、结构优化的基础上,对单位土地进行资金和劳力投入后,其利用深度和精度直接反映了土地集约化程度的高低。在一定限度内,单位土地利用程度越高,表明土地集约化程度越高。④土地利用的目标是以最少的投入获得最大的效益。城市是一个多种社会、经济功能的综合体,土地集约利用不仅体现在经济投入和经济效益提高方面,还体现了社会、生态综合效益的提高。⑤土地利用是一个动态发展的过程,而不是一个静态的终极目标。随着社会经济的发展和科学技术的进步,土地的利用环境和利用效率会发生变化。因此,根据土地集约利用理论,结合生态约束的要求,合理优化区域城镇村用地空间布局,协调城镇用地功能,是构建生态约束下高原湖滨城市(镇)土地集约利用模式的重要内容。

5.2 生态约束下高原湖滨城市(镇)土地 集约利用模式框架构建

5.2.1 云南九大高原湖泊流域城镇村用地扩展对湖泊生态影响 的类型划分

综合考虑九大高原湖泊流域的污染类型、人口密度、城镇化水平、经济发展状况以及湖泊自然特征等因素,运用层次分析法确定各因素指标权重,再计算综合加权分值,并据此进行土地利用类型分类,共分3种土地利用类型。各高原湖泊流域社会经济与城镇化、城镇工矿用地特点和湖泊污染状况,见表5.1和表5.2。

表5.1 云南九大高原湖泊流域特点

湖泊名称	人均GDP/万元	流域人口密度/(人/km²)	TN/(mg/L)	TP/(mg/L)	污染综合指数	湖泊平均水深/m
滇池	29 515.0	1137.0	2.440 0	0.126 0	9.2	5.3
洱海	14 275.0	339.0	0.019 0	0.400 0	3.0	11.4
杞麓湖	11 368.0	1004.0	0.066 0	2.990 0	9.9	4.5
星云湖	13 753.0	500.0	0.125 0	2.120 0	9.5	6.1

续表

湖泊名称	人均 GDP/万元	流域人口密度/(人/km²)	TN/(mg/L)	TP/(mg/L)	污染综合指数	湖泊平均水深/m
抚仙湖	25 322.0	230.0	0.006 0	0.170 0	2.6	95.2
异龙湖	7563.0	481.0	0.046 0	2.070 0	7.5	3.9
阳宗海	6726.0	240.0	0.420 0	0.034 0	4.7	18.9
泸沽湖	4681.0	54.0	0.010 0	0.100 0	3.0	38.4
程海	2034.0	136.0	0.030 0	0.500 0	6.0	26.5

表 5.2　云南九大高原湖泊流域城镇工矿用地特点

湖泊名称	流域面积/km²	第二产业占GDP 比例/%	第三产业占GDP 比例/%	城镇工矿建设用地占流域土地面积比例/%	非农业人口占总人口比例/%	城镇人口占总人口比例/%
滇池	2920	42.42	55.40	7.94	60.48	63.04
抚仙湖	647.7	33.09	42.00	0.96	13.14	25.46
星云湖	373	26.73	44.08	0.98	8.09	22.93
杞麓湖	254.2	40.46	39.95	1.57	13.87	25.82
洱海	2565	47.22	41.73	1.03	26.77	29.31
泸沽湖	247.6	28.39	43.60	0.06	4.39	5.84
程海	318.3	37.46	32.08	0.15	3.83	5.56
阳宗海	192	39.95	36.45	1.46	10.44	23.81
异龙湖	360.4	26.17	32.12	0.24	17.76	26.50

　　第一类,滇池,特征是流域经济发展和城市化水平高,人口密度大,湖泊污染严重;城市(镇)工矿建设用地占流域土地面积比例高,扩展快,城市(镇)发展与湖泊生态保护的矛盾最尖锐。

　　第二类,洱海、星云湖、抚仙湖、杞麓湖、异龙湖、阳宗海,其共同特征是流域经济发展和城镇化水平较高,流域内有城市或县城或大型工业企业分布,同时农业经济较发达,城市(镇)工矿污染和农村污染都是湖泊污染的重要来源,近几年随着流域城市(镇)经济的发展,湖泊污染比较严重,城市(镇)发展与湖泊生态保护的矛盾比较突出;同时,控制农村非点源污染也是这 6 个湖泊污染治理不可忽视的重要方面。

　　第三类,泸沽湖和程海,特征是流域经济发展与城镇化水平低,传统农业生产是流域主要土地利用方式;流域内只有乡镇和村庄,工业化、城镇化对湖泊的干扰小,未出现城市(镇)发展与湖泊生态保护的矛盾。

5.2.2 构建生态约束下高原湖滨城市(镇)土地集约利用理论模式的依据

1. 已有国内外城市土地集约利用模式理论研究与实践成果

前述已有学术研究和实践经验表明,城市(镇)集约化发展是一个非常复杂的系统问题,涉及政治、经济、土地、交通、资源、环境等诸多方面,而城市土地集约利用仅是诸多问题在土地利用方面的反映。土地集约利用是个动态过程,城镇化发展的不同阶段,其土地集约利用的水平与标准也不尽相同。同时,土地集约利用模式还受城市(镇)的性质、自然地理位置、生态环境条件等诸多因素影响,各具特色,需要因地制宜,没有放之四海皆能通用的模式。另外,城市(镇)土地集约利用因为空间尺度不同具有多层次性,不同层次空间对城市(镇)土地集约利用有着不同的客观要求,如宏观层次的城市群空间布局,要求城市群中各城市有效进行城市产业与功能结构的整合,从城市性质与区域功能方面总体定位城市土地集约利用的主体方向;中观层次主要致力于城乡用地布局的优化与城市用地结构、布局的调整;微观层次重点考虑城市内部各项功能用地的有效整合与多功能、多角度的开发利用,以及各功能用地的集约模式与开发程度控制。我们可以图5.1说明城市化进程与土地集约利用模式选择的关系。从云南各高原湖泊流域城市(镇)化水平看,滇池流域显然已进入城市(镇)化后期,必须集约利用土地,走生态经济型城市发展道路。洱海、星云湖、抚仙湖、杞麓湖、异龙湖、阳宗海6个流域城镇化已进入

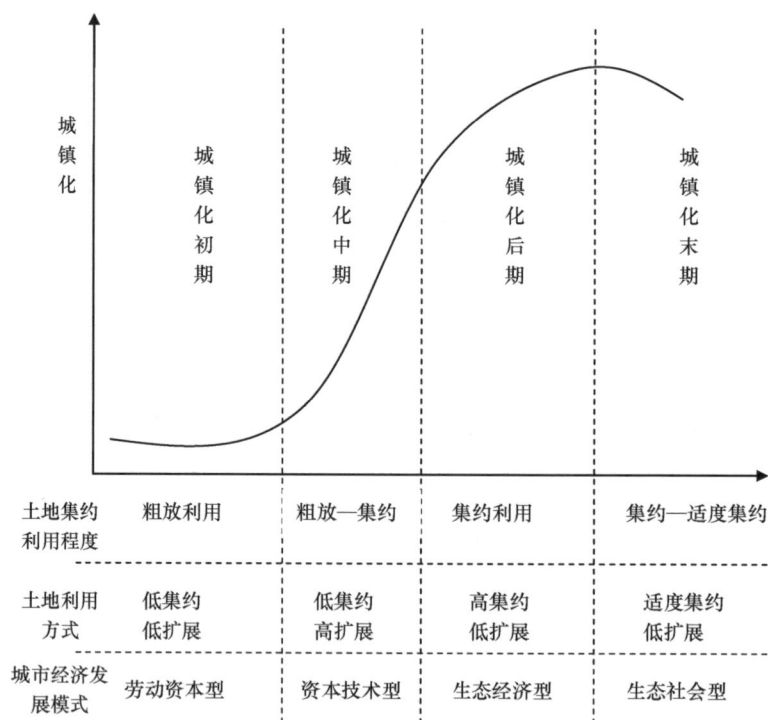

图 5.1 城镇化进程与土地集约利用关系(杨峰等,2010)

中期,城市(镇)发展与湖泊生态保护的矛盾正在显现。针对高原湖泊脆弱的生态环境,必须提早跨入生态经济型城市(镇)发展道路,适度控制湖滨城市(镇)扩张,提高城市(镇)土地集约利用水平。泸沽湖、程海目前仍处于城镇化初期,农村非点源污染控制是湖泊污染防治的主要内容,同时加强因旅游业带来的旅游小镇的规划控制和点源污染治理,通过城镇土地集约化利用、优化流域土地利用布局来防治湖泊污染的紧迫性没有其他湖泊大。

2. 对滇池流域生态约束下城市(镇)土地集约利用模式实验研究的成果

滇池流域城镇村建设用地扩展 4 种模式方案仿真预测模拟分析的结果显示:①生态约束可以抑制城市(镇)建设用地无序扩展、集约利用。②将生态约束与一般城市(镇)土地集约利用模式结合,是高原湖滨城市化用地模式的最佳选择。按照这种模式,高原湖泊流域大部分生态用地将得到保留,湖滨湿地等生态带保护得到强化,湖泊流域生态系统能够正常运行。同时,城市(镇)内部结构和布局以及城市(镇)外部形态将比较紧凑,城市(镇)综合容积率和地块土地利用强度提高,城市(镇)内部和周边的绿化水平及生态环境质量提高,能够达到既保护高原湖泊流域生态,又保障城市(镇)发展,同时土地利用集约度提高等多重目标。

5.2.3　构建生态约束下高原湖滨城市(镇)土地集约利用理论模式的指导思想、目标和原则

1. 指导思想

以科学发展观为指导,以高原湖泊流域生态保护为出发点,以湖滨城市(镇)土地集约利用、城乡建设用地布局优化为手段,本着"规划指导、生态优先、有序开发、集约利用、注重效益"的要求,进一步转变高原湖滨城市(镇)土地利用模式和利用方式,优化完善湖泊流域土地利用布局,强化湖滨生态建设,不断提高高原湖滨城市(镇)土地集约利用水平,实现高原湖滨经济发展与湖泊生态保护的良性循环和可持续发展。

2. 总体目标

生态约束下高原湖滨城市(镇)土地集约利用模式必须具有足够的生态用地和完整的生态景观网络,保证城市(镇)发展不破坏高原湖泊流域生态系统,不影响流域生态环境的良性循环;城市(镇)土地必须集约利用,通过不断提高人口和产业的集聚度以及土地利用集约化水平、优化城乡建设用地布局,尽量在人口增长、经济发展的形势下高原湖泊流域的城乡建设用地不增加或少增加。

3. 主要原则

(1) 坚持生态优先的原则

高原湖滨区有其生态环境的特殊性。高原湖泊流域海拔落差大,是垂直气候明显的

流域；湖泊补水条件有限，换水周期长，生态系统敏感脆弱，一旦造成污染治理恢复十分困难；目前已有多数高原湖泊受到较严重污染，湖泊水环境保护已十分急迫。根据云南省环境监测中心站2011年一季度监测数据，全省九大高原湖泊中，滇池、杞麓湖、异龙湖、星云湖的水质已经超Ⅴ类，阳宗海水质达到Ⅳ类，程海为Ⅲ类水质，洱海为Ⅱ类，只有抚仙湖、泸沽湖还保持着Ⅰ类水质。因此，在高原湖滨区发展城市（镇），必须坚持生态优先，优先保障湖泊流域生态系统功能正常运行，尽量降低城市（镇）发展对湖泊流域生态环境的破坏。因此，这就要求生态约束的城市（镇）集约用地模式必须符合景观生态学要求，合理安排流域土地利用，尽量保留具有自然生境功能的湿地、林地、草地、水体和农田等地类，控制城市（镇）扩展规模和方向，禁止城市（镇）建设侵占湖滨湿地和环湖生态带，大力建设城市（镇）内部和城市（镇）之间的生态隔离带和绿色廊道，并使之与自然生境的湿地、林地、草地、农田等连通连片，构成良性循环的城市（镇）-流域生态系统，确保高原湖泊流域环境生态可持续发展。

（2）坚持土地资源优化配置原则

城乡土地资源的优化配置是城市（镇）土地集约利用的前提。一方面农村土地的优化布局与城市用地扩展应紧密联系，严格控制高原湖滨流域城乡建设用地总量规模，通过"城增村减"不断挖掘农村建设用地潜力，结合城乡经济结构调整和产业升级，加快高原湖泊流域城市（镇）化速度，尽量将农村人口转化为城市（镇）人口，实现产业向城市（镇）和工业园区集中，人口向城市（镇）和中心村集中，提高城乡建设用地的集约利用水平，才能在总量上保证流域有足够的生态用地。另一方面，城市（镇）建设应该遵循现代生态城市设计理念，在空间上实行紧凑组团布局。一是多中心、多层次地配置城市和城镇组团，避免中心城区"摊大饼"无序蔓延，形成中心城市-次级城市-城镇-村镇合理的城镇村空间布局体系；二是每个组团都应该是高密度、集约化的紧凑发展，尽可能避免组团面积无限扩大，尽量少利用汽车交通就能满足居民日常生活的出行需求，减少污染；三是大力发展城镇村组团群之间的公共交通网络，实现紧凑的城市（镇）群和各组团连接。各城市（镇）群和组团之间有足够的绿地和林地、草地、农田等开放空间或生态隔离带和绿色廊道，形成山水园林的生态城市（镇）景观。

（3）坚持集约用地原则

由于土地资源的稀缺性、位置固定性和低替代性，土地集约利用是当前世界各国城市（镇）发展所遵循的普遍原则。我国人多地少，尤其高原湖滨地区是云南省少有的水土条件均好的区域，开发时间早，经济发展快，人口稠密，土地资源的稀缺性更加突出。因此，这就要求生态约束下城市（镇）土地集约利用模式必须使每一块城市（镇）土地都能发挥其应有的社会经济功能，实现人口集约度、资金集约度和技术集约度的和谐统一，不断优化整合城市（镇）土地结构和用地功能，挖潜城市（镇）存量土地潜力，有效提高城市（镇）用地整体承载能力。另外，要注重城市（镇）内部各功能用地的合理单体承载力研究，最大限度地挖掘单宗用地的承载潜力，注重城市（镇）用地的立体开发，逐步减少人均占地面积，提高容积率，使城市（镇）土地实现最佳空间配置和用地功能效益最大化。

（4）坚持三效统一的原则

经济、社会和生态 3 种效益统一,促进高原湖泊流域生态经济良性循环和人的发展与人居环境改善,是生态约束下城市(镇)土地集约利用的根本目的。因此,必须坚持以人为本,兼顾经济、社会、生态 3 个效益,不能偏废。一方面,城市(镇)的发展主要是社会经济驱动的结果,没有社会经济的发展根本谈不上城镇化。因此,必须重视流域第二、第三产业发展,不断提高第二、第三产业技术经济层次,扩大就业,增加居民和政府的财富;另一方面,没有良好的生态环境,流域城市(镇)发展也是不可持续的,最终将造成城市(镇)衰落,人口外迁。因此,必须协调生态、社会、经济的和谐统一,在产业发展的同时,必须加强企业的污染防治和排污控制,走循环经济发展之路;在城市(镇)发展的同时,必须同步进行生态建设,不断提高流域生态环境容量,从而实现高原湖泊流域城市(镇)发展的社会、经济、生态效益的统一。

5）坚持替代性与弹性原则

所谓城市(镇)土地利用的替代性是指不同土地用地的空间置换与同种土地用途、不同用地程度的空间再开发。在城市(镇)土地利用中,要发挥土地资源的规划配置和市场配置两个机制的作用,促进土地资源的替代和最佳利用。同时,要注重城市(镇)土地利用规划的弹性,为城市(镇)发展预留用地空间。应该学习西方发达国家城市规划的先进理念:一是在容积率控制上应有足够的弹性,为房地产集约开发留出空间;二是城市(镇)用地规划不宜刚性过强,可用生态性用地作为城市(镇)发展和用地结构调整的预留用地,以适应未来土地开发技术进步和城市(镇)发展变化的需要。

5.2.4　生态约束下高原湖滨城市(镇)土地集约利用理论模式应具备的条件和控制指标

1. 应具备的条件

（1）保持湖区经济社会发展与生态承载力之间的动态平衡,确保经济发展与城市(镇)化在高原湖泊流域生态承载力限度内,并通过生态建设不断提高湖泊流域生态承载力容量。

（2）正确处理好发展与保护的关系,坚决杜绝先污染、后治理的发展,当地政府的环保收益和一部分经济收益必须全部用于湖滨生态修复和湖泊水环境治理,确保经济发展与流域生态建设同步推进。

（3）协调和平衡各利益主体之间的利益和责任关系,包括中央政府与流域地方政府、政府与资源开发和使用者、资源开发和使用者与流域居民等之间的利益和责任。在国家相关法律法规框架下,资源开发和使用者的预期收益不低于因在湖区从事生产经营活动应当承担补偿湖泊治理成本和生产经营成本之和,并承担相应的湖泊治理成本。

2. 主要控制指标

1）流域最小（适宜）生态用地量

在流域范围内，必须保留足够的生态用地和绿色空间，严禁建设用地无序蔓延，破坏流域生态系统。因此，需要设置流域最小（适宜）生态用地量指标，反向控制流域建设用地最大规模。这个生态用地是广义的生态用地，包括所有具备自然生境功能的湿地、林地、草地、农田、水体（滇池水体除外）。另外，森林覆盖率也是流域范围最小生态用地量的一种控制指标。在城市内部，也要设置最小生态用地量，分别用城市绿地率（%）、绿化覆盖率（%）、人均公共绿地（m²）等指标表示。

2）城市（镇）紧凑度

城市（镇）外围轮廓形态的紧凑度被认为是反映城市（镇）集约空间形态的一个重要指标。包括紧凑性指数、形状指数、分形维数等景观布局指标和建筑容积率、建筑密度、人均占地面积等土地利用强度指标。

3）城市（镇）最低规模

为了控制高原湖滨城乡建设用地总规模，提高城市（镇）集聚经济水平，充分发挥城市（镇）作为不同层次区域中心的辐射带动作用，必须设置最低城市（镇）规模，促进人口和产业集聚，形成合理的中心城市（镇）-城镇-村镇的城镇村布局体系。对达不到最低规模的城镇，在空间布局上进行合并。同时，应本着因地制宜、农民自愿的原则，稳步推进农村居民点的迁村并点，将分布过于分散、对湖泊流域生态有较大影响的农村居民点进行适当合并，腾出的农村建设用地可复垦为耕地或作为生态绿化用地，促进高原湖泊流域城乡建设用地的布局优化。

4）产业发展导向

为了明确流域各城市（镇）的职能分工和产业发展方向，避免城市（镇）之间重复建设和恶性竞争，加快淘汰高污染、高消耗产业，促进流域产业发展不断升级，需要设置产业导向控制指标，从全省宏观上统筹各高原湖泊流域的产业发展与城市（镇）化，推动流域社会经济与生态环境保护协调发展。

5.2.5　生态约束下高原湖滨城市（镇）土地集约利用模式的总体构想

1. 总体思路

生态约束下高原湖滨城市（镇）土地集约利用模式，首先，应保证城镇村发展不破坏湖泊流域生态系统，不影响湖滨生态环境良性循环，维持流域生态景观网络的完整性。其次，应有紧凑、组团式的城市（镇）空间布局，有与湖泊流域资源特点和生态环境相适应的产业结构，不断提升城市（镇）土地集约利用水平和集聚经济效益，确保在人口增长、经济发展的形势下湖泊流域城乡建设用地总量不增加或少增加,减少城市(镇)经济发展对湖泊生态的负面影响。再次,湖泊流域土地利用方式应逐步生态化,减少各类土地利用的点源污染和非点源污染,促进流域生态经济良性循环。

2. 类型划分

根据云南省九大高原湖泊流域自然、社会、经济特点以及湖泊污染和治理要求,将生态约束下云南高原湖滨城市(镇)土地集约利用模式划分为 4 种,包括滇池生态约束下城市(镇)土地集约利用模式,洱海生态约束下城镇村土地集约利用模式,抚仙湖、杞麓湖、星云湖、异龙湖、阳宗海生态约束下城镇主导型土地集约利用模式,泸沽湖和程海生态约束下乡村主导型土地集约利用模式(图 5.2)。

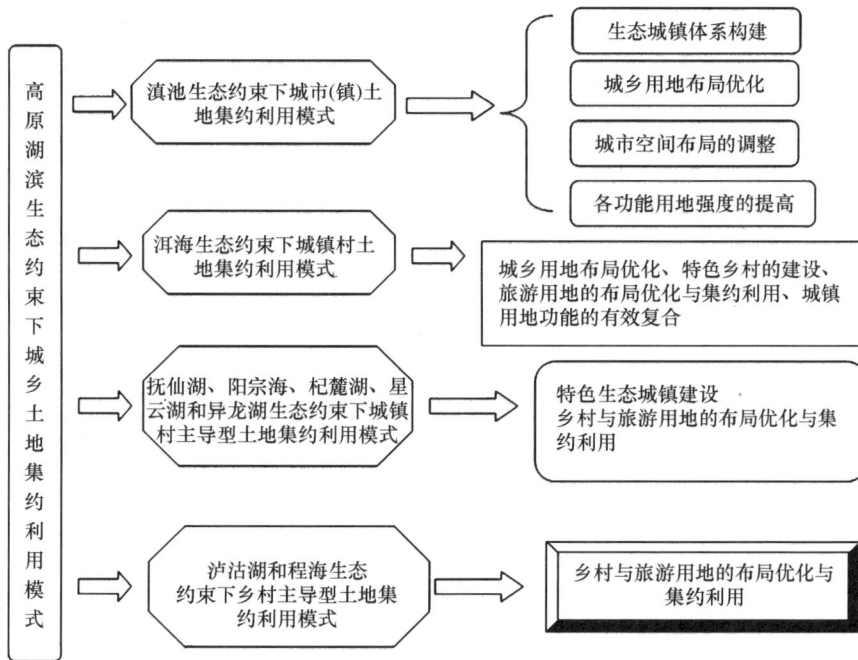

图 5.2　高原湖滨生态约束下城市(镇)土地集约利用模式分类设计图

无论何种模式,都以湖泊生态保护为前提,一方面,强调必要生态建设与生态用地空间的预留,禁止各类建设侵占湖滨湿地和生态保护带用地,尽量避免侵占具有自然生境功能的生态性用地,尤其是林地、牧草地自然生态用地;另一方面,加强城镇村空间布局优化和土地集约利用。即宏观上强调城乡建设用地空间布局的合理性,与生态保护要求相协调,保证足够的流域生态用地,维持流域生态系统的平衡和良性循环;中观上强调城镇用地功能的复合性与各功能的协调性,优化城市(镇)内部用地结构,保留足够的绿色空间和生态廊道,提升城市(镇)的环境容量;微观上,强调单一功能区土地利用强度的适中性,通过产业结构升级、存量土地开发,不断提高城市(镇)各类建设用地的集约利用强度和用地效率,内涵扩大城市(镇)人口、经济容量和用地空间。

5.3 云南九大高原湖泊流域各类生态约束下城市(镇)土地集约利用模式设计

5.3.1 滇池流域生态约束下城市(镇)土地集约利用模式

1. 总体模式设计

根据滇池流域城镇村和社会经济的发展情况,从宏观、中观和微观 3 个层面设计滇池流域城市(镇)土地集约利用模式。在宏观层面主要围绕滇中城市群的建设,合理确定昆明市城市发展的空间结构,优化产业布局;中观层面主要围绕滇池流域的城市(镇)体系建设,合理优化城市(镇)和村庄布局,有效拓展城市(镇)用地空间;微观层面致力于昆明各城市(镇)内部土地集约利用,通过用地结构调整,土地复合利用和立体开发,有效提高昆明城市(镇)用地的集约度(图 5.3)。

2. 城市群土地集约利用模式

滇中城市群是带动云南省发展的增长极,是中国西部特色鲜明、竞争力较强的门户城市群,是中国面向西南开放桥头堡的核心区域。滇中城市群将形成"一核三极两环两轴"的空间结构。近期、中期发展重点在于构建核心,形成"一核三极一环一轴"的空间结构,做强宣威-曲靖-嵩明-昆明-安宁-玉溪这条轴线,实现昆明都市区环状交通联络,向昆明中心城区外围区域寻求城市和产业发展空间,并初步形成联络滇中南部区域主要城镇的交通半环。曲靖、玉溪、楚雄三城市应主动融入大昆明经济发展。核心区包括昆明市中心城区、呈贡新城、机场新区、海口、晋宁,这一区域是未来人口高度聚集的区域,应以环境保护和人居环境改善为首要目标,积极发展无污染、技术密集型的工业门类和第三产业尤其是为生产服务的高级第三产业。"三极"是指以曲靖、玉溪和楚雄中心城市及其周边紧密发展的都市区范围,作为滇中地区次级中心重点发展。"两环"是指连接滇中主要城市的内环、外环高速路。"两轴"是滇中区域产业、城镇密集发展的带状走廊。一为中国-东南亚发展轴,是东连我国中部、东部经济发达地区,南接东南亚各国的发展主轴;另一为亚欧发展轴,是滇中出滇入海的重要轴线,向东直通我国东南沿海港口,向西接南亚并接通欧洲。鉴于此,根据滇中城市群各城市的性质、产业发展情况和资源条件等,合理优化城市群空间用地布局。通过城市群建设,优化城市产业分工,从宏观层面实现都市圈层的用地布局优化,构建适度紧凑的空间结构形态,推行多中心综合功能组团、分散化的集中布局模式,形成由核心区、次中心、一般城市或城镇和交通通信网络共同组成的现代化大都市区,加强一体化建设的空间协调发展,构建以核心区为代表的城镇紧凑型集约发展的空间结构。城市(镇)之间是广阔的农田和自然森林植被。

3. 流域城乡布局优化土地集约利用模式

滇池流域有 7 个县(区)30 个街道办事处,25 个乡镇,分布着 413 个行政村,1840 个

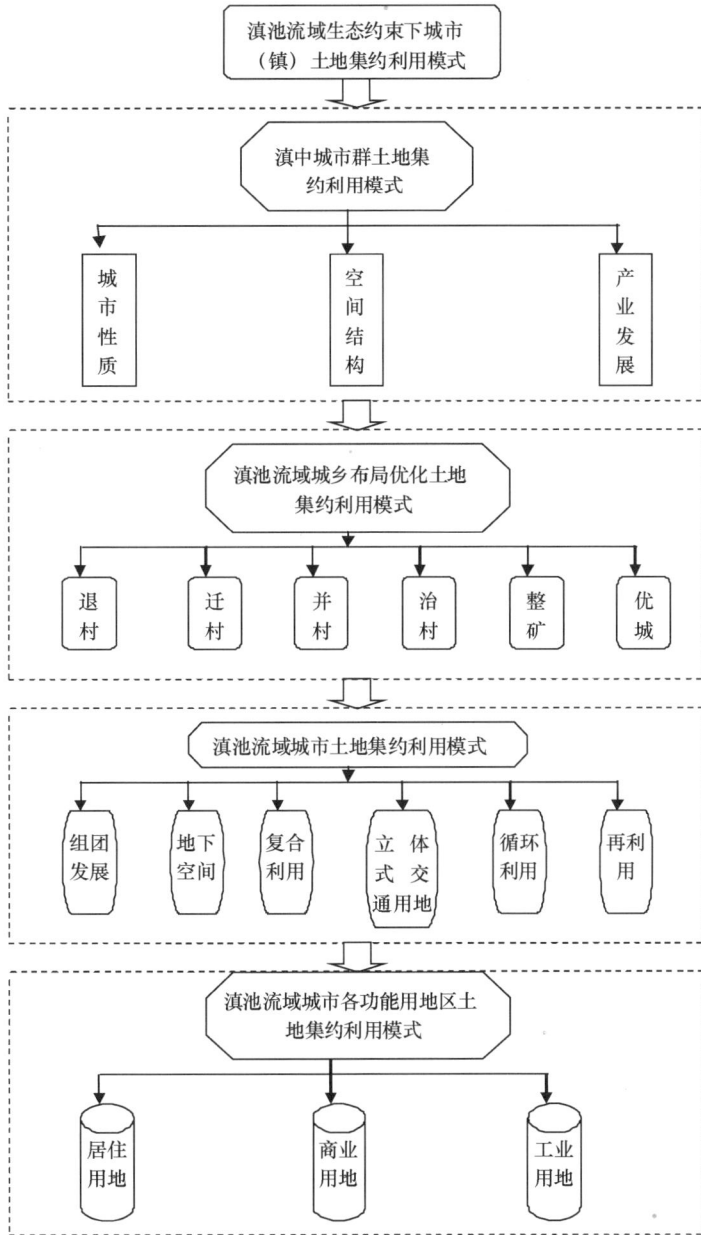

图 5.3　滇池流域生态约束下城市(镇)土地集约利用模式设计图

自然村,农村居民点用地面积 15 323.7hm²,人均农村居民点用地 210.6m²,农村居民点人均用地面积较大,其中一部分农村居民点分布在滇池滨湖 100m 的生态防护圈内,对滇池生态有较大破坏。因此,围绕滇池流域生态保护与城乡统筹发展的要求,构建城乡布局优化土地集约利用模式。

　　该模式以滇池保护与生态建设为根本,以城乡统筹发展为手段,以新农村建设为支撑,采取城增村减、迁村并点与村镇内部整治的方式,形成滇池生态保护圈、引导开发圈和水源涵养圈与入滇河流防护带相协调的城乡用地布局结构。在滇池生态保护圈内,以滇池保护为核心,严格禁止与生态保护无关的开发建设行为,结合昆明市"四退三环一护"生态建设工程,即通过退塘、退田、退人、退房,实现还湖、还林、还湿地,护水,逐渐迁出滇池生态保护圈内各类建设用地,特别是农村居民点的整体外迁。在引导开发圈,将生态保护与社会经济发展有机结合,合理划分不同功能区域,在生态敏感性较高和入滇河流区域要以生态防护为主,进行农村居民点的搬迁与合并,预留生态防护用地。在生态敏感性较低的区域主要以社会经济建设为主,但要合理增加用地强度,加快农村人口城镇化速度和城市(镇)建设,稀释滇池流域的农村人口,提高城市(镇)土地集约利用水平;对现有农村居民点,结合城增村减和新农村建设,拆并一批村庄,集中发展规模较大的行政村,并配套建设相应的垃圾污水处理设施与生态防护带,减少滇池污染的压力。在水源涵养圈,主要以水源地的生态保护、建设与沿主要交通沿线的村镇建设、工业园区的建设与采矿用地的整治为主。一是要在水源涵养区域减少建设用地的规模,有效增加生态性用地;二是逐步引导农村居民点在交通沿线与生态条件较好的低丘缓坡区域集中布局,优化村镇用地布局;三是在城市(镇)扩展带合理选择工业园区建设区域,降低滇池工业污染的威胁;四是严格整治各类采矿用地,有效减缓矿区对滇池的污染,同时通过采矿用地的优化布局合理拓展城镇用地空间。

4. 城市土地集约利用模式

滇池流域是昆明市乃至云南省经济最发达、人口最集中、城市化水平最高的区域。近些年,随着滇池流域社会经济的快速发展与人口的不断增加,滇池污染的问题也十分严重,在滇池流域保生态与促发展的用地矛盾日益突出,所以城市土地集约利用是有效缓解滇池流域用地矛盾的主要途径之一。同时,在产业发展上,大力推广循环经济,节能减排,降低城市污染排放。

总体来看,滇池流域城市土地集约利用可分为几个层次。一是改变城市空间结构。目前昆明市是一种单中心摊大饼的城市扩张发展模式,随着城市的不断扩展,不断侵占滇池生态用地,使滇池的生态防护功能下降,水体的非点源污染不断增加。因此,要转变现有的城市空间布局模式,由单中心向多中心组团发展,并在不同城市组团之间构建生态防护带,增加不同功能组团的生态性用地规模,建立中小型湿地公园和休闲森林公园等。二是充分利用地下空间。昆明市已经制定了《昆明主城区地下空间开发利用规划(2010—2020)》,规划形成"一核三心、一环两轴、环状放射"网络化布局结构。一核:昆明主城核心商务区;三心:在主城北部、西部和南部地区打造3个地下空间开发利用的重点区域。一环:昆明主城二环线;两轴:依托轨道1号线、2号线及北京路,形成地下空间南北向发展轴线;依托轨道3号线打造地下空间发展的东西向发展轴线;环状放射:以7条轨道交通为轴,依托轨道站点,形成以主城一环为圆心向外放射的结构形态,形成地下、单一、混合与综合等不同功能区。随着该规划的实施,昆明市将有效提高地下空间的利用水平,缓解土地供需矛盾。三是城市土地的多功能复合利用,通过不同用地功能的有效复合,如商业与办公、居住用地的复合等,提高城市用地的效率,实现土地集约利用的目标。四是城市土地的再利用,这方面主要是"城中村"改造、"退二进三"和旧城区改造等,一方面通过城市土地的再利用可以有效提高城市土地利用水平;另一方面,通过"城中村"和旧城区改造等逐步提高全市的水循环再利用水平,降低污染的排放。五是城市土地循环利用,所谓城市土地循环利用主要是考虑到未来社会经济发展对不同用地的需求,通过土地出让时间的长短不同,有效提高土地循环利用周期,如技术研发型高新产业、污染性产业等不同发展周期的产业通过工地周期的不同,实现城市土地的循环利用。六是交通用地的立体式发展,昆明市地处云贵高原,地势呈现一定的起伏,同时城市发展受滇池和西山的限制,扩展空间极为有限,城市内部交通用地十分有限,所以应采取立体式的交通用地发展方式,有效构建地面、地上与地下的立体交通网络,通过立体式的交通发展实现集约利用土地的效果。

通过城市土地集约利用,腾出用地空间,加大城市绿化和城市生态防护林建设,并沿河、沿山、沿湖等建设带状生态廊道,构建城市内部及周边的生态网络,提高城市生态容量,降低城市非点源污染。

5. 城市内部各功能用地区土地集约利用模式

城市内部各功能用地区是土地集约利用的主要功能空间。针对城市不同用地功能,其土地集约利用的要求与模式也各不相同。

1) 居住用地的集约利用模式

居住用地在城市用地中占有较大比例,所以居住用地集约利用不但可以集约用地空间,还可以有效提高基础设施的利用水平。昆明市居住用地集约利用要根据地质条件因地制宜。在地质条件较好的地区,集中建设高层住宅小区,并将居住用地与办公、商业、交通用地等有机地复合;在地质条件一般或有特殊生态保护与建设要求的地区,主要围绕学校、办公等开展多层居住小区的建设;在地质条件较差、生态保护要求较高的地区,适度发展低密度的别墅区等,大幅增加绿地面积。总之,要充分利用不同的地质与生态条件,建设不同密度要求的居住小区,以有效提高居住用地的集约利用水平,同时又能改善城市生态环境。

2) 商业用地的集约利用模式

商业用地的区位要求较高,一方面要根据昆明不同功能组团发展不同规模的商业区,另一方面在商业区要发挥不同用地功能组合的多层功效,将购物、餐饮、娱乐等不同功能合理组合在商业区内,通过设计的巧妙性提升商业用地的集约利用水平。应鼓励各类商业中心开发地下空间来组织交通、疏散人口,减少地面交通拥堵。有条件的商业办公中心,应以高层建筑为主,在提高土地集约利用的同时,有足够面积的绿化用地,改善商业办公中心的生态环境。

3) 工业用地的集约利用模式

工业用地主要采取工业向园区集中布局的方式提高集约用地水平。包括:一是合理划分不同产业性质的工业园区,将有一定污染的产业集中布局,集中治污。二是针对不同产业发展的特点建立不同类型的工业厂房,鼓励发展多层标准厂房,提高土地利用率;鼓励企业分离生产与生活,生活区采取多企业集中集约式开发建设,降低园区非生产用地的比例。三是对于高新产业可采取筑巢引凤的方式,在生态环境较好的地区建设以多层或高层为主的产业园区,引进产业进驻,避免遍地开花,浪费土地资源。

5.3.2 云南省其他高原湖滨地区城市(镇)土地集约利用模式

1. 洱海生态约束下城镇村土地集约利用模式

洱海蓄水量28.8亿 m³,流域面积2565km²,无论是蓄水量还是流域面积在九大湖中均居第二位。流域内有大理市和16个乡镇167个村委会774个自然村。洱海水质条件处在中度污染水平,主要是城市(镇)的点源污染与乡村的非点源污染。按照云南省政府要求,大理市将建成云南滇西中心城市,人口规模由现在的30多万增加到100万,工业和第三产业都将有较快发展,城市化与洱海湖泊生态保护的矛盾将逐步凸显。因此,必须吸取20世纪80年代以来滇池流域昆明城市发展的经验教训,从现在起实施生态约束下城镇村土地集约利用模式,将城市(镇)发展、农村居民点整治归并、城乡建设用地优化布局和总规模控制,作为一个整体进行全面调整,通过城增村减、迁村并点,控制城乡建设用地增量,充分利用存量,提高城乡建设用地的集约利用水平,来吸收、消化迅速增长的城市(镇)人口,从而保护好洱海流域现有大部分农田、森林、湿地和美丽的田园风光景观,实现可持续发展。

洱海流域的大理市城市用地规模要远小于昆明市的规模,相对来说城市用地矛盾不如昆明市突出。为此,在城市土地集约方面:一是要以城市生态型土地集约利用为根本,城市建设要逐步退出生态敏感区,城市空间布局要有利于洱海生态环境的保护,采用带状或分散式组团的布局方式,城市用地要尽量保留自然生态用地,以城市绿地、城市自然保护区、城市山林、城市水体、城市湿地等形成城市功能区空间隔离。二是要注重各城市用地功能的复合利用,注重城市土地的循环利用与再利用,通过城市用地布局优化与功能区合理配置,提高城市土地利用效率。三是要合理布置工业园区,工业园区的选址要在生态敏感性较低的地区,鼓励发展循环经济型的工业园区,减少工业发展对洱海湖泊的污染。四是要以建设用地指标挂钩为手段,有效推动城市内部退"二进三",充分利用低效闲置土地;通过城乡建设用地增减挂钩,有效拓展城市发展空间,控制洱海流域城乡建设用地总规模。

洱海流域自然村数量较多,分布较广,自然村的平均规模又较小,造成洱海流域农村非点源污染较为严重的局面。因此,在城市(镇)土地集约利用的同时,要重点加强农村居民点土地的集约利用。一是根据洱海生态保护与建设的需要,在生态保护区与生态敏感区进行农村居民点的搬迁。二是在生态敏感性中等地区应进行农村居民点的归并,以实现集中居住,发挥规模效应,以利于农村公共服务设施和污染处理系统的配套。三是在生态敏感性较低的地区应重点加强空心村的整治,鼓励自然村向中心村归并;同时,合理规划中心村建设,突出特色,将其建成具有旅游文化价值的特色村。

要加强洱海流域旅游用地的节约集约利用和管控,制定不同类型旅游用地的集约用地标准,严格控制各旅游项目配套设施建设比例和空间布局,严禁旅游项目配套设施侵占林地、湖滨湿地,严格控制洱海面山的各类产权式酒店、别墅建设规模,降低旅游发展对洱海流域生态的破坏。

2. 抚仙湖、杞麓湖、星云湖、异龙湖、阳宗海生态约束下城镇主导型土地集约利用模式

抚仙湖、杞麓湖、星云湖、异龙湖和阳宗海地区都处在城镇化发展中期阶段,抚仙湖流域包括 2 个县 16 个乡镇 774 个自然村,杞麓湖流域包括 1 个县 7 个乡镇 66 个村委会,星云湖流域包括 1 个县 5 个乡镇 45 个村委会,异龙湖流域包括 1 个县 3 个镇 231 个自然村,阳宗海流域包括 1 个镇、多个工厂和 22 个村委会,其特点是流域内都有县城、城镇或大型工矿企业,城镇工矿点源污染和农村非点源污染并存,除了阳宗海外,其他 4 湖的农村非点源污染较为严重。

因此,这 5 个高原湖泊流域宜采取生态约束下城镇主导型土地集约利用模式,构建形成以县城或重要工矿城镇为核心,以中心村为节点,以自然景观用地为镶嵌的城乡用地空间布局格局。

首先,以县城(或重点城镇)为核心重点打造特色生态型城镇,城镇建设要与自然景观相协调,城镇空间用地布局要与自然地形地貌相适应,依山傍水,避让湖泊生态保护区和生态敏感区,形成山水园林城镇景观。同时,注重提高城镇建设用地的利用强度,控制城镇建城区规模,紧凑布局,集约开发,提升城镇的集聚经济效益和辐射带动能力,促进建设用地集约利用和湖泊生态环境保护。

其次,严格工业园区的选址。工业园区建设要在生态敏感性较低的区域,采用整体规划、分期建设、集约开发的原则,避免工业项目遍地开花、无序蔓延,提高工业园区土地集约利用水平。同时,应加强工业园区公共设施和污染处理设施配置,大力推行循环经济模式,减少工业废水直接排放,有效降低城镇工矿的点源污染。

再次,根据湖泊保护区域不同,制定不同的农村居民点布局和建设用地标准,在重点湖泊生态保护区内严格限制农村居民点数量,有计划地进行农村居民点搬迁;在次重点湖泊生态保护区要结合新农村建设限制农村居民点无序蔓延,重点发展以行政村为依托的中心村,加强中心村配套污染治理设施建设,减少农村居民生活污水直接排放。同时,应调整农业土地利用方式,减少化肥、农药的使用,发展绿色生态农业。

最后,随着流域旅游业的快速崛起,应加强旅游用地规划和控制,严禁旅游设施侵占湖滨湿地,严禁旅游宾馆饭店向湖泊直接排放废水垃圾。应尽快制定旅游用地布局和集约利用标准,在湖泊流域内推行节能节水、循环利用的旅游项目建设,提高旅游用地利用效率,减少旅游对湖泊生态的负面影响。

3. 泸沽湖和程海生态约束下乡村主导型土地集约利用模式

泸沽湖流域分布有 11 个自然村,程海流域分布有 47 个自然村,总体看来流域人口密度不高,主要以农业为主,仍处于城镇化初期阶段,城镇污染还不是湖泊生态的主要威胁。因此,宜采取生态约束下乡村主导型土地集约利用模式。一方面,应结合民族特色和自然景观构建具有民族特色的乡村,适当合并小型农村居民点,发展特色中心村,并配建公共设施和垃圾污水处理设施,减少农村居民生活污染;另一方面,应按照湖泊生态保护的要求,逐步迁出对湖泊生态干扰较大的村落和旅游设施,提高旅游

用地集约利用水平,促进旅游循环经济发展,减轻湖泊流域人类活动对湖泊生态环境的干扰破坏,维持其原生态的湖滨景观,提升其旅游价值,促进这两个高原湖泊流域人与自然和谐发展。

参 考 文 献

蔡云鹏.2007.市场经济条件下城市土地集约利用研究.天津:天津大学博士学位论文

陈静,和丽萍,李跃青,等.2007.滇池湖滨带生态湿地建设中的土地利用问题探讨.环境保护科学,(1):39-41

侯长定.2003.抚仙湖北岸景观生态建设.玉溪师范学院学报,19(增刊):59-61

贾亚男.2008.西南典型岩溶地区生态型土地利用探索.西南大学学报(自然科学版),30(4):174-178

李丽华.2008.北京市城乡结合部土地节约与集约利用研究.北京:中国地质大学硕士学位论文

曲福田,姜海,欧名豪,等.2008.江苏土地集约利用研究.北京:社会科学文献出版社

孙玉.2010.集约化的城市土地利用与交通发展模式.上海:同济大学出版社

田光明.2008.基于产业空间集聚的土地集约利用研究.新疆:新疆农业大学硕士学位论文

王恒伟.2010.基于生态健康的城市土地集约利用——以重庆市渝北区为例.重庆:西南大学硕士学位论文

王洪涛.2003.德国城市开发空间规划的规划思想和规划程序.国外规划研究,27(1):64-71

吴传钧.2008.人地关系与经济布局:吴传钧文集.北京:学苑出版社

颜昌宙,金相灿,赵景柱,等.2005.湖滨带的功能及其管理.生态环境,14(2):294-298

颜昌宙,叶春,刘文祥.2003.云南洱海湖滨带生态重建方案研究.上海环境科学,22(7):459-464

杨峰,袁春,周伟,等.2010.区域土地集约利用影响因素研究.资源与产业,12(4):67-73

杨子生,刘彦随.2007.中国山区生态友好型土地利用研究——以云南省为例.北京:中国科学技术出版社

虞锡君.2007.构建太湖流域水生态补偿机制探讨.农业经济问题,(9):56-59

喻锋.2010.欧洲城市土地多功能集约利用简介及其启示.资源导刊,(11):44-45

袁薇锦.2011.浅谈我国城市土地生态型集约利用.现代营销(学苑版),(8):30-31

张春轶.2007.环境友好型土地利用模式研究.新疆:新疆大学硕士论文

赵果元,李文杰,李默然,等.2008.洱海湖滨带的生态现状与修复措施.安徽农学通报,(17):89-92

周宾,陈兴鹏,张旺锋,等.2010.循环生态型土地利用战略——"3R"调控指标体系的构建.科技进步与对策,27(17):62-65

周颖,濮励杰,张芳怡.2006.德国空间规划研究及其对我国的启示.长江流域资源与环境,15(4):409-414

第6章 生态约束下高原湖滨城市(镇)土地集约利用管理机制研究

对高原湖滨地区土地利用与湖泊生态关系的定性及定量研究表明,高原湖泊流域土地利用类型、空间布局及城镇村建设用地扩展与建设开发,与湖泊水环境生态恶化具有较强的相关性。土地集约利用成为高原湖滨城市"保环境、保发展"的必然路径选择。为在生态约束的大前提下构建高原湖泊流域生态经济良性循环的土地利用格局,支撑生态约束下高原湖滨城镇村土地集约利用模式的实现,最终达到高原湖滨地区经济发展及城市化与生态保护相协调的总目标,必须进一步研究和探索高原湖滨城市(镇)土地集约利用管理机制,实现机制的创新与政策的突破。

6.1 生态约束下高原湖滨城市(镇)土地集约利用管理机制构建的背景

6.1.1 高原湖滨城市(镇)土地利用中存在的问题

1. 城市(镇)及其近郊建设用地无序蔓延,利用方式粗放

社会经济的快速发展,人口和产业不断向城市(镇)聚集,人地矛盾日益尖锐,城市(镇)及其近郊建设用地无序蔓延,城市(镇)存量建设用地存在利用效率低下、土地利用结构严重不合理的现象。城市(镇)污染治理速度滞后,导致人类生产、生活污水难以回收利用。同时,城市(镇)面源污染治理尚未引起重视,大量污水直接进入湖泊,加重湖泊污染和富营养化。

2. 城市(镇)及其近郊建设用地侵占湿地及农田,加剧湖泊水质恶化

城市(镇)及城郊建设用地和房地产开发项目向湖滨生态湿地与农田延伸,流域面山林地因树木被砍伐而不断退化,破坏原有湖滨生态系统,不仅改变湖泊水循环路径,加剧湖泊水资源时空分布不均衡性;而且使枯水期湖泊水资源供给不足,大大削弱湖泊对污水的自净能力,降低湖泊生态系统自我调剂、减缓污染的功能,加速湖泊污染。环境监测数据显示:1985年以前云南九大高原湖泊中,除滇池草海有轻度污染外,其他8个湖泊基本没有污染,湖泊与湖滨城市(镇)基本维持较好的生态平衡。后来随着近30年经济加速,湖滨城市(镇)人口不断增长,城镇用地面积快速扩展,如昆明主城人口由1985年的80万人升至2010年的276万人,建成区面积由不足100km²跃至290km²,被占用的土地绝大部分为农田及湿地;同时,城市化的飞速推进加剧了城市生活污水的排放,而城市生活污水又成为滇池主要污染来源(约占60%)。湖滨生态系统功能受损及城市污染排放

的加重,致使湖泊水质迅速恶化,并不断向富营养化的湖泊衰老趋势发展,严重威胁着云南省的生态安全和社会经济可持续发展。

3. 农村区域的非点源污染对湖泊水质影响较大

近十余年来,随着昆明城市化和城乡一体化进程加快,农村第二、第三产业迅速崛起,现代化设施农业迅速发展。但是,农业生产中化肥、农药施用的不科学,农业土地利用方式的不合理以及农村居民点的分散,使得污染点多面广,治理成本高,目前农村产生的大量生产生活垃圾和污水都没有得到处理,垃圾渗滤液含有较高浓度的有机质,导致农村非点源污染大幅增加,成为高原湖泊水环境污染的主要方式之一。根据环境保护部门监测,滇池流域农村非点源污染约占滇池水污染的40%,其他高原湖泊流域农村非点源污染占湖泊水污染50%以上,且难以治理和控制。

6.1.2 当前高原湖滨城市(镇)土地集约利用面临的主要制约因素

1. 规划调控效力较低

规划是政府干预土地利用的最重要的方式之一。当前,云南省土地利用规划调控存在土地利用总体规划实际约束力弱、部门规划协调不足、镇村规划滞后等问题,规划未能有效反映土地资源的稀缺程度,总量约束力度相对不足,致使各级政府与一般经济主体的土地集约利用意识还不够强,未能有效遏制城镇用地的粗放蔓延。

1) 总体规划实施不畅,集约控制政策缺失

由于长期缺乏严格规范的规划修改及调整制度,现行土地规划的权威性受到损害,实际约束能力下降,参与宏观调控、防止低水平重复建设的作用还不够显著。调查显示,规划修改具有普遍性,另外,缺乏区域性的城镇土地集约利用控制指标,城镇土地集约利用管理工作无据可循,宏观层面的城市(镇)土地集约利用管理基本上是空白。

2) 部门规划不协调,城市(镇)规模难以控制

当前,城市(镇)规划仍然侧重解决城市(镇)外延发展中的土地供给问题,对城市(镇)内部土地集约利用与更新改造的重视相对不足。同时,由于高原湖滨大部分地区都处于快速城市化阶段,地方政府普遍担心城市(镇)规模设计过小可能制约经济成长,城市(镇)规划与土地利用总体规划的协调不足,难以抑制城市(镇)蔓延与土地低效利用。

3) 村镇规划滞后,农村土地整治滞后

大部分地区村镇规划滞后,缺乏有力的财政与(产权)制度支持,村庄布局散乱、基础设施建设滞后、环境脏乱差的问题仍较突出,与经济社会发展和提高人民群众生活水平的要求不相适应。部分地区农村居民点用地规模与农村人口数量呈逆向发展。

2. 土地资源配置中重行政干预,轻市场配置

我国地方政府不仅掌握着资源配置权,还介入微观经济领域,削弱了政府对市场活动的监管职能,也在客观上弱化了市场配置资源的功能。基于利益驱动、政绩考核、横向攀比等原因,地方政府不惜以资源环境为代价实现 GDP 的高增长。由于政府掌握着重要经济资源的配置权,土地的稀缺程度往往容易被隔离在政府层面,土地价格水平不能全面反映土地的稀缺程度、开发利用造成的环境破坏和污染等外部成本,难以形成推动地方政府与企业提高土地利用水平的压力和动力。土地资源配置中政府直接干预过多,政府定价普遍存在,土地市场严重扭曲,土地配置中的政府失灵尤为严重,偏低的土地价格加剧了土地浪费与城镇土地低效扩张。加上资源配置缺乏科学论证,管理方式粗放,决策机制不灵活,内控机制不严谨,组织管理不精细,城市(镇)土地节约集约利用水平的提高受到极大制约。

3. 用地管理过程中重增量和交易环节,疏保有环节和末端管控

当前"土地财政"的实质是由当届政府一次性收取未来 40~70 年的土地租金,满足现期的政府消费,是变相举债的行为。一方面,地方政府往往通过低价征地、高价卖地,获得巨额土地出让收入;另一方面,新增建设用地指标能够使项目落地,带动 GDP 快速增长。在这些因素的诱导下,现任政府尽可能多批地,大面积圈地,甚至不惜违法用地。在土地保有环节,由于政府监管职能不到位,土地闲置浪费严重,甚至一些地方政府为了获得土地出让收入,做出为企业掩盖闲置、粗放用地的行为。在土地利用环节,现行的政策更多地侧重新增建设用地的管理,而忽视土地批后管理和跟踪监督,这就造成很多土地出让后随意更改规划指标,或者闲置土地、囤积土地,导致土地资源不能得到充分、高效利用,严重浪费宝贵的土地资源。并且,对于诸如"三旧"改造等存量土地利用还在探索中,由于缺乏必要的约束与激励机制,土地二次开发的积极性不高。

6.1.3　高原湖滨城市(镇)土地集约利用模式

由于生态约束下高原湖滨城市(镇)土地集约利用管理机制的构建是以本书前述部分研究为依据,从制度建设的角度为高原湖滨城市(镇)土地集约利用模式的实现提供政策支持,所以,在此对前述研究结论及研究提炼出的高原湖滨城市(镇)土地集约利用模式进行简要回顾。

前面的研究从滇池流域土地利用动态变化及其对流域水环境的影响、云南九大高原湖泊流域土地利用类型结构与湖泊水质变化、云南省九大高原湖泊流域土地利用与湖泊水质变化等多个角度,系统分析高原湖泊流域土地利用类型变化、城镇村建设用地增长对湖泊水环境变化的影响,探索高原湖泊流域土地利用格局变化与湖泊生态环境之间的机理关系;并系统分析和评价 20 世纪 80 年代至今昆明主城建设用地扩展的速度、方向和形态与滇池湖泊生态变化的相互关系,探索高原湖泊城市用地扩展对湖泊生态影响的作用机理。研究表明:在城市用地范围内,必须采取集约组团式的土地利用布局模式,控制建设用地的无序蔓延,增加绿地面积和构建生态隔离带,以便于城市污水的回收处理,同时改善城市用地地表结构,增加能吸附污染物的城市绿地表面,尽可能减少城市点源和非点源污染,并减少建设项目开发对湿地的侵占和对山林的破坏,从土地利用上减缓高原湖滨地区社会经济发展与城市(镇)化对高原湖泊水环境的负面影响。此外,在湖滨周边农村区域,要调整农村土地利用布局和利用方式,通过城乡统筹、村庄整治减少农村建设用地使用的粗放程度,并集中建设污水及垃圾处理设施减缓生活污水无序排放对湖泊水体的污染;同时,提升农业产业发展质量,推广绿色生态农业以减少农业非点源污染的产生。

本节综合考虑高原湖滨城市(镇)的生态环境因素、自然地理因素、社会经济因素、城市(镇)空间结构及规模因素,对高原湖滨城市(镇)进行类型的划分;坚持生态优先、三效统一、土地资源优化配置、节约集约用地、替代性与弹性相结合的原则,构建针对滇池流域的生态约束城市(镇)土地集约利用模式和云南省其他高原湖滨地区生态友好型城市(镇)土地集约利用模式。其中,前者包含城市群土地集约利用模式、滇池流域城乡布局优化土地集约利用模式、滇池流域城市土地集约利用模式及滇池流域城市各功能用地区土地集约利用模式等;后者包含抚仙湖流域城乡建设用地集约利用模式,洱海、杞麓湖、星云湖、阳宗海和异龙湖流域城乡建设用地集约利用模式等。

6.1.4　小结

本节内容对生态约束下高原湖滨城市(镇)土地集约利用机制构建的背景进行概述。首先从高原湖滨城市(镇)土地利用中存在的问题出发,明确高原湖泊水生态环境的恶化与湖滨区域建设用地无序蔓延、侵占湿地等不良的土地利用方式有直接联系;进而,审视当前高原湖滨区域城市(镇)土地集约利用面临的主要问题,包括规划调控效力较低、土地资源配置中重行政干预、轻市场配置及用地管理过程中重增量和交易,疏保有环节和末端管控。

土地利用管理机制直接关系到高原湖滨土地利用生态效应及城市(镇)土地利用效率。在前节研究结论的基础上,如何推动高原湖滨城市(镇)土地利用方式转变及土地利用优化配置以提高土地利用效率,实现高原湖滨城市(镇)发展与湖泊保护的双重目标,是随后研究需要探讨的主要问题。

6.2　生态约束下高原湖滨城市(镇)土地
集约利用管理机制构建的理论研究

"机制"一词源于希腊文,原指机器的构造和运作原理,借指事物的内在工作方式,包括有关组成部分的相互关系以及各种变化的相互联系。社会科学所提及的"机制"可理解为制度化了的方法,是相对稳定的多种方式、方法的总结和提炼。归纳而言,机制是指通过一个系统内部各组成要素,按照一定方式相互作用,从而实现其特定的功能和作用。或者简单地讲,机制就是制度、方法的组合或者制度化了的方法。机制有以下几个特点:一是机制本身含有制度的因素,而且还包括各种手段和方法;二是机制是在各种有效制度、方法的基础上总结和提炼的,还不同于纯粹的方式、方法和思路等;三是机制可以依靠多种内部制度、方法共同协作运行来更好地发挥作用。在本节研究中,所要构建的机制是指在高原湖滨城市(镇)生态约束的前提下,能够引导、激励和约束土地使用者集约利用土地的制度、方法,或者是制度、政策、方法及技术的组合。

6.2.1　生态保护相关机制及政策研究现状

综观现有研究文献,国内外生态保护相关机制及政策研究主要包括以下几个方面。

1. 生态补偿机制

生态补偿机制是以保护生态环境、促进人与自然和谐为目的,根据生态系统服务价值、生态保护成本、发展机会成本,综合运用行政和市场手段,调整生态环境保护和建设相关各方之间利益关系的环境经济政策。主要针对区域性生态保护和环境污染防治领域,是一项具有经济激励作用、与"污染者付费"原则并存、基于"受益者付费和破坏者付费"原则的环境经济政策。

国外通常称生态补偿为生态服务付费(payment for ecosysteservice,PES),其研究领域主要涉及 4 个方面:围绕森林生态系统的生态服务展开的生态服务付费,与农业生产活动相关的生态补偿制度,涉及水质与水量保持和洪水控制 3 个方面的流域保护服务以及与矿产资源的开发相关的生态补偿制度。国外生态补偿模式主要有:政府作为唯一补偿主体模式,政府主导模式,市场化运作模式。美国、哥斯达黎加等国的实践经验表明,尽管政府作为生态效益最主要的购买者,市场竞争机制在生态补偿中的作用是不可小视的,政府为了达到最好的效果,可以运用经济政策和市场机制来提高生态效益。

我国生态补偿的实践从 20 世纪 80 年代开始得到初步发展,进入 21 世纪,生态补偿得到高度重视。2006 年国家"十一五"规划提出,"按照谁开发谁保护、谁受益谁补偿的原则,建立生态补偿机制"。2007 年发布的《国家环境保护总局关于开展生态补偿试点工作的指导意见》(环发〔2007〕130 号)提出,我国将在"自然保护区、重要生态功能区、矿产资源开发、流域水环境保护"4 个领域开展生态补偿试点,从而推动生态补偿实践发展。从地方实践来看,可以追溯到 1983 年,云南省环境保护局以昆阳磷矿为试点,对每吨矿石征收 0.3 元,用于采矿区植被及其他生态环境恢复的治理。后来,国家环境保护部门会同财政部门,在广西、江苏、福建、陕西榆林、山西、贵州、新疆、内蒙古以及包头和晋陕蒙接壤地区等地试行生态环境补偿费。2005 年 8 月,浙江省人民政府颁布《关于进一步完善生态补偿机制的若干意见》,确立建立生态补偿机制的基本原则。在浙江、广东等地的实践中,还探索出"异地开发"的生态补偿模式,鄱阳湖流域针对鄱阳湖生态经济区湖体核心保护区、滨湖控制开发带的主要生态类型,开展鄱阳湖流域的湖泊、湿地等生态补偿试点。

虽然我国在生态补偿实施方面已有一定经验,但生态补偿机制在制定和实施过程中尚存在一系列问题。诸如生态补偿机制的具体内容和建立的基本环节是什么?认识上尚不统一;生态补偿的定量分析技术尚不成熟,制定各地区生态保护标准比较困难;生态补偿立法远远落后于生态问题的出现和生态管理的发展速度,许多新的管理和补偿模式没有相应的法律法规给予肯定和支持,一些重要法规对生态保护和补偿的规范不到位,使土地利用、自然资源开发等具体补偿工作缺乏依据;生态建设资金渠道单一,使所需资金严重不足等。生态补偿涉及公共管理的许多层面和领域,关系复杂,头绪繁多。生态服务功能价值如何评估,生态环境保护的公共财政体制如何制定,流域生态如何补偿,重要生态功能区的保护与建设怎样进行,都需要采取措施加以解决。

2. 排污权交易制度

排污权交易起源于美国。美国经济学家戴尔斯于 1968 年最先提出排污权交易理论。面对二氧化硫污染日益严重的现实,美国国家环境保护局(EPA)为解决通过新建企业发展经济与环境保护之间的矛盾,在实现《清洁空气法》所规定的空气质量目标时提出排污权交易的设想,引入"排放减少信用"这一概念,并围绕排放减少信用从 1977 年开始先后制定了一系列政策法规,允许不同工厂之间转让和交换排污削减量,这也为企业针对如何进行费用最小的污染削减提供新的选择。而后,德国、英国、澳大利亚等国家相继实行排污权交易的实践。

所谓排污权交易是指在污染物排放总量控制指标确定的条件下,利用市场机制,建立合法的污染物排放权利即排污权,并允许这种权利像商品一样被买入和卖出,以此来进行污染物的排放控制,从而达到减少排放量、保护环境的目的。排污权交易的主要思想是建立合法的污染物排放权利(这种权利通常以排污许可证的形式表现),以此对污染物的排放进行控制。它是政府用法律制度将环境使用这一经济权利与市场交易机制相结合,使政府这只有形之手和市场这只无形之手紧密结合来控制环境污染的一种较为有效的手段。这一制度的实施,是在污染物排放总量控制的前提下,为激励污染物排放量的削减,排污权交易双方利用市场机制及环境资源的特殊性,在环境保护主管部门的监督管理下,通过交易实现低成本治理污染。该制度的确立使污染物排放在某一范围内具有合法权利,容许这种权利像商品一样自由交易。在污染源治理存在成本差异的情况下,治理成本较低的企业可以采取措施以减少污染物的排放,剩余的排污权可以出售给那些污染治理成本较高的企业。市场交易使排污权从治理成本低的污染者流向治理成本高的污染者,这就会迫使污染者为追求盈利而降低治理成本,进而设法减少污染。

由政府征收排污费的制度安排是一种非市场化的配额交易。交易的一方是具有强制力的政府,另一方是企业。在这种制度下,政府始终处于主动地位,制定排放标准并强制征收排污费,但它却不是排污和治污的主体。企业虽是排污和治污的主体,却处于被动地位。由于只有管制没有激励,只要不超过政府规定的污染排放标准,就不会主动地进一步治污和减排。而排污权交易作为以市场为基础的经济制度安排却不同,它对企业的经济激励在于排污权的卖出方由于超量减排而使排污权剩余,之后通过出售剩余排污权获得经济回报,这实质上是市场对企业环保行为的补偿。买方由于新增排污权不得不付出代价,其支出的费用实质上是环境污染的代价。排污权交易制度的意义在于,它可使企业为自身的利益提高治污的积极性,使污染总量控制目标真正得以实现。这样,治污就从政府的强制行为变为企业自觉的市场行为,其交易也从政府与企业行政交易变成市场的经济交易。可以说排污权交易制度不失为实行总量控制的有效手段。

3. 环境税收制度

20 世纪 60 年代,由于工业化的迅猛发展,许多国家发生一系列重大环境污染事件,人类面临着日益严重的、累积性的环境污染问题,使生存和发展都受到严重威胁。随着全球经济可持续发展,"自然资源等财富在代内和代际的公平分配"理论的确立。为解决全球资源短缺、环境污染严重的环境退化问题,经济学家庇古率先提出的"政府利用宏观税收调节环境污染行为"的环境税收思想,是环境税收得以产生的思想理论基础。环境税收制度是政府为实现特定的环境保护目标、筹集环境保护资金、强化纳税人环境保护行为而建立的一系列税种以及采取的各种税收措施的制度。

当今世界上许多国家都开征固体废弃物税、空气污染税、注册税、噪声税和水污染税等,并把这些收入投入到生态环境保护中,使税收在生态环境保护的过程中最大限度地发挥作用。从国外的实施情况看,其相关税种主要包括:污染税、产品税及专门为环境保护筹集资金的相关税种。我国税收制度中还没有设立真正意义上的环境保护税种,有关环境保护的税收措施散见于各个税种中,如资源税、城镇土地使用税、耕地占用税等在一定程度上是具有环境保护性质的税种。

6.2.2　城市(镇)土地集约利用相关机制及政策研究现状

1. 约束机制

在国外,早在 20 世纪初期,通过分区规划及管制措施对城市用地扩展及土地集约利用进行约束的国家就有不少。美国是典型的通过分区进行土地管制的国家,通过确定土地使用密度和容积率实现对土地利用的管制,管制对象集中在建筑物及其布局,同时还包括建筑物及其他构筑物的高度、层数、规模、建筑线、最小空地率、建筑密度、最小容积率等。通过土地使用密度和容积率进行"量"的控制,达到城市(镇)土地集约利用、提高土地使用效率的目的。为了改善和提高城市环境质量,并防止城市的过度扩展,英国在各城市周围设置绿带,绿带中任何开发建设都受到开发许可制度的严格控制,其主要目的是为了控制城市过度外延,减少乡村土地被占用,保护生态环境。英国中央政府明确规定,利用存量土地进行开发建设;加快废弃地的改造;方便居民就近上班,减少家用轿车数量;新增住宅建设要集中在城区内,60% 的新住宅要在已开发土地,即存量土地上建设。在我国,近年来强化节约和集约用地的政策实施力度不断加大,《全国工业用地出让最低价标准》、《开发区土地集约利用评价规程》、《单位 GDP 和固定资产投资规模增长的新增建设用地消耗考核办法》的陆续颁布和出台,对我国城市(镇)工矿土地集约利用起到强有力的推动作用。

2. 多元激励机制

在国内,各地为了促进城市(镇)工矿土地集约利用,从多方面入手,形成不同方式的激励机制。福建省为充分利用价格杠杆促进产业结构调整,提高城市(镇)工矿土地节约集约利用水平,建立了工业项目节约集约用地地价调节机制。该机制主要实行"4个挂钩",即工业用地地价与产业类型、用地规模、土地利用率、土地集约度相挂钩。江苏、浙江等地通过税费减免及补贴政策,推动园区产业结构升级及土地利用结构调整。深圳市城市更新遵循政府引导、市场运作的原则,通过各类产业政策及规划引导,鼓励产权所有者和业主自发改造。同时,市、区两级政府设立专项资金扶持更新项目的开展,建立吸引多元投资的更新激励机制,推动土地可持续再开发的合理进行。

3. 土地交易市场机制

日本政府从20世纪70年代开始建立了一整套的以限制土地交易为主要目的的土地交易管理制度。在该制度体系中,最重要的是土地交易审批制度,用以直接控制某些地区的地价水平及土地使用目的。土地交易双方正式签订交易合同以前,必须向地方政府提出申请,政府对土地交易主要是从土地交易价格和土地使用目的两个方面进行审查。中国的土地市场化始于20世纪80年代末的城市(镇)土地使用制度改革,至2001年,国务院发出15号文件《关于加强土地资产管理的通知》,有针对性地从严格控制建设用地供应总量、严格实行国有土地有偿使用制度、大力推行招标拍卖、加强土地使用权转让管理、加强地价管理和规范土地审批的行政行为6个方面,提出具体的要求,并从源头和制度上加强土地资产管理,在土地资产管理制度上制定了一系列新的举措。土地交易市场机制的建立,可以优化配置土地资源、调整产业结构,优化生产力布局、健全市场体系,实现生产要素的最佳组合,同时也促进城乡统筹的推进。2010年中央一号文件加大通过以城带乡方式统筹城乡发展的力度,全国各地陆续制定和出台地方性法规以更好地引导和管理农村建设用地使用权的流转,相关的实践也不断开展。《广东省集体建设用地使用权流转管理办法》提出,把农村建设用地纳入城乡统一的土地市场,规定在土地利用总体规划下,建设用地使用权可以进行出让、出租、转让、转租和抵押。重庆市作为国家统筹城乡综合配套改革试验区,在消除城乡二元结构、统筹城乡土地使用方面提出,在农民自愿的前提下,农民退出承包地享受相应的社会保障,退出宅基地享受廉租房或经济适用房的"二退二享"政策。成都市《关于统筹城乡经济发展推进城乡一体化的意见》,通过土地整理、土地承包经营权入股、集体建设用地"集中"流转等方式,使每一个农民在村集体经济中都能找到自己的位置,农民生活条件与农业生产条件得到改善,促进农业产业的规模经营。

6.2.3 现有理论研究及试点成果简要评述

将以上国内外流域及湖滨生态保护相关机制和政策以及国内外城市(镇)工矿土地集约利用相关机制和政策进行整理归纳,主要体现在以下几个方面:生态补偿机制、排污权交易制度以及环境税收制度都起源于国外,在国外探索实践的过程中,这一系列机制和制度对于流域污染控制及生态环境保护从不同的角度给予推动。我国在此方面从理论研究到实践操作都起步较晚。约束机制、多元激励机制、土地交易市场机制在城市

(镇)工矿土地集约利用方面的国内外实践都较为丰富,且由于国内外制度环境不同、社会经济发展水平差异等原因,在运行机制上各有差异,且在国内由于各地面对的城市(镇)工矿土地集约利用的制约因素不同,制度构建上也各有不同。总而言之,这一系列机制及政策的实施,对国内外流域生态保护及区域土地利用优化配置起到积极的作用,这些有益的经验,对于高原湖滨城市(镇)土地集约利用机制构建具有重要的参考和借鉴价值。

6.2.4　生态约束下高原湖滨城市(镇)土地集约利用管理机制构建的基础理论

1. 生态环境价值论

长期以来,资源无限、环境无价的观念根深蒂固地存在于人们的思维中,也渗透在社会和经济活动的体制和政策中。生态环境破坏的加剧和生态系统服务功能的研究,使人们更为深入地认识到生态环境的价值,并成为反映生态系统市场价值、建立生态补偿机制的重要基础。Liggieri 等(2009)和联合国千年生态系统评估(MA)的研究在这方面起到划时代的作用。生态系统服务功能是指人类从生态系统获得的效益。生态系统除了为人类提供直接的产品以外,所提供的其他各种效益包括供给功能、调节功能、文化功能以及支持功能等可能更为巨大。因此,人类在进行与生态系统管理有关的决策时,既要考虑人类福祉,同时也要考虑生态系统的内在价值。

2. 外部性理论

外部性(externality)理论是生态经济学和环境经济学的基础理论之一,也是生态环境经济政策的重要理论依据。外部性的特征是:①独立于市场机制之外;②产生于决策之外而具有伴随性;③与受损(益)者之间具有某种关联性;④具有某种强制性;⑤不可能完全消失。环境资源生产和消费过程中产生的外部性,主要反映在两个方面,一是资源开发造成生态环境破坏所形成的外部成本,二是生态环境保护所产生的外部效益。由于这些成本或效益没有在生产或经营活动中得到很好的体现,从而导致破坏生态环境没有得到应有的惩罚,保护生态环境产生的生态效益被他人无偿享用,使得生态环境保护领域难以达到帕累托最优。庇古认为,当社会边际成本收益与私人边际成本收益相背离时,不能靠在合约中规定补偿的办法予以解决。这时,市场机制无法发挥作用,即出现市场失灵,必须依靠外部力量,即政府干预加以解决。当它们不相等时,政府可以通过税收与补贴等经济干预手段使边际税率(边际补贴)等于外部边际成本(边际外部收益),使外部性"内部化"。

3. 地租地价理论

由于土地受自然、社会、经济等多种因素的影响,处于不同地段的土地会表现出不同的利用方式,地价的高低和地租的多少直接影响土地利用潜力的发挥,即地租地价决定着土地的用途和利用方式。地租地价是引导土地合理和有效利用的重要经济杠杆。地租地价不仅为土地供给者、需求者和管理者提供土地区位指示，也为土地供求双方以及管理方建立利用效益或强度评价指标。通过土地规划和计划，在适合的土地位置安排适合的土地利用，能够实现土地经济价值的最大化；在适合的土地位置安排不适合的土地利用，会限制土地经济价值达到最大化。因此，掌握地租地价规律，是政府调整和实现土地合理和有效利用的一个重要尺度。地租地价理论有利于指导我们在土地利用中获得最佳的综合效益，促进我国土地的优化配置和高效利用。

4. 可持续发展理论

世界环境与发展委员会于 1987 年在《我们共同的未来》报告中第一次对可持续发展作了全面、详细的阐述。可持续发展思想的核心是"既满足当代人的需求，又不对后代人满足其自身需求的能力构成危害的发展"。它是以保护自然为基础，与资源和环境承载力相协调的发展，不仅重视数量的增长，更追求质量的改善、效益的提高和资源的节约，从而为后代开创一个能够持续健康发展的基础。土地资源作为一种有限的自然资源，人们在利用时必须以可持续发展理论为指导，在不破坏土地生态平衡的前提下，挖潜存量土地，提高土地的相对供给能力，避免盲目地追求利益的最大化；同时，可持续发展理论也对区域及流域开发作出了指导，即流域的开发利用不能超出流域的生态承载力，不能破坏流域生态系统的自我修复和调节能力。

5. 市场失灵与政府干预

1) 资源配置的市场失灵

尽管完全竞争市场是经济效率最高的市场，但市场失灵的出现仍是不可避免的。西方经济学认为，由于存在着垄断、外部性、公共产品、忽视社会目标、不完全信息等问题，现实社会无法满足完全竞争市场所必须具备的一切条件，价格机制无法正常发挥作用，资源分配无法达到最有效率的状态，进而导致市场失灵的出现。市场失灵分为两类，一类是由于市场本身存在难以克服的缺陷所引起的失灵，所谓"公地的悲哀"就是此类市场失灵的表现。另一类市场失灵是由于市场机制不健全，或者说缺乏公平高效的市场环境所导致的失灵。这种失灵通常存在于市场经济发育初期的资源配置市场。市场经济起步较晚的转型期国家，如中国，往往这两种失灵并存。

2) 政府干预

市场失灵一直被作为政府对市场进行干预的依据，也就是说必须采用微观经济政策，纠正市场失灵现象，使社会经济活动尽可能接近完全竞争市场的条件，使市场机制的不足之处得到弥补，从而使社会资源的配置达到最佳状态。但经济学研究也表明，通过消除或缓和市场失灵，政府干预提供提高效率的可能，但是设计与实现这一目标的手段与途径并不容易，很多情况下，产生政府失灵。因此，政府对资源的配置同样具有局限性，对政府失灵的情况进行分析有助于防止人们从一个极端走向另一个极端，把市场和政策干预两者结合起来，增加人们选择的理性思考和认识。

6. 参与式发展理论

"参与"的概念大概出现在 20 世纪 40 年代的末期,五六十年代逐渐发展到具有实践意义的"参与式"的方式。到了 90 年代,经过 20 余年的实践,"参与"的概念和理论已趋于成熟,涵盖的方面更加广泛,"参与"已不能从字面上简单地理解为"介入"或群众的参加,而应更多地反映基层群众被赋权和行使其权利的过程。60 年代以后逐步形成的参与式发展理论,是对传统发展理论的反思与批判。与现代化理论相比,参与式发展理论是一种微观发展理论,它强调尊重差异、平等协商,在"外来者"的协助下,通过社区成员积极、主动地广泛参与,实现社区的可持续、有效益的发展,使社区成员能够共享发展的成果。参与式发展的基本原则是:建立伙伴关系;尊重乡土知识和群众的技术、技能;重视项目过程,而不仅仅看重结果。归纳起来,参与式发展理论包含以下几个方面:参与主要是指在特定的社会状况下发展的收益群体对资源的控制和对制度的影响;参与意味着利益的相关方在发展的过程中的决策作用;参与是政治经济权利向社会弱势群体进行调整的过程;参与意味着在社会中构建相互平等的伙伴关系。由此可见,参与式发展更多的是从弱势群体的角度来考虑发展问题,向弱势群体赋权,尊重他们的意愿、意见和建议,让他们在决策中发挥作用,让他们真正地获益。

6.2.5　小结

20 世纪初以来,国外一些国家在流域开发保护及土地利用方面有一些相关的研究成果可供借鉴,对土地集约利用相关机制及政策的理论研究在国内也有不少学者进行过实践探索。但针对生态约束下高原湖滨城市(镇)土地利用的理论研究并未形成完整的体系,必须在消化、吸收这些理论成果的基础上,从生态视角重新审视高原湖滨城市(镇)扩展与土地利用模式,按照生态学原理构建可持续的城市(镇)土地集约利用模式与管理机制。国内外学者对生态环境保护及土地集约利用的理论探索是生态约束下高原湖滨城市(镇)土地集约利用机制构建的基石,然而如何整合理论研究成果,并以此为指导,在生态约束下,完善高原湖滨城市(镇)土地集约利用的制度化设计有待进一步研究。

6.3　生态约束下高原湖滨城市(镇)土地集约利用管理机制框架构建

在对生态约束下高原湖滨城市(镇)土地利用动态变化及其对流域水环境影响机理分析的基础上,结合高原湖滨城市(镇)土地利用管理存在的问题以及由此引发的高原湖泊水质恶化问题,探求从土地集约利用管理机制创新的角度,基于生态学的视角,建立生态约束下高原湖滨城市(镇)土地集约利用管理机制,以期实现高原湖滨城市(镇)社会经济发展与高原湖泊生态保护的双向协调。

6.3.1 机制框架构建

1. 机制构建的指导思想

以现行我国土地管理法规体系为依据,以保护高原湖泊流域生态环境、改善高原湖泊水质为前提,抓住经济结构转型与增长方式转变的契机,按照"控增量、挖存量、精细化管理、集约化利用"的要求,倡导转变经济发展方式和土地利用方式,提升城市(镇)发展质量,加快土地集约利用管理机制创新、体制改革与政策调整,合理有序开发利用整治土地资源,转变土地资源配置方式,降低经济增长的土地资源成本,提高高原湖滨城市(镇)土地管理水平和可持续发展能力,构建适合高原湖滨城市(镇)土地可持续集约利用的新型土地管理机制和政策体系,为重塑高原湖滨城市(镇)与湖泊和谐关系的土地利用管理新格局提供管理机制和政策支撑。

2. 机制构建的目标

在明晰高原湖滨区域及湖泊生态与土地利用方式之间互动机理的基础上,研究如何通过土地利用管理制度的改革,使用地主体在土地利用过程中把高原湖泊流域生态保护目标放在首位,促使企业、地方政府自觉调整土地利用结构、提高土地利用集约度,使得高原湖滨城市(镇)土地无序蔓延、盲目发展和严重浪费土地资源的现象得到有效遏制,为湖滨生态用地预留更多的空间,统筹城乡发展,改善农村生产生活环境,实现区域土地利用粗放向集约转变和高原湖滨城市(镇)生态经济的协调发展。

机制的构建要实现"市场灵、约束硬、激励实、监管严"。"市场灵"就是要使市场在配置土地资源中发挥基础性作用,在流域环境保护中实现补偿调剂;"约束硬"就是要严格制定和执行土地利用规划,严格执行排污控制;"激励实"就是要通过土地利用及污染控制中奖励和惩罚相结合的手段来积极引导土地利用方向和强度;"监管严"就是充分发挥政府、企业、公众等各方面的作用和现有技术优势,加强各类土地利用变化、湖滨生态环境及湖泊水质的监督、监测和督察,对违法用地和粗放用地行为、湖泊污染行为进行严格控制和管理。

3. 机制构建的原则

1) 生态保育原则

坚持高原湖滨区域开发利用以生态环境保护为前提,维护高原湖滨区域生态系统完整性,妥善解决和避免土地利用过程中产生的对流域环境的不良影响,实现高原湖滨区域生态环境质量的改善。

2) 前瞻性与可操作性原则

借鉴国内外有益经验和成功做法,立足高原湖滨城市(镇)客观现实条件,在现行土地管理及生态管理的法规制度基础上,提出创新的思路,同时兼顾政策及措施的实际可操作性。

3) 公平与效率原则

公平和效率原则强调不能片面地追求经济效益,而忽视资源与社会承受能力;在土地利用上不能过度追求建筑密集度,而忽视对环境的保护;不能只着眼于企业的引入,而忽视企业之间的产业关联和对区域经济的产业链带动能力。

4. 机制构建的总体构思

综观国内外理论研究及现有实践,结合机制构建的指导思想及目标,分析得出:生态约束下高原湖滨城市(镇)土地集约利用机制的构建需要政府的管制和调控、市场的运作和公众的参与。政府管制是落实土地利用行为约束、用地标准控制的基础,也是污染控制的最强有力手段;同时政府的调控可以协调、平衡各方利益,在集约用地的同时实现土地利用整体效益最佳。市场运作在资源配置中起着基础性的作用,是集约用地和流域环境保护的内在驱动力。公众参与则通过对政府调控进行监督,对市场失灵及其缺陷进行补充和完善。从以上三方面入手,形成"机制束",使机制之间相互作用,共同推动生态约束下高原湖滨城市(镇)土地集约利用。

对机制的构建采用"机制束"—"政策要点"—"对策建议"的思路,从宏观到微观、从全面到要点、从概念到手段进行全方位表达。"机制束"由规划引导控制机制、激励约束机制、信息化动态监测评估机制、城乡建设用地联动整治机制、流域环境治理与保护协调管理机制以及公众参与机制组成,各机制的具体内容在 6.4 节中进行阐述;进而,6.5 节中提出高原湖滨城市(镇)土地集约利用模式的实现及机制的实施需要关注的政策要点;6.6 节结合当前高原湖滨土地利用及湖泊水生态管理问题提出措施建议,促进生态约束下高原湖滨城市(镇)土地集约利用机制的有效实施。

6.3.2　小结

本节依据高原湖滨地区土地利用与湖泊生态关系的研究结果,结合生态约束下高原湖泊流域城市化地区城镇村土地集约利用模式的具体类型,明确生态约束下高原湖滨城市(镇)土地资源集约利用管理机制构建的指导思想、目标及原则,在此基础上提出生态约束下高原湖滨城市(镇)土地集约利用机制的构建需要政府的管制和调控、市场的运作和公众的参与。进而采用"机制束"—"政策要点"—"对策建议"的思路构建生态约束下高原湖滨城市(镇)土地集约利用管理机制的总体框架。

6.4　生态约束下高原湖滨城市(镇)土地集约利用管理机制

6.4.1　规划引导控制机制

生态约束下的高原湖滨城市(镇)土地集约利用要以规划为龙头,科学划定各类功能

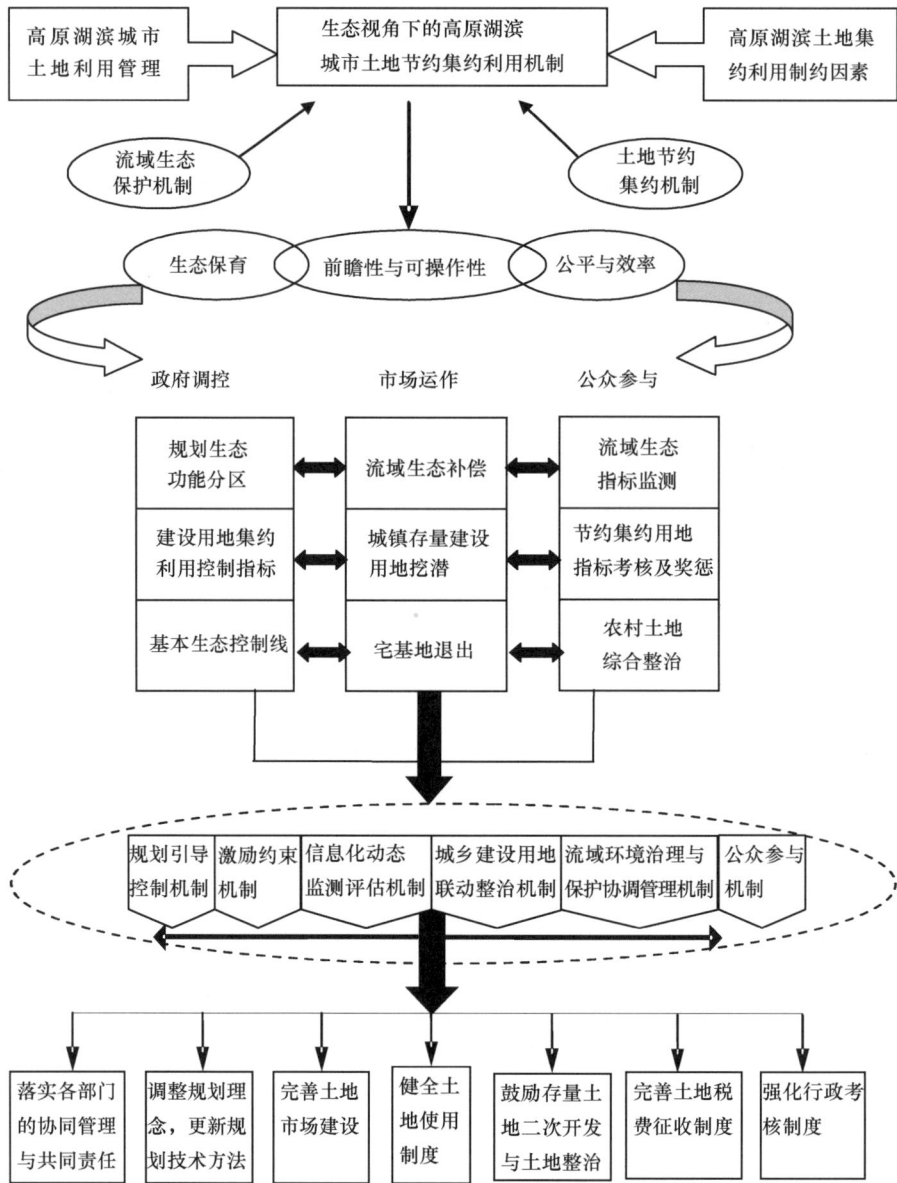

图 6.1 生态约束下高原湖滨城市(镇)土地集约利用管理机制框架

区,优化空间布局,切实发挥土地利用总体规划的宏观控制功能、城市(镇)规划的微观优化功能与村镇规划的集中挖潜功能,加强规划对高原湖滨地区经济社会发展的指导作用,促进土地资源合理集约利用。

1. 严格落实规划生态功能分区及管制规则

严格落实土地利用总体规划中对各类土地用途区土地利用活动提出的限制,结合流域水污染防治规划划分的生态功能分区,落实区域管制规则。

2. 规划引导城市(镇)组团式发展

遵循现代生态城市设计理念,控制城市无序蔓延,在空间上实行紧凑组团布局。一是多中心、多层次地配置城市和城镇组团,避免中心城区"摊大饼"无序蔓延,形成中心城市-次级城市-城镇-村镇合理的城镇村空间布局体系。二是每个组团都应该是高密度、集约化的紧凑发展,尽可能避免组团面积无限扩大,尽量少利用汽车交通就能满足居民日常生活的出行需求,减少污染。三是大力发展城镇组团群之间的公共交通网络,实现紧凑的城市(镇)群和各组团连接。各城市(镇)群和组团之间有足够的绿地和林地、草地、农田等开放空间或生态隔离带和绿色廊道,形成山水园林的生态城市景观。同时有利于集中建立城市(镇)污水回收和处理设施,提高城市(镇)污水处理的效率。

3. 强化建设用地集约利用控制

设立区域性的建设用地集约利用控制指标,结合土地集约利用评价制度建设,规范下位规划的实施与调整。完善和严格执行节约集约用地标准,包括农村集体建设用地和宅基地,都要控制增量,盘活存量,提高土地利用效率和集约化程度。

(1)规划修编中,分别针对城市(镇)、村镇、开发区的用地特征设计集约利用管理办法,重点突出城乡结合部、开发区内新增建设用地的管理。

(2)建立科学、全面、可操作性强的建设用地集约利用控制指标体系,对土地投入、产出与开发强度等进行调控。在与城市规划和相关法规衔接的前提下,对城市(镇)与村镇人均用地规模与建筑容积率进行调控,对开发区土地开发强度、土地投入产出水平和(非)生产性用地比例进行调控。

(3)结合地区经济发展水平与土地利用现状,科学制定建设用地集约利用控制标准。集约利用控制标准不仅应考虑到不同区位及不同类型高原湖滨城市(镇)之间的差异和城乡差异,还应考虑到大中城市与小城市、城镇的差异,(特殊)产业集聚区与一般工业区之间的差异。

(4)市、县、乡(镇)土地利用总体规划修编必须进行土地集约利用动态评价。结合弹性规划思路,在控制全省土地利用控制指标(如新增建设用地)调整幅度的前提下,经济发展与土地供给矛盾突出、土地集约利用总体水平动态优化显著的地区,优先享有规划修改与调整的机会。只有达到土地集约利用规划控制标准的地区,才可以进行以适度扩大用地规模为目的的规划调整与修改。

加强城市规划和土地利用总体规划的衔接力度,树立科学的城市规划理念,着力构建节约型的城市化模式。同时,加强产业空间规划、城镇体系规划、道路交通规划与土地利用总体规划的相互衔接,建立协调统一、控制有力的规划调控体系。

6.4.2　激励约束机制

建立有效的激励约束机制,让土地使用者在土地使用过程中有外在压力与内在动力,促进存量土地的合理利用,实现粗放用地行为向集约用地行为转化。从污染排放控制、产业用地标准及准入、节约集约用地指标考核及奖惩、财税政策的优惠与引导等方面,建立生态约束下高原湖滨城市(镇)土地集约利用的激励约束机制。

1. 加强污染排放控制

严格规定未经处理的城市(镇)生产生活污水不得直接排入湖泊,建立污水回收和处理设施,全面截留城市(镇)废水并处理为中水,进而还湖。严格规定村庄污水及垃圾进行集中堆放,统一回收处理,有效减少农村居民点点源和非点源污染对湖泊水体的直接影响。

2. 产业用地指导标准制定及准入规则

建立高原湖滨城市(镇)产业用地门槛制度。对于新增建设用地的项目,核算用地规模时要把闲置地一并计算在内。对土地使用设置多道"门槛",实施严格管制,变"招商引资"为"选商引资",杜绝质量不高的项目。在工业用地利用现状基础上,结合国务院、云南省产业发展政策和相关政策文件,制订不同地区、不同产业用地门槛。产业用地门槛主要包括投资门槛(地均投资额)、效益门槛(地均产出额)和土地利用效率(建筑容积率、建筑系数等)、利用方式(非生产性用地比例、生态和绿化用地要求、排污控制要求等)方面的限制。严格建设用地定额管理,重点控制"3项指标",投资总量指标、投资强度指标、生产规模指标,并按照项目供地目录进行供地,将项目是否符合集约用地要求作为预审的重要内容,严格依照土地利用总体规划、国家产业政策对项目用地各项指标进行审查。对没有达到集约用地规定的项目,预审不予通过,凡是达不到"3项指标"或不符合国家重点项目供地目录要求的,一律不予供地。

3. 节约集约用地指标考核及奖惩

对节约集约用地实行量化评价考核,将集约用地目标任务及单位 GDP 和固定投资规模增长的新增建设用地消耗作为重要指标,纳入政府年度考核指标体系,将考核结果与建设用地指标、农地转用与征收相挂钩。对土地利用集约化程度高的地区、企业,优先供应建设用地,并在安排土地开发复垦整理、建设用地指标周转、折抵上予以重点支持。对存在较多闲置、空闲、批而未供和低效利用土地,又缺乏挖潜改造措施的地区、企业,要严格限制其新增建设用地的扩展。对按照节约集约用地要求盘活各类存量建设用地的地区、企业,按照盘活面积给予适当奖励。其次,积极开展对项目企业的考核,通过开展节约集约用地典型企业的征集和"节地型"企业创建活动,对经过考核评选出来的"节约集约用地先进单位",对项目企业法定代表人进行重奖,对项目企业扩大再生产投资优先供应土地,需要资金优先推荐给相关银行,优先办理享受国家抵免税政策手续,优先推荐申请国家、省市有关优惠政策,促使节约和集约用地成为企业的自觉行为。对经过考核,达不到节约集约用地标准的企业,要责令纠正;对拒不改正的,要核减用地面积,直至收回土地使用权。

4. 财税政策的优惠与引导

在土地利用方面,加强土地闲置费征收工作,抑制土地浪费行为。建立费用减免办法,鼓励建设项目利用存量土地,鼓励新增工业用地高强度开发利用以及对原工业用地追加投资、转型改造、提高容积率。建立税费杠杆调节机制,根据具体情况,实行差别税率,对闲置、低效利用的建设用地,提高收取土地闲置、使用税;对充分利用地上地下空间的建设用地项目,可以减免部分土地使用税,以增强土地集约利用的投资动力。在高原湖滨生态修复方面,通过财税优惠政策、财政转移支付资金支持等各种措施进行利益调节,恢复高原湖泊湿地和面山植被,在流域中保留足够量的生态用地。在高原湖滨农业生产方面,通过财税优惠政策大力鼓励农民改变农业生产方式,减少化肥、农药使用,推广绿色生态农业。

6.4.3　信息化动态监测评估机制

1. 多尺度动态评价城市(镇)土地集约利用

探索建立城市(镇)土地集约利用综合评价体系,开展多尺度动态土地集约利用评价。宏观层次,以控制增量为核心,以城市(镇)整体为评价对象,以综合评价城市(镇)土地使用效率的动态变化状况为主,其指标应着重反映与经济社会发展相对应的用地增长状况、土地利用投入强度、使用强度和经济效率。中观层次,以存量挖潜为关键,为城市(镇)布局的合理调整和结构优化奠定基础,考虑被评价土地的使用类型差异,有针对性地设立评价指标体系。微观层次,以完善补充市场体系、建立供地标准体系为目标,评价是以城市(镇)具体宗地或用地项目为评价对象,以补充和完善现有市场体系的不足、通过建立供地标准体系来保障土地的集约利用。

2. 流域生态指标监测与生态安全控制

完善流域生态指标监测系统,对流域水质污染、湖体富营养化程度、水生植被等要素进行动态监测,及时、准确地掌握高原湖滨区域生态指标变化情况;建立流域生态安全评价指标体系,实行流域生态安全定期评价制度,对发现的问题及时进行控制和修复。构建城乡一体、多层次的生态网络体系,根据生态功能区划,建设一批生态涵养区,大力发展生态产业,加快生态风光带建设,构建并保护好环湖绿色生态圈;加快流域生态脆弱地区生态隔离带建设,实施村庄绿化工程,建设一批城市(镇)片林和集中绿地,以保障流域生态安全。

3. 土地利用生态效应动态预警系统

充分利用"3S"技术,依托其现势性强、直观、准确等特点,加快推进土地利用生态效应动态预警系统平台建设,逐步实现"以图管地"以及"水土一体化生态效应预警"。一方面,加强建设用地利用全程监管,对在规定时期内达不到土地出让合同要求的企业,早发现、早立案、快处理,有效遏制和减少粗放低效用地;另一方面,通过建立土地利用与水生态变化的相互关系模型,并根据评价模型得出评价结果,掌握不同时期土地利用造成的水生态效应,在此基础上,设置评价预警系统,通过预警可以对湖滨不同区域提出土地利用的重点和方向,及时调整土地供应的总量、结构、供应方式以及土地利用要求,优化流域土地利用结构,促进其生态化利用。

6.4.4 城乡建设用地联动整治机制

1. 以产业结构调整推动城市(镇)存量土地集约利用

以产业结构调整和转移促进城市(镇)改造。鼓励城市中心区的第二产业企业向开发区、工业集中区转移，实施产业结构的"退二进三"，资本密集、技术含量高的产业与服务业进驻中心城区，将土地集约利用带来的土地增值部分让利于企业，以拉动旧城改造。利用产业发展规划成果，根据产业发展导向对不同类型产业按照禁止、限制、发展、培育孵化等类型实施差别化土地供应；从产业集聚导向出发，以土地利用规划和产业规划为基础，充分利用税费优惠政策引导企业集聚集中，集约利用土地。允许和鼓励原工业企业根据城市规划要求进行改造，在法定土地用途、建设用地使用权人和主体建筑"三不变"的前提下发展工业设计和创意产业。对一些长期闲置、濒临倒闭、产业转移等企业和用地，通过无偿收回、限期开发、异地置换、协议收购等一系列措施，积极盘活低效利用土地，引进新的项目或调整土地用途，实现产业转型升级。

2. 以城增村减为纽带加快农村土地综合整治

以"规划先行、政策引导、村民自愿、多元投入"为原则，完善城镇建设用地增加与农村建设用地减少挂钩机制，通过将城镇增量建设用地指标与农村存量建设用地盘活相挂钩，实现以城带乡、以乡促城的城乡互动节约集约用地良性循环。大力实施"城中村"改造，实现城市(镇)由"摊大饼"式的发展模式向新增和挖潜结合模式的转变，最大限度控制城市(镇)规模盲目扩大。全面推进农村土地综合整治，改变农村土地利用布局和利用方式，发展绿色生态农业；通过"迁村并点"等方式，将农村居民适当集中，以利于集中建设村庄污水垃圾处理设施，减少环境治理的经济成本，改善农村居民生产生活条件；大力发展村镇污水处理配套管网设施，推进户用沼气、规模畜禽养殖沼气工程建设，发展秸秆汽化等农村清洁能源，推进农村生活垃圾集中无害化处理，减少生活垃圾形成的非点源污染对湖泊水质的直接影响。

3. 引导宅基地退出

在农村土地产权制度创新基础上，加快编制乡镇村庄布局规划，提升乡镇、中心村的品位和承载力，促进人口集中和产业集聚，引导高原湖滨农村居民向乡镇、中心村和城市(镇)社区集中居住，整合撤并现有农村居民点，加快乡村城镇化。坚持自愿置换、试点先行、集约高效的原则，学习深圳及江苏、浙江试点成功经验，开展"三个置换"①和"两分两换"②，推进土地流转和市场化运作，实现宅基地退出。同时，落实好农民后续保障，根据区域第二、第三产业发展情况，有针对性地开展农村劳动力职业技能培训，提高劳动力就

---

① "三个置换"：以宅基地置换住房、以土地承包经营收益置换社保、以土地承包经营权置换股份。
② "两分两换"："宅基地与承包地分开、征地与拆迁分开"，"以土地承包经营权置换社会保障"和"以宅基地置换城镇住房"。

业能力,拓宽就业渠道,帮助农民劳动力转岗转业。使进入新居的农民既能改善生活条件,又能获得就业机会、持有资产股份、增加财富积累、提高保障水平,真正做到"转移出得来、进城留得住、生活过得好"。

6.4.5　流域环境治理与保护协调管理机制

1. 划定基本生态控制线

借鉴深圳市划定基本生态控制线①的办法,加强对流域建设用地扩展控制和流域生态保护。通过划定基本生态控制线并向社会公布,可以对基本生态控制线范围内的土地强制性地进行严格保护,接受全社会的监督。依据生态学及景观生态学原理,设置流域最小生态用地量指标,反向控制湖泊流域城镇村等建设用地扩展,使生态安全网络、绿色廊道体系、城市(镇)休闲空间形成一个整体。恢复湖滨湿地等生态用地类型,严禁建设用地侵占湖滨湿地带,保留适当规模的林地、牧草地等自然生态用地。

2. 构建流域生态补偿市场

整合现有生态补偿法规,健全流域生态补偿市场,引入市场竞争机制,按照"保护者受益、损害者付费、受益者补偿"的原则,建立制度化、规范化、市场化的生态补偿体系和多样化的生态补偿方法、模式。针对湖泊核心保护区、滨湖控制开发带的主要生态类型,开展湖泊流域生态补偿试点,探索建立流域生态补偿的市场机制,使环境的保护者、提供者和受益者之间形成一种良性互动。

3. 建立流域土地利用生态保证金

建立流域土地利用生态保证金制度,规定所有计划用地主体都必须交纳一定数量的生态保证金,对其土地利用过程中的污染排放、生态影响控制作出保证,经过审核后才能取得土地使用权。保证金的数量应根据当年治理生态破坏的成本加以确定。保证金既可以在银行开设生态修复账户进行上交,也可以通过地方环境部门征收后上缴国家。若用地主体未按规定履行生态补偿义务,政府可动用保证金进行生态治理。

6.4.6　公众参与机制

1. 公众参与决策

针对高原湖滨城市(镇)相关规划,包括土地利用总体规划、城市规划、流域保护规划等,通过社会公众的广泛参与,为政府的科学决策提供建议。公众参与决策有利于发挥

---

① 基本生态控制线是为保障城市基本生态安全,维护生态系统的科学性、完整性和连续性,防止城市建设无序蔓延,在尊重城市自然生态系统和合理环境承载力的前提下,根据有关法律、法规,结合城市实际情况划定的生态保护范围界线。

公众的专业知识和创造性,提高决策质量,维护规划的可信度和合法性。公众参与主体包括所有的利益相关者,即高原湖滨区域土地管理部门、环境保护部门及其他政府部门、农民、城市居民、土地开发商、科研机构和专家等。在广泛征求各方面意见的基础上,汇聚公众智慧,保证各种规划和政策的顺利实施。

2. 公众参与监督

发挥公众强大的监督力量,通过建立咨询与听证制度、信息公开制度,畅通群众反馈意见渠道,监督土地按照制度与规划要求加以开发利用,加强对地方政府及官员行为的监督,避免政府干预的偏差或引起外部不经济性。建立有偿举报制度,扩大监督渠道,将土地闲置浪费及流域污染降低到最低限度。开展流域建设重大决策事项的公示和听证,确保公众的知情权、参与权和监督权,充分发挥网络监督和舆论的功能,使其成为维护土地利用秩序及保护流域生态环境的重要力量。

6.4.7 小结

本节对生态约束下高原湖滨城市(镇)土地集约利用管理机制内容进行详细阐述,"机制束"由规划引导控制机制、激励约束机制、信息化动态监测评估机制、城乡建设用地联动整治机制、流域环境治理与保护协调管理机制以及公众参与机制组成。其中,规划引导控制机制的执行要严格落实规划生态功能分区及管制规则,利用规划引导城市(镇)组团式发展,同时强化建设用地集约利用控制指标;激励约束机制的执行从加强污染排放控制,制定产业用地指导标准及准入规则,实施节约集约用地指标考核及奖惩以及财税政策的优惠与引导多方面进行组合;信息化动态监测评估机制由多尺度动态土地集约利用评价,流域生态指标监测及生态安全控制以及土地利用生态效应动态预警系统进行支撑;城乡建设用地联动整治机制关键在于以产业结构调整推动城镇存量土地集约利用,以城增村减为纽带加快农村土地综合整治,并且引导宅基地退出;流域环境治理与保护协调管理机制要靠划定基本生态控制线、构建流域生态补偿市场及建立流域土地利用生态保证金合力实现;公众参与机制主要包含公众参与决策与公众参与监督两方面内容。

6.5 生态约束下高原湖滨城市(镇)土地集约利用管理政策要点

高原湖滨城市(镇)土地集约利用模式的实现及机制的实施需要政策的支撑,在机制构建的基础上,进一步提出生态约束下高原湖滨城市(镇)土地集约利用管理政策要点。

6.5.1 政策要点

1. 落实各部门的协同管理与共同责任

高原湖滨城市(镇)土地集约利用以及湖泊水生态保护是全社会的共同责任,是一个系统工程,需要各司其职,协调联动,齐抓共管,加强对节约集约用地及环境保护各个环节的监督、检查和执法,保证和促进各项措施落地。按照权责一致原则,明确各级政府、各部门、各行业在推进节约集约用地及环境保护中的责任,形成全面的共同责任体系。另外,建立良好的部门协调联动机制,构建由综合部门、各有关行业协会联合的推动湖滨节约集约用地与环境保护的合力。

2. 调整规划理念,更新规划技术方法

在规划理念方面,对于高原湖滨区域城市(镇),应当打破传统的单中心聚焦蔓延的空间发展模式,坚持不"摊大饼",实现有菜田、农地、绿地开敞空间穿插其中的、分块的、有序发展的规划,规划修编中用地结构和布局的调整,应以维护高原湖泊生态安全为导向。在规划技术方法上,由于传统以目标控制为主的静态规划在以下两方面脱离城市(镇)增长的现实要求:首先与市场需求相脱节,其次与对城市(镇)增长的引导和控制相脱节。土地利用规划对城市(镇)建设用地增长的调控应体现在两个方面:一方面是通过法律、法规以及用地条件与标准,引导城市(镇)合理增长;另一方面,通过用地指标控制城市(镇)规模增长。市场经济条件下,土地利用规划的作用更应该体现在引导,所以应当从控制性规划向诱导性规划转变,从目标规划到过程规划转变。此外,吸取较为前沿的"共轭生态规划"①思想编制规划,通过现代生态工程和生态管理技术的创新,实现在维持原有土地生物生产潜力和强化生态服务功能的前提下满足一定比例的建设用地需求,达到以质量保数量、以技术增土地、以管理换功能、以生态促经济的社会、经济、环境三赢目标。

3. 完善土地市场建设

完善土地产权制度,建立城乡统一的建设用地市场,促进土地的资源、资金、资本一体化,使土地产权主体能够拥有明确的利益预期。同时,保证土地要素合理流转,充分发挥土地市场对资源配置的基础性作用。首先,调整和完善相关税制,对闲置土地增设土地闲置税。其次,缩小现行的划拨土地范围,加快修改和修订《划拨用地目录》,对各种土地实行有偿使用,加快推进有关基础设施用地的有偿使用。最后,充分利用价格杠杆促进产业结构调整,提高各类行业建设用地节约集约利用水平。建立工业项目用地地价的调节机制,使之与产业类型、用地规模、土地利用率、土地集约度相挂钩,实行用地动态管理,适时做调整。完善农村土地产权制度,改革土地税收(征用)制度,提高土地征收补偿标准,加大征收农地的成本,促进企业节约集约用地。引入市场机制,创新土地收购模式和多元化补偿方式,开展换地权益书等权益证书探索。健全土地使用权收回制度,明确收回条件、收回程序、补偿标准等。创新建设用地使用主体退出机制,探索实行优先购买权制度。

---

① 共轭生态规划是协调人与自然、资源与环境、生产与生活以及城市与乡村、外拓与内生之间共轭关系的复合生态系统规划。

4. 健全土地使用制度

土地使用制度作为调节土地使用关系中人与人行为关系的法律制度,是构建节约集约用地制度的核心。因此,应细化城乡土地使用制度,直接调节城乡土地节约集约利用的状况。一是实行城镇建设用地增加和农村建设用地减少挂钩。二是细化土地用途管制规定,明确城乡建设用地分区、容积率、建筑密度及生态环境管制和各类管制区内的建筑数量、面积等;借鉴国际经验,还必须对各类保护区用地和景观农业、设施农业用地内的建筑物数量、位置、建筑面积给予明确而具体的限制。改变过去只提原则要求而少有具体措施的粗放管理模式,加强量化指标控制,同时在制度的罚则中加大对违法者的惩治力度。三是禁止建设用地闲置和农地撂荒,规定认定闲置和撂荒的程序及法律责任。四是完善各产业用地定额标准体系,提高土地利用的技术水平。五是创造有利于产权流转机制形成的环境,探讨多种产权流转模式,在当前土地管理制度下优化土地资源配置,实行规模化经营,提高土地综合利用的经济、生态效益。

5. 鼓励存量土地二次开发与土地整治

探索建立规划控制、收益共享、运作高效的土地二次开发利用模式。借鉴广东省"三旧"改造的经验,建立符合高原湖滨城市(镇)的城市(镇)更新政策体系,编制并审批城市(镇)更新计划,统筹安排城市(镇)更新改造。借鉴城市(镇)更新中盘活存量土地的思路,建立健全土地整理储备政策体系。探索在城市重点发展区域建立以存量土地为主,以结构优化、功能提升、利益共享为目标的整体开发模式,对由于各种原因形成的闲置用地,采取限期开发、调整项目、整理复垦、土地回收等多种途径促进盘活。科学编制农村土地综合整治规划,整体开发建设,促进农村人口向中心镇、中心村集中,居住向规划安置点集中,产业向功能区集中,耕地向规模经营主体集中。加大基本农田建设力度,按照现代设施农业和生态农业模式,开展田、水、路、林、村综合整治,促进农业用地规模化经营,引进新农艺,运用新技术,不断提高农田质量和集约利用水平。依托产业和基础设施,科学布局农村居住社区,合理安排农村居住点,适当提高新建农民居住点的容积率。加大分散农村居民点的归并整合力度,协调推进原有零星宅基地的置换和复垦。有效利用现有集中卫生填埋资源,减少简易堆场的数量,建立、健全郊区生活垃圾收集、中转、运输处置系统,减少郊区分散填埋和堆放垃圾占用土地及污水对湖泊的影响。

6. 完善土地税费征收制度

改革土地税制,加大对城市(镇)土地占用和浪费的经济制约。目前,我国的土地税制重流转而轻持有,不适应地产市场发展需要,弱化了政府对土地市场的宏观调控能力。因此,通过制度改革,发挥税收的经济杠杆作用,增大土地保有成本,促进土地流转。鼓励用地者提高用地效率,将闲置土地加以流转。首先,通过提高城镇土地使用税税率,按照具体用地类型对工业、商业、居住用地及其他用地采用差别税率,其中对工业和商业用地采用较高的税率。其次,提高土地保有税,增加不动产占有成本,促进土地的流转和有效利用。改革现行土地闲置费为土地闲置税,对占而不用的土地课税,促进土地使用者节约用地。开征农村土地开发税,从城镇建设用地土地出让金、闲置处罚的一定比例转移支付,用于提升农村土地开发利用与整治。

7. 强化行政考核制度

开展绿色 GDP 体系认证,完善行政考核制度。推动高原湖滨城市(镇)行政考核摒弃片面追求经济增长的传统理念,树立"绿色 GDP"的新理念,统筹经济发展与资源环境保护的关系,通过增加单位土地面积投入和降低单位 GDP 土地资源消耗,提高土地资源的利用效率。把河流交接断面水质指标纳入污染减排考核指标体系,作为对区片地方行政负责人考核检查的重要内容;对交接断面水质未达到控制目标的地方政府,上一级政府责令其限期整改,逾期不整改或整改不力的,启动"区域限批"机制,并对相关官员实行责任追究,依此优化产业结构,合理调整生产力布局,推进经济增长的方式转变,走科技含量高、经济效益好、资源消耗低、环境污染少的和谐发展道路。

8. 小结

本节对支撑生态约束下高原湖滨城市(镇)土地集约利用管理机制实现的政策要点进行阐述,包括行政、技术、经济等方面,具体的政策要点包含:落实各部门的协同管理与共同责任;调整规划理念,更新规划技术方法;完善土地市场建设;健全土地使用制度;鼓励存量土地二次开发与土地整治;完善土地税费征收制度等 7 个方面。通过以上方面政策要点的支撑,稳步推进生态约束下高原湖滨城市(镇)土地集约利用管理机制的实现。

6.6　促进机制有效实施的配套措施和建议

6.6.1　设立生态约束下高原湖滨城市(镇)土地集约利用示范区

1. 措施和建议

建议以高原湖泊流域生态保护为目标,以土地节约集约利用为抓手,设立生态约束下高原湖滨城市(镇)土地集约利用示范区,出台高原生态湖滨城市(镇)建设指导意见或行动纲要,构建高原湖泊流域水生态及土地利用管理委员会,统筹协调高原湖滨城镇村建设与湖泊生态保护,最终实现高原湖泊流域生态经济良性循环的土地利用格局。

在示范区内,推广集约组团式的城市(镇)土地利用布局模式,增加绿地面积,构建生态隔离带,以便于城市(镇)污水的回收处理,改善城市(镇)用地地表结构,增加能吸附污染物的城市(镇)绿地表面,尽可能减少城市(镇)点源和非点源污染。稳步推进存量土地二次开发及农村土地综合整治,调整流域土地利用空间布局,挖掘建设用地空间。恢复湖泊湿地和面山植被,在流域中保留足够量的生态用地并合理分布,重塑流域生态系统。进行生态型集约化农业推广,对农药、化肥、农作物秸秆污染及农村生活污水垃圾治理。通过示范,探索不同的开发模式,进而总结经验,制定政策,进一步推广。

2. 实行规划的动态调整

以规划统筹为手段,实现城乡一体全域覆盖,形成"两规"结合的城乡一体化规划体系和格局。"二年一次评估调整、五年一次滚动修编","两规"结合是其中的核心基础,既保证近期建设项目科学合理用地,又为未来城乡发展预留充分空间。学习借鉴天津滨海新区及深圳特区"一调、两宽、两严"的办法盘活存量,确保国家和省的重大基础设施项目、社会公益事业、重大技术改造项目和关系普通老百姓的住宅建设用地。"一调"就是在符合土地利用规划、城市总体规划的前提下,合理调整和解决"批而未征,征而未供,供而未用,用而未尽"的存量土地和非农转用土地的规划功能和指标。对老城区所有存量土地提高容积率、投入强度和产出率,在确保工业用地的前提下,尽量腾出一部分土地用于公益事业、第三产业和住宅建设。"两宽"就是放宽容积率,放宽建筑高度,在符合城市规划,不破坏城市景观的前提下,容积率能放宽的要尽量放宽,让建筑物向空中发展,甚至向地下发展。"两严"就是严格控制建筑密度,严格保证绿化率,实现土地经济效益、社会效益、生态效益最大化。

3. 加强土地的供后管理

完善项目用地全程跟踪管理制度,建立土地监控系统,包括土地供应和土地存量监控和房地产市场监控,通过土地监控系统反馈土地市场信息,有效维护土地市场秩序,引导土地市场理性发展,抑制土地投机行为。建立建设项目用地综合验收制度,加强土地的供后管理。对验收合格的,出具竣工验收合格通知书;对少批多用、容积率不符合要求等违反土地节约集约利用要求的,不得参与综合验收,相关部门不予办理后续批准、发证手续,确保土地利用效率最大化。

4. 加快高原湖滨区域城乡一体化土地市场建设

构建以市场配置建设用地为主的机制,充分发挥市场的供求机制、价格机制和竞争机制,尽量消除土地资源配置中的政府失灵,全面提高建设用地的配置效率,缓解经济发展对耕地资源的压力。为保护农民合法权益,探索理清农村集体土地财产关系,建立城乡一体化地价体系。研究农村集体土地所有权、使用权、承包经营权等财产构成和相互关系的价值表现,对农用地和农村集体建设用地进行资产化评价,为农村集体经济组织以及农民之间合作经营、承包经营、股份量化等规模经营提供估价依据。

5. 制定差别化土地供应和地价管理标准,促进产业结构优化升级

通过土地价格的调整,促进高原湖滨城市(镇)土地利用朝集约化方向发展,城市(镇)土地经营主要应走内部挖潜的道路。引入竞争机制,改变土地供求模式,按照"规划控制—计划引导—市场化运作"的思路,建立工业用地统一进入开发区和实行差别化土地供应与地价管理标准制度。实行适应城市发展转型和产业结构优化升级的差别化供地政策,完善体现差别化供地的地价控制标准;健全国有土地使用权供应体系,探索租赁、作价入股等土地有偿使用方式。对产业用地的供地方式和供地年限探索实行差别化管理,并建立操作规范。充分利用价格杠杆促进产业结构调整,提高各行业建设用地集

约利用水平。建立工业项目用地地价的调节机制,使之与产业类型、用地规模、土地利用率、土地集约度相挂钩,实行用地动态管理,适时调整。

6. 制定促进生态保护和高新技术产业发展的土地供应政策

通过供地门槛的调整、用地财政税收政策的倾斜,充分吸纳生态保护型产业和高新技术产业的落地。高新技术产业和相关服务业有着占地率低、产业集中度高、技术创新程度高等特点,带来的产业集聚和规模效益能有效推动土地集约。并且,这一政策的调整也同步支撑经济发展方式发生转变。所以,高原湖滨城市(镇)应当按照市场规律和生态功能区划,充分利用高新技术和先进适用技术,优先发展资源节约、环境友好的项目,鼓励发展资源消耗低、附加值高的农业产业和服务业,限制或禁止发展高耗低效产业,制定符合流域开发和保护的产业政策。

7. 试点编制流域村级土地综合利用与整治规划

试点编制流域村级土地综合利用与整治规划,进一步加强对农村土地利用的调控管理。通过编制村级规划,统筹村域内各项资源利用、村庄建设、土地整治、生态建设和农村产业发展,使其既符合新农村建设和推进农业产业化发展的需求,又能积极支持流域城镇化、工业化发展,促进城乡统筹。把规划编制与农村土地综合整治相结合,以规划引导土地综合整治,整合各渠道资金集聚利用,综合实施。

6. 6. 2　小结

本节结合高原湖滨城市(镇)土地利用和湖泊生态保护中存在的实际问题,根据生态约束下高原湖滨城市(镇)土地集约利用管理机制运行的要求,进一步落实政策要点,提出促进机制有效实施的配套措施和建议。包括:设立生态约束下高原湖滨城市(镇)土地集约利用示范区;实行规划的动态调整;加强土地的供后管理;加快高原湖滨区域城乡一体化土地市场建设;制定差别化土地供应和地价管理标准,促进产业结构优化升级;制定促进生态保护和高新技术产业发展的土地供应政策;试点编制流域村级土地综合利用与整治规划 7 个方面。

参 考 文 献

P·霍尔. 1985. 城市和区域规划. 邹德慈,金经元译. 北京:中国建筑工业出版社
蔡邦成,温林泉,陆根法. 2005. 生态补偿机制建立的理论思考. 生态经济,(1):47-50
曹明德. 2004. 对建立我国生态补偿制度的思考. 法学,(3):40-43
陈海燕,李闽. 2007. 江苏省城市土地利用集约评价及区域分异特征. 中国土地科学,21(5):61-65
程琴. 2005. 土地利用总体规划的公众参与研究. 农村经济,(7):45-48
范弢. 2010. 滇池流域水生态补偿机制及政策建议研究. 生态经济,(1):21-24
冯文利. 2003. 土地利用规划中公众参与制度研究. 中国土地科学,(17):51-55
梁丽娟,葛颜祥,傅奇蕾. 2006. 流域生态补偿选择性激励机制:从博弈论视角的分析. 农业科技管理,(4):49-52
刘超翔,胡洪营,黄霞,等. 2003. 滇池流域农村污水生态处理系统设计. 中国给水排水,(2):22-25
刘新卫,张丽君. 2006. 中国土地资源集约利用研究. 北京:地质出版社

马巨革. 2007. 推进节约集约用地的方法与途径探讨. 见:中国土地学会,国土资源部,中国土地勘测规划院. 2007 年中国土地学会学术年会论文集. 北京:地质出版社:127-132

邵晓梅,刘庆,张衍毓. 2006. 土地集约利用的研究进展及展望. 地理科学进展,25(2):85-93

深圳市规划局. 2006.《深圳市基本生态控制线管理规定》解读. http://www.sz.gov.cn/cn/xxgk/zcjd/200911/t20091107_1223269.htm

杨健强. 2001. 滇池污染的治理和生态保护. 水利学报,(5):8-13

尤艳馨. 2009. 我国国家生态补偿体系研究. 天津:河北工业大学博士学位论文

虞锡君. 2007. 构建太湖流域水生态补偿机制探讨. 农业经济问题,(09):56-59

曾广权,洪尚群,张星梓,等. 2006. 建立云南省生态补偿机制的研究. 昆明:云南科技出版社

张德刚,汤利,陈永川,等. 2007. 滇池流域典型城郊村镇排放污水氮、磷特征分析. 农业环境科学学报,(6):21-32

郑新奇. 2004. 城市土地优化配置与集约利用评价. 北京:科学出版社

朱桂香,赵玉山. 2006. 国外流域生态补偿机制的实践模式及对中国的借鉴意义. 世界农业,(2):55

朱桂香. 2008. 国外流域生态补偿的实践模式及对我国的启示. 中州学刊,(5):25-27

宗臻铃,欧名豪,董元华,等. 2001. 长江上游地区生态重建的经济补偿机制探析. 长江流域资源与环境,(1):32-36

Liggieri C,Obregon W, Trejo S, et al. 2009. Biochemical analysis of a papain-like protease isolated from the latex of Asclepias currassavical. Acta Biochimica et Biophysica Sinica,(2):154-162

第7章 结 论

第一，从湖泊流域土地利用与湖泊水环境生态变化的理论研究，以及滇池流域30余年土地利用变化与湖泊水环境变化的时间向量实证研究，云南九大高原湖泊2000年以来流域土地利用与各湖泊水质变化的面板数据分析说明：高原湖泊土地利用格局与湖泊水环境生态变化之间存在相关性。总体来说，城镇村工矿等建设用地与湖泊水环境恶化有正的相关性；湿地、牧草地、林地等生态用地与湖泊水环境污染有负的相关性；若能控制化肥、农药的使用耕地和园地，也可以起到减缓湖泊水污染的作用。这些研究验证了"生态视角下云南高原湖滨城市土地集约利用模式与管理机制研究"课题的基本出发点，即云南高原湖泊流域土地利用格局与湖泊水质之间存在某种关联性，湖滨城镇村建设用地扩展对湖泊水质产生负面影响，是导致近些年来高原湖泊水质下降的原因之一。另外，如果采取强有力的环境保护措施，通过调整湖滨地区土地利用结构、布局和利用方式，加强污染排放控制和湖滨生态带建设，是可以减缓高原湖泊的湖滨区域城镇村建设用地扩展对湖泊水质和生态的不利影响，协调湖泊流域经济建设与湖泊水环境保护的关系。

第二，通过对1974年以来昆明主城建设用地扩张的速度、方向和对滇池湖滨生态带的侵占情况的系统研究，得出基本结论是：30余年昆明主城建设用地扩展较快，主城扩展的方向主要是逼近滇池，滇池北岸的湖滨湿地和农田不断被城市建设用地取代，湖滨湿地基本消失，湖滨地区土地利用格局发生重大变化，滇池北岸湖滨生态系统遭到严重破坏，湖滨土地对流域污染的减缓功能逐步丧失。昆明主城建设用地的盲目扩展和对湖滨湿地带的侵占，是导致滇池湖泊水污染加剧的原因之一。运用元胞自动机仿真模型和计量分析模型方法，测算1988年以来昆明主城建设用地扩展与滇池水质变化的对应关系，结果显示：昆明主城用地扩展与滇池水质恶化之间存在较强的相关关系；昆明主城用地扩展与滇池草海水环境变化存在较强的耦合关系，与滇池外海水环境变化存在一定程度的耦合关系，这种耦合关系可以用模型进行定量描述。因此，对像滇池这样的高原湖滨地区发展城市，必须控制城市用地规模，节约集约用地；必须在流域范围内，保留足够的生态用地和绿色空间，严禁建设用地无序蔓延，侵占湖滨湿地，破坏流域生态系统；即使在城市用地范围内，必须采取集约组团式的土地利用布局模式，增加绿地面积和构建生态隔离带，以便于城市污水的回收处理，同时改善城市用地地表结构，增加能吸附污染物的城市绿地表面，尽可能减少城市点源和非点源污染，从土地利用上减缓高原湖滨地区社会经济发展与城市(镇)化对高原湖泊水环境的负面影响，实现可持续发展。

第三，通过理论研究和实验实证分析，比较研究滇池流域各种城镇村土地集约利用模式，结论是：生态约束下城镇村土地集约利用模式是最佳模式。这种模式必须遵循以下原则，即：①景观生态学原则；②集约用地原则；③紧凑组团发展原则。必须符合以下要素，即：①具有足够的生态用地和完整的生态景观网络，能够保证城镇村发展不破坏滇池流域生态系统，不影响滇池生态环境的良性循环；②建设用地节约集约利用，能够在人口增长、经济发展的形势下，滇池流域的城乡建设用地不增加或少增加，人口和产业集中度上升;城镇村紧凑度和综合容积率均有所提高;③城镇村体系规模等级结构合理,职能分工明确,空间布局紧凑有序、错落有致,形成有机联系的网络体系。生态约束本身,由于在流域设置了大片生态保留地,因此它促使城镇村建设用地必须节约集约利用。

第四,通过国内外城市土地集约利用实践模式和理论模式的研究,结合云南九大高原湖泊流域特点,以及滇池流域生态约束下城镇村土地集约利用模式实验实证研究的成果,系统归纳总结生态约束下高原湖滨城市(镇)土地集约利用的理论模式,包括指导思想、目标、原则、条件与控制指标、模式思路与类型。将云南九大高原湖泊流域生态约束下城市(镇)土地集约利用模式划分为四大类型。一是滇池流域生态约束下城市(镇)土地集约利用模式,二是洱海流域生态约束下城镇村土地集约利用模式,三是抚仙湖、杞麓湖、星云湖、异龙湖、阳宗海生态约束下城镇主导型土地集约利用模式,四是泸沽湖和程海生态约束下乡村主导型土地集约利用模式。并以滇池流域生态约束下城镇村土地集约利用模式为主,从宏观、中观、微观3个层面具体分析阐述城市群土地集约利用模式、滇池流域城乡布局优化土地集约利用模式、滇池流域城市土地集约利用模式和滇池流域城市各功能用地区土地集约利用模式4个方面土地集约利用模式,同时对其他3类生态约束下城镇村土地集约利用模式进行构建分析与阐述。

第五,在充分吸收已有研究成果的基础上,创新性地提出构建生态约束下高原湖滨城市(镇)土地集约利用机制,以期达到高原湖滨地区经济发展及城市化与湖泊生态保护相协调的目标。这个机制采用"机制束"—"政策要点"—"对策建议"的思路进行构建。"机制束"由规划引导控制机制、激励约束机制、信息化动态监测评估机制、城乡建设用地联动整治机制、流域环境治理及保护协调管理机制以及公众参与机制组成。政策要点包括行政、技术、经济等方面。对策建议包括设立生态约束下高原湖滨城市(镇)土地集约利用示范区;实行规划的动态调整;加强土地的供后管理;加快高原湖滨区域城乡一体化土地市场建设;制定差别化土地供应和地价管理标准,促进产业结构优化升级;制定促进生态保护和高新技术产业发展的土地供应政策;试点编制流域村级土地综合利用与整治规划7个方面。

本书的主要创新点:

第一,首次系统研究高原湖泊流域土地利用尤其是城镇村建设用地对湖泊水环境生态变化的影响及其机理关系,指出湖泊流域城市(镇)等建设用地无序扩展和低效利用是导致湖泊水环境恶化的原因之一。为高原湖泊尤其是滇池的污染治理开辟了另外一条思路,即通过高原湖泊流域土地利用调整、控制城乡建设用地规模、提高城市(镇)土地集约利用水平,减缓高原湖泊流域城市(镇)经济发展对湖泊生态的负面影响。

第二,通过理论分析和实验实证的系统研究,首次提出生态约束下高原湖滨城市(镇)土地集约利用模式。这个模式,首先保证湖泊生态安全,保障湖泊流域有足够量的生态用地,形成流域生态网络布局,控制城市(镇)和村庄建设用地无序、无限蔓延扩大,必须节约集约利用。其次,通过优化流域城乡建设用地布局、紧凑组团式布局城市(镇)建设用地、提高城市(镇)建设用地开发利用强度等手段,不断提高城市(镇)土地集约利用水平,实现高原湖滨城市(镇)经济发展、人口增长与湖泊生态保护相协调,促进高原湖泊流域生态经济良性循环与可持续发展。

第三,首次系统研究实施生态约束下高原湖滨城市(镇)土地集约利用模式的相关土地利用管理机制,从理论和实证两方面系统提出落实这些管理机制的政策措施。

附录　生态约束下滇池湖滨城市化地区城镇村土地集约利用模式实验模拟数据库研究

1. 研究方法与技术路线

首先,通过理论和文献综述研究法,系统收集、整理国内外有关城市土地节约集约利用、城镇村土地集约利用内涵、城镇村土地集约利用的驱动力因素、高原湖滨城市化地区城镇村土地集约利用模式理论、特征、案例研究,总结、提炼、推导出符合云南高原湖滨城市化地区实际的城镇村用地扩展县的不同土地集约利用情景理论模式。

其次,充分搜集、调查1974年以来昆明滇池湖滨地区的土地利用、城市建设、环境监测、社会经济和生态变化的监测数据、图件、遥感影像等资料,结合遥感与GIS方法,以昆明滇池湖区为例利用滇池湖滨区域1974年、1988年、1998年、2008年遥感影像,在数字图像处理技术的支持下得到各个时期的土地利用时空数据库,同时建立土地利用对应时期湖滨带城市建设、社会经济发展属性时间序列数据库,通过GIS技术实现空间-属性-时间系列的综合数据库。主要属性包括:昆明滇池流域城乡土地(主要包括各类土地利用现状、土地利用规划、土地利用变更调查等)、城市建设(道路、交通、水库水塘、公园、公共设施等)、社会经济、人口等土地利用时空综合数据库系统。滇池流域基于GIS的土地利用时空综合数据库系统技术路线如附图1所示。

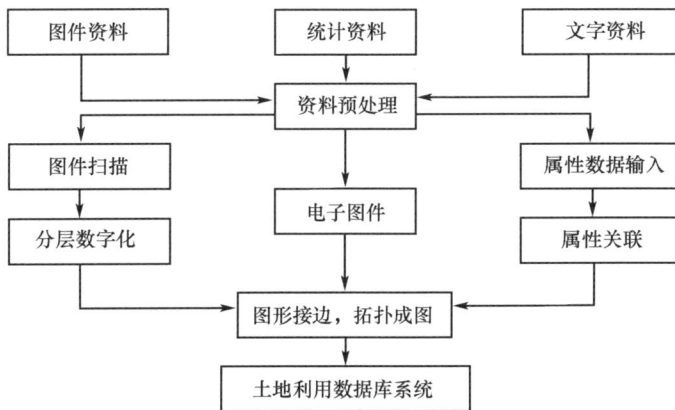

附图1　滇池流域基于GIS的土地利用时空综合数据库系统技术路线

再次,根据上述数据库基础,开展研究经济高效、生态合理、对湖泊生态负面影响最小的高原湖滨城市化区域城市建设用地集约利用模式和计算机实验模拟设计方案,并对不同城-镇-村土地集约利用模式的计算机实验模拟结果进行经济、生态的综合评价,探索生态经济良性循环的高原湖滨城市化地区城-镇-村集约利用模式。

在前述建设用地规模扩展的效应、扩展空间形态以及用地强度、空间布局结构的效应分析基础上,采用 CA 模型(元胞自动机)模拟模型,模拟和构建高原湖滨城镇村建设用地集约利用多种情景模式设计方案,探讨城镇合理扩展、建设用地规模最小、对湖泊生态负面影响最小的滇池流域城镇村建设用地土地最佳集约利用模式。本部分研究的技术路线图如附图 2 所示。

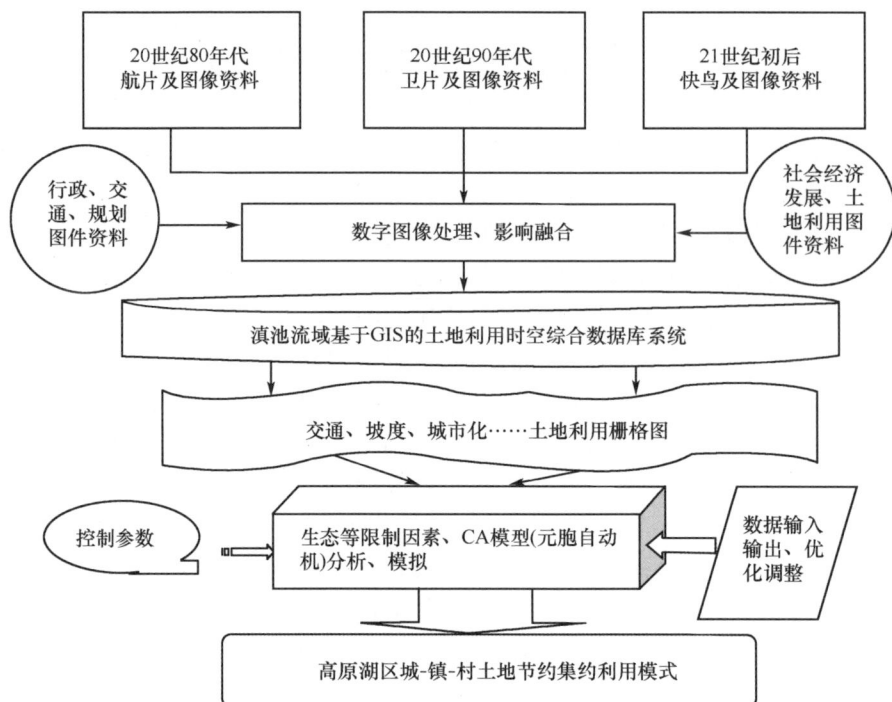

附图 2　滇池流域城镇村土地集约利用模式研究技术路线图

2. 滇池流域城镇村集约用地模式
情景模拟研究的数据库建设

地理信息系统具有强大的制图功能,丰富的地图数据编辑功能,既能满足大规模地理数据的作用设计、符号制作、编辑、校正、质量检查,接边处理,又能满足地理信息的符号化、图阔整饰、地图编辑等需要,不仅可以为用户输出全要素地图,而且可以根据用户需要分层输出各种专题地图。因此,本书基于高原湖滨城市化地区的最典型区域——滇池流域的卫星遥感数据资料和相关土地利用资料,运用地理信息系统(GIS)解译滇池流域 20 世纪 70 年代至今的土地利用情况,并根据规划资料制作出滇池流域生态隔离带、滇池流域规划湿地等专题图。

2.1　数据来源

本研究选取 1974 年、1988 年、1998 年和 2008 年的 TM 遥感影像为基本信息源,根据几个明显的控制点的准确经纬度进行配准,之后采用人机交互的方式判读解译。除了 TM 遥感影像外,还收集大量昆明市和滇池流域的城市建设与规划、土地利用、生态环境等方面的历史时期及现状图件和资料,如昆明历史时期和现状城市规划、全国第二次土地利用更新调查数据、土地利用总体规划(2006～2020 年)、滇池湿地建设规划、"十二五"滇池环境规划、滇池风景区规划、昆明市历史时期和现状城区交通图、昆明生态隔离带建设规划、新昆明建设规划、"十二五"昆明社会经济发展规划等。

2.2　图件制作

将收集到的滇池流域基础图件经过分析和预处理进行数字化,转换为系统所要求的数据格式。通过 3 种不同方式输入,即数据转数字输入、数字化仪输入、扫描矢量化输入,并使这些地图拥有统一的投影和坐标系。最后根据各专题图的要求,将所需图层添加到各专题图的工程文件中进行编辑,调整比例尺之后进行图件整饰工作,如添加图名、图例、指北针、图框线、比例尺等,制作成专业图件。制作流程如附图 3 所示。

2.3　滇池流域数据库结构

滇池流域数据库采用 ArcGIS 9.2 制作而成,其地理坐标系统采用 GCS_Xian_1980,投影坐标系采用高斯-克吕格 3°分带投影。数据库格式为 Personal Geodatabase,其中包含的图层为 Shapefile 格式(附图 4)。数据库主要图层见表 4.3,共计 30 余个图层。

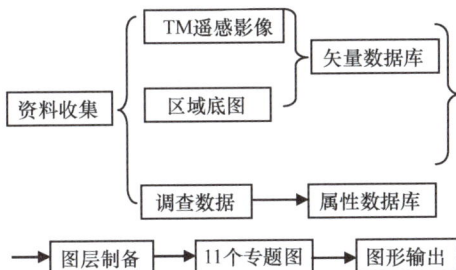

附图 3　滇池流域数据库图件制作流程图

附图 4　滇池流域数据库结构图

3. 滇池流域主要专题图简介

根据数据库图层,整理得到 15 个滇池流域专题图。它们是:20 世纪 80 年代昆明主城区道路、2002 年昆明主城区道路、2010 年昆明主城区道路、滇池流域水系、滇池流域数字高程模型、滇池流域内线状地物、土地利用现状地类图、土地利用规划地类图、建设用地管制区、规划基本农田保护区、滇池流域生态隔离带、滇池流域三圈层次图、滇池流域风景区规划、滇池流域规划湿地、滇池流域适建区等(附图 5～附图 19)。

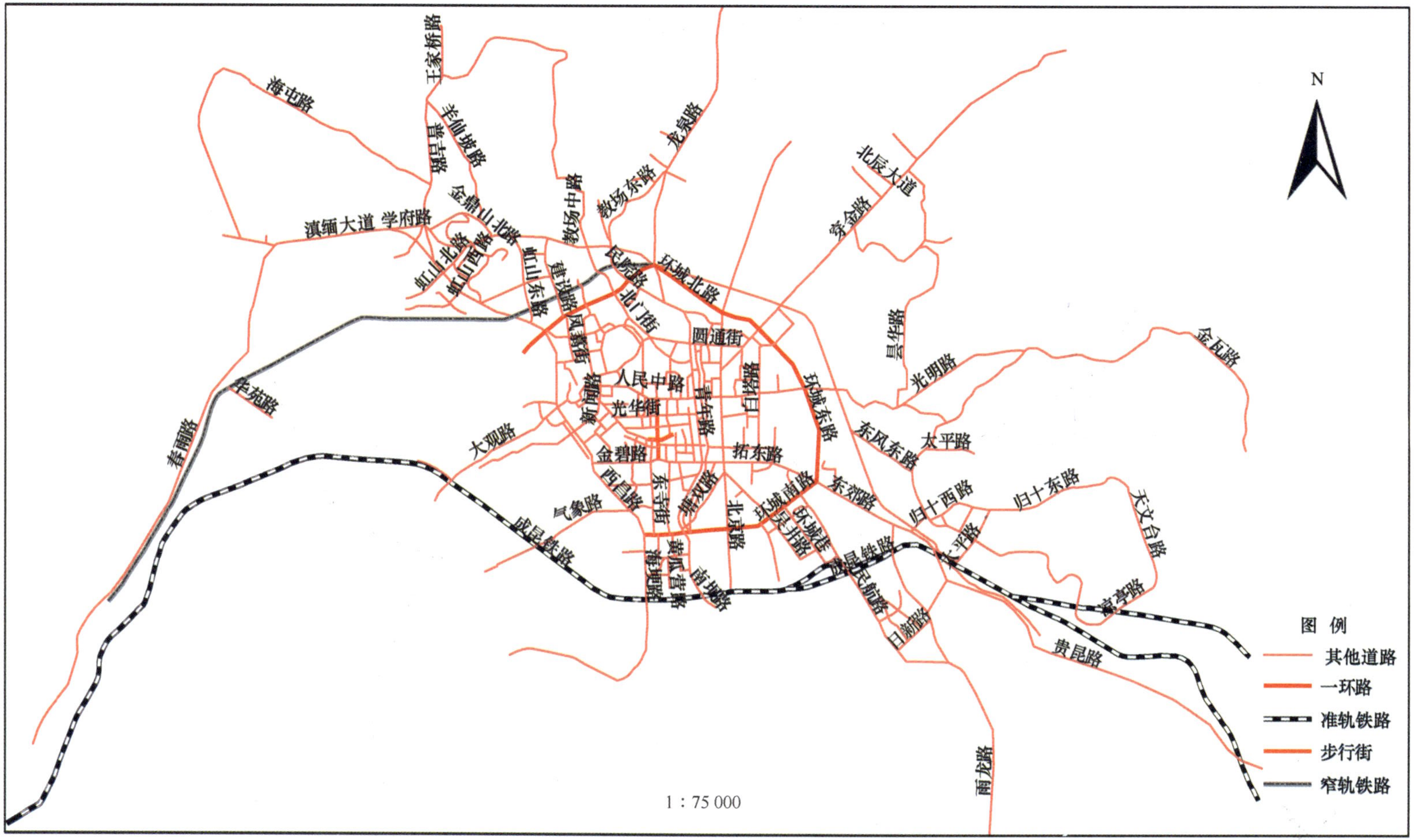

附图5　20世纪80年代昆明主城区道路

20世纪80年代昆明主城区道路略图，包括环城路（一环）、步行街、准轨铁路、窄轨铁路及其他主要干道，地图数据来源于《云南省地图集》

图　例

其他道路
一环路
准轨铁路
步行街
窄轨铁路

1：75 000

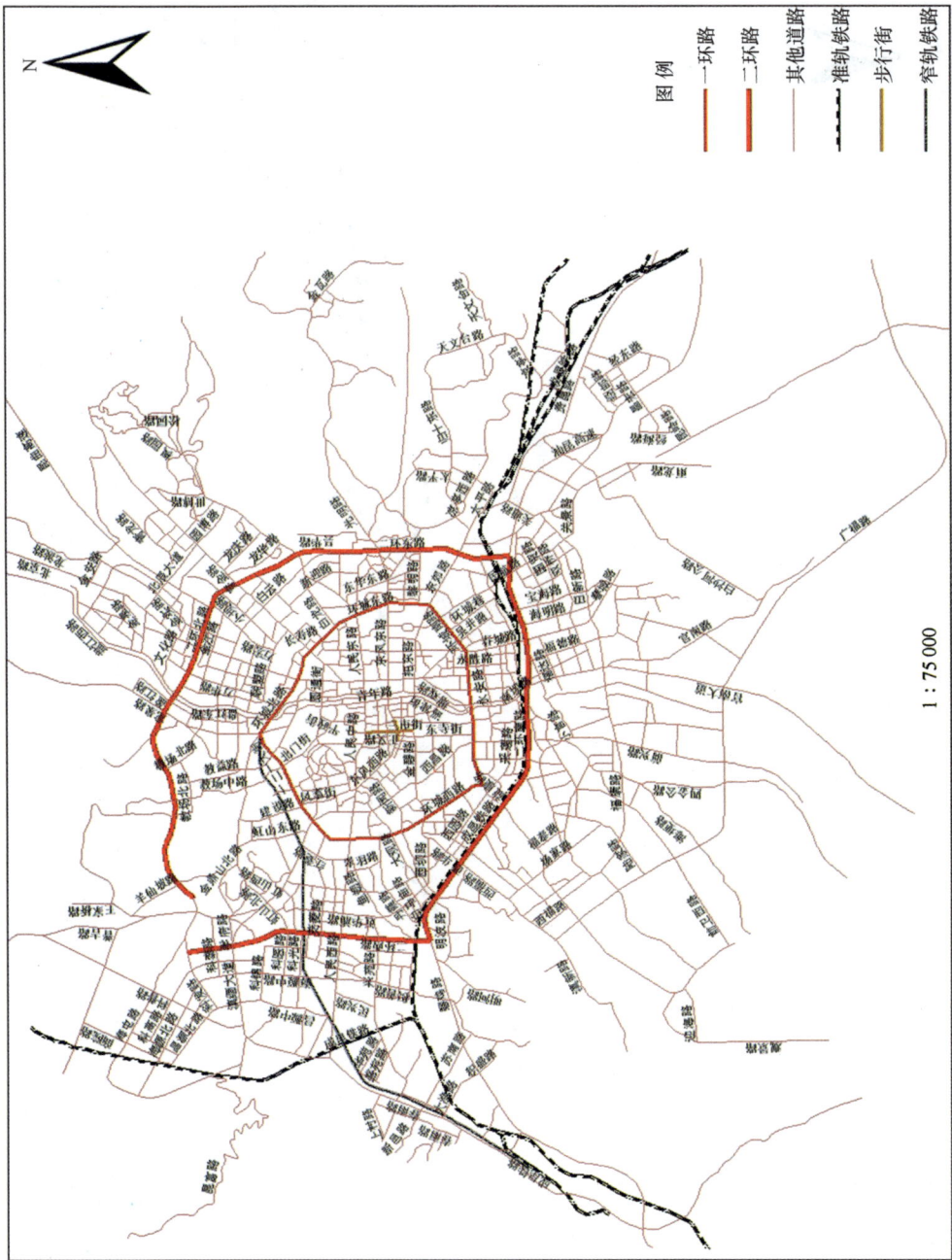

图例

一环路
二环路
其他道路
准轨铁路
步行街
窄轨铁路

1:75 000

附图6 2002年昆明主城区道路

2002年昆明主城区道路网包括环城路(一环)、二环路、步行街、准轨铁路、窄轨铁路及其他主要干道,地图数据来源于2002年12月出版的《云南省地图集》

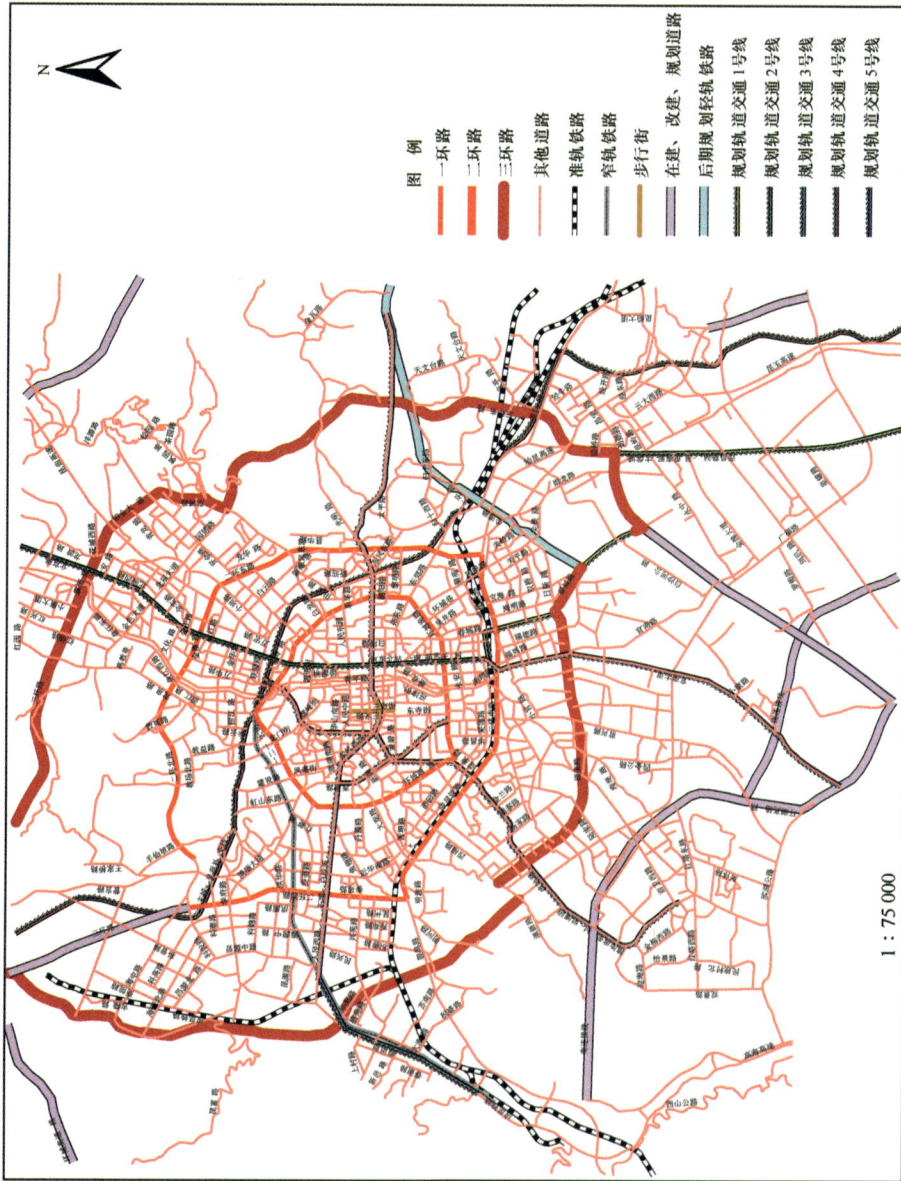

附图7 2010年昆明主城区道路

2010年昆明主城区道路网包括环城路（一环），二环路，三环路，其他主要干道，准轨铁路，窄轨铁路，步行街，在建改建规划道路，后期规划轻轨铁路及规划轨道交通1～5号线，地图数据来源于云南省地图院编制的《昆明主城区交通图》

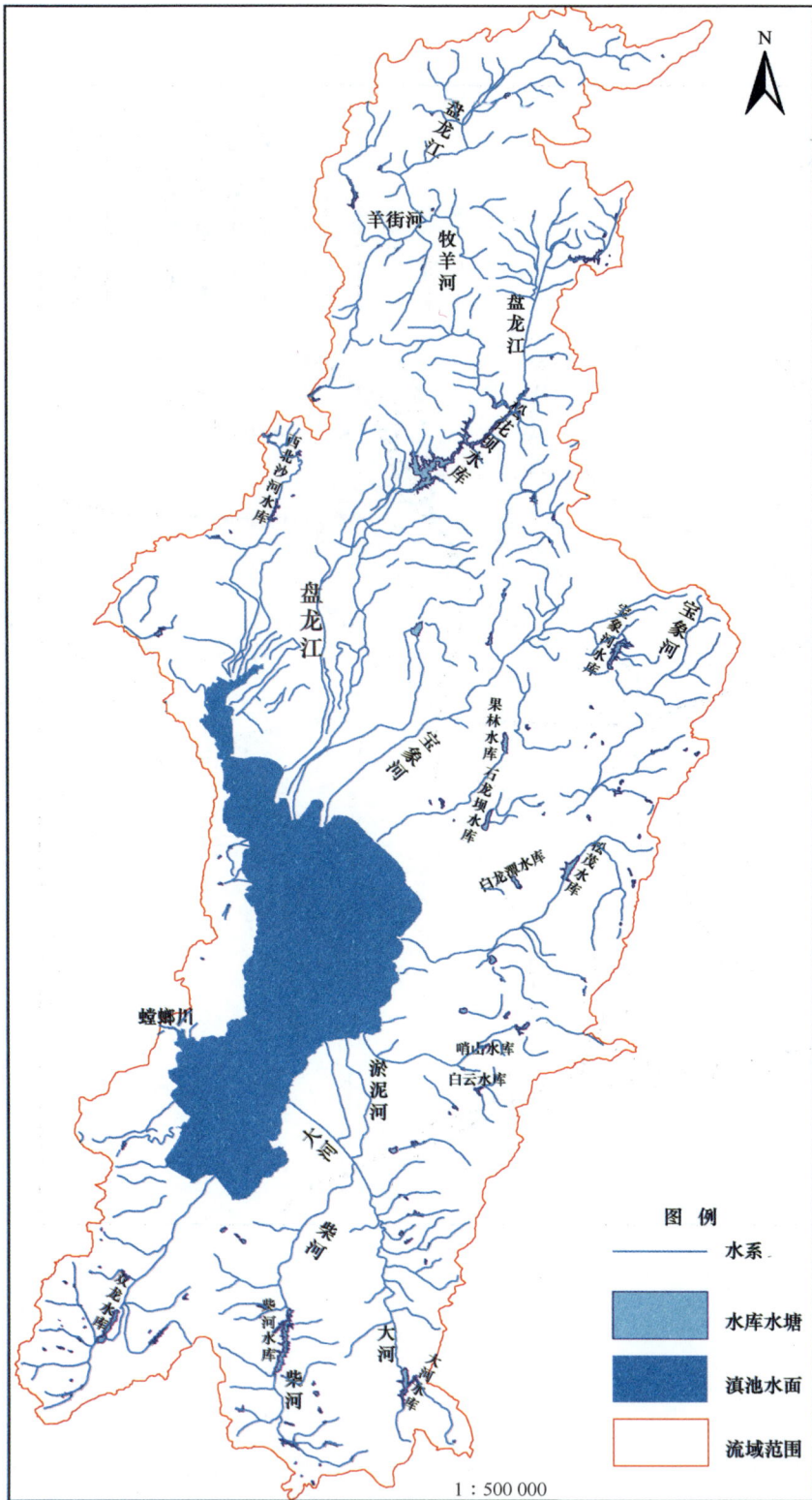

附图8　滇池流域水系图

在滇池流域中，入滇河流主要包括盘龙江、牧羊河、宝象河、淤泥河、大河、柴河、螳螂川等

1 : 50 000

附图9　滇池流域数字高程模型

滇池流域数字高程模型是用 ArcGIS 9.2 根据比例尺为 1∶5 万的滇池流域范围内等高线绘制而成的 TIN 模型

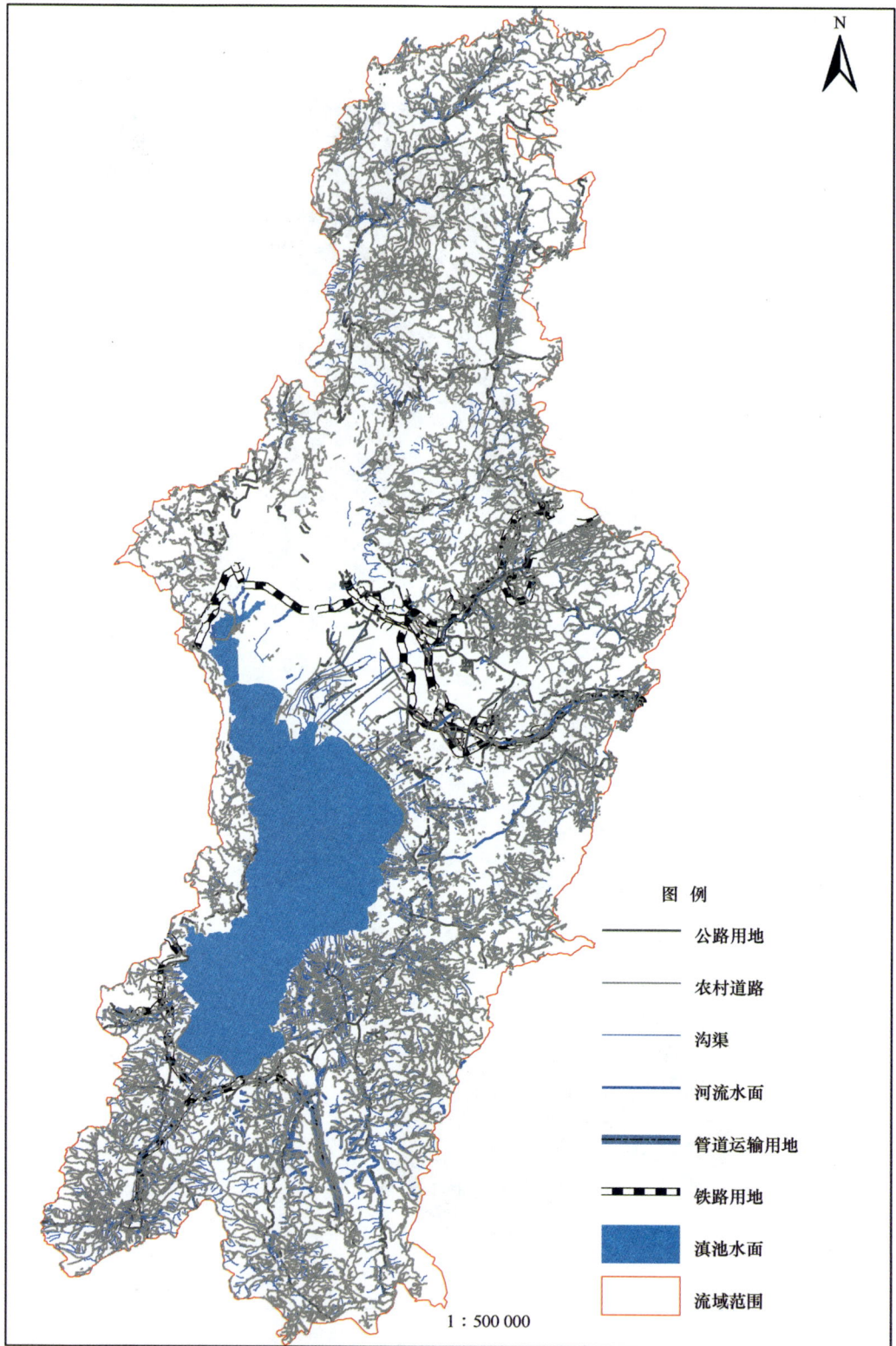

图 例

———— 公路用地

———— 农村道路

———— 沟渠

———— 河流水面

▬▬▬ 管道运输用地

▬▬▬ 铁路用地

■ 滇池水面

□ 流域范围

1：500 000

附图 10　滇池流域内线状地物

滇池流域范围内线状地物主要包括公路用地、农村道路、沟渠、河流水面、管道运输用地、铁路用地等

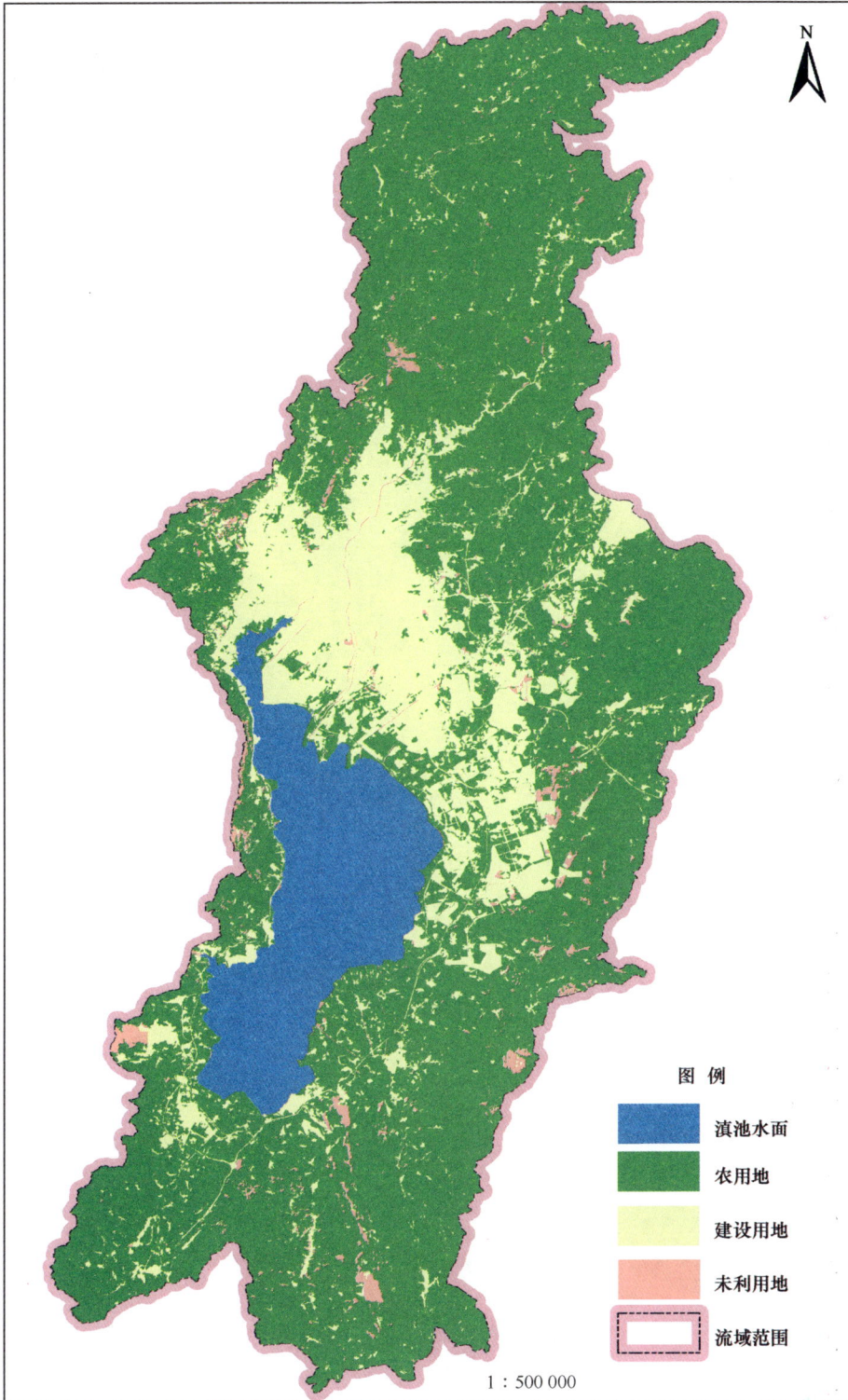

图 例

- 滇池水面
- 农用地
- 建设用地
- 未利用地
- 流域范围

1 : 500 000

附图 11　滇池流域地类图斑

根据土地第二次调查数据库中 DLTB 及滇池流域范围进行切割、合并而成

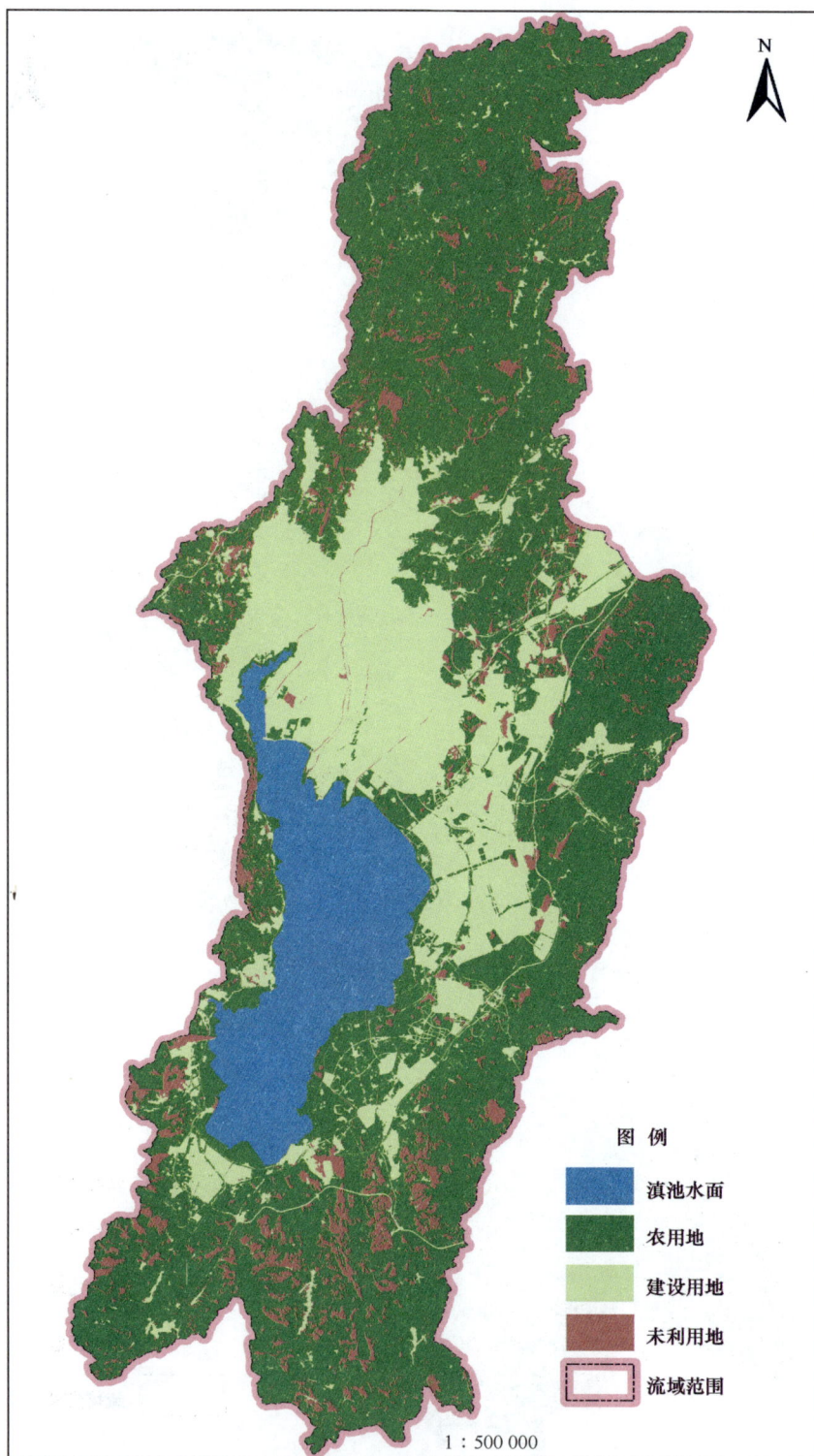

附图 12　滇池流域土地规划地类
根据规划数据库中 GHDLTB 及滇池流域范围进行切割、合并而成

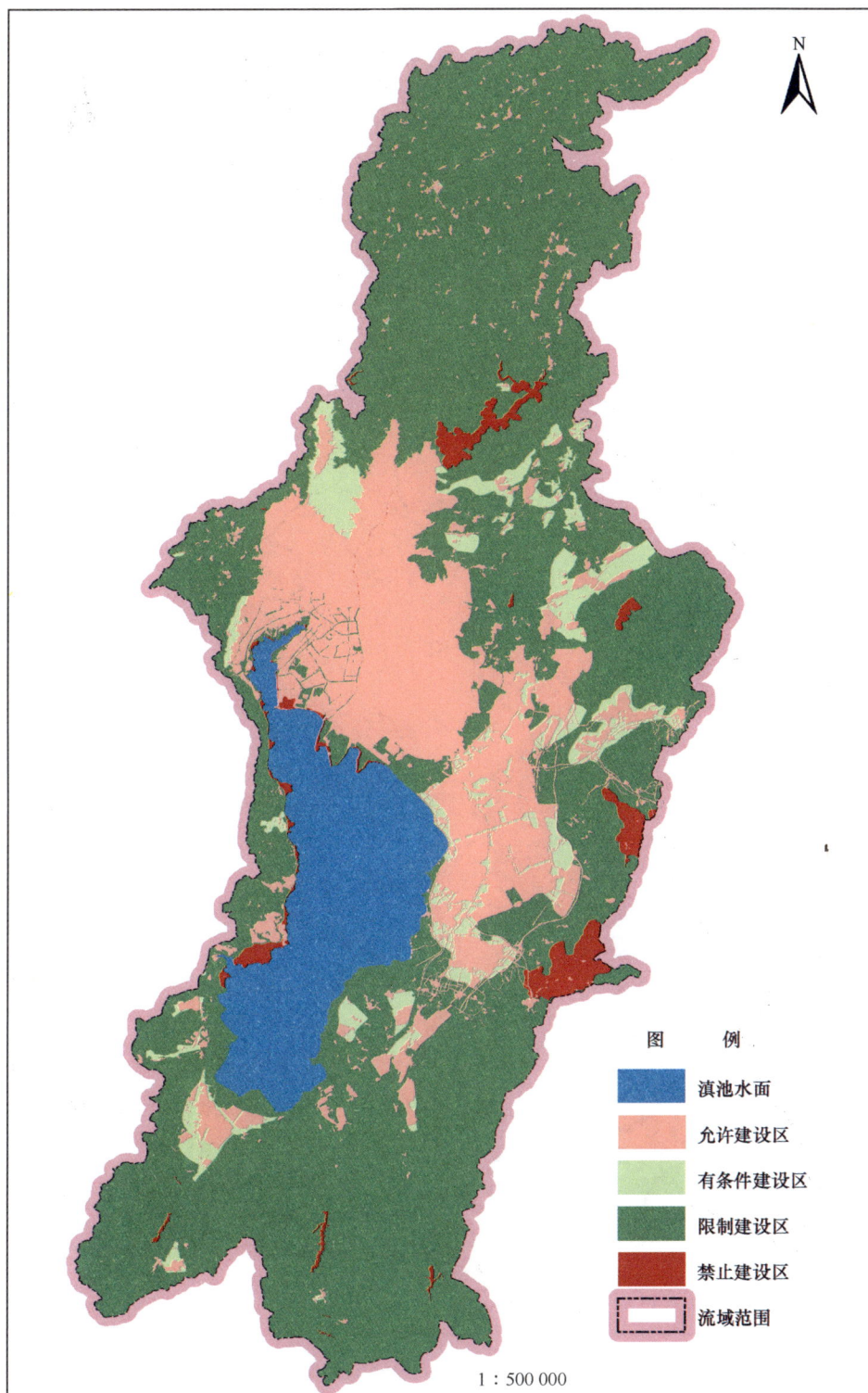

图　例

- 滇池水面
- 允许建设区
- 有条件建设区
- 限制建设区
- 禁止建设区
- 流域范围

1 : 500 000

附图 13　滇池流域建设用地管制图

根据规划数据库中 JSYDGZQ 及滇池流域范围进行切割、合并而成

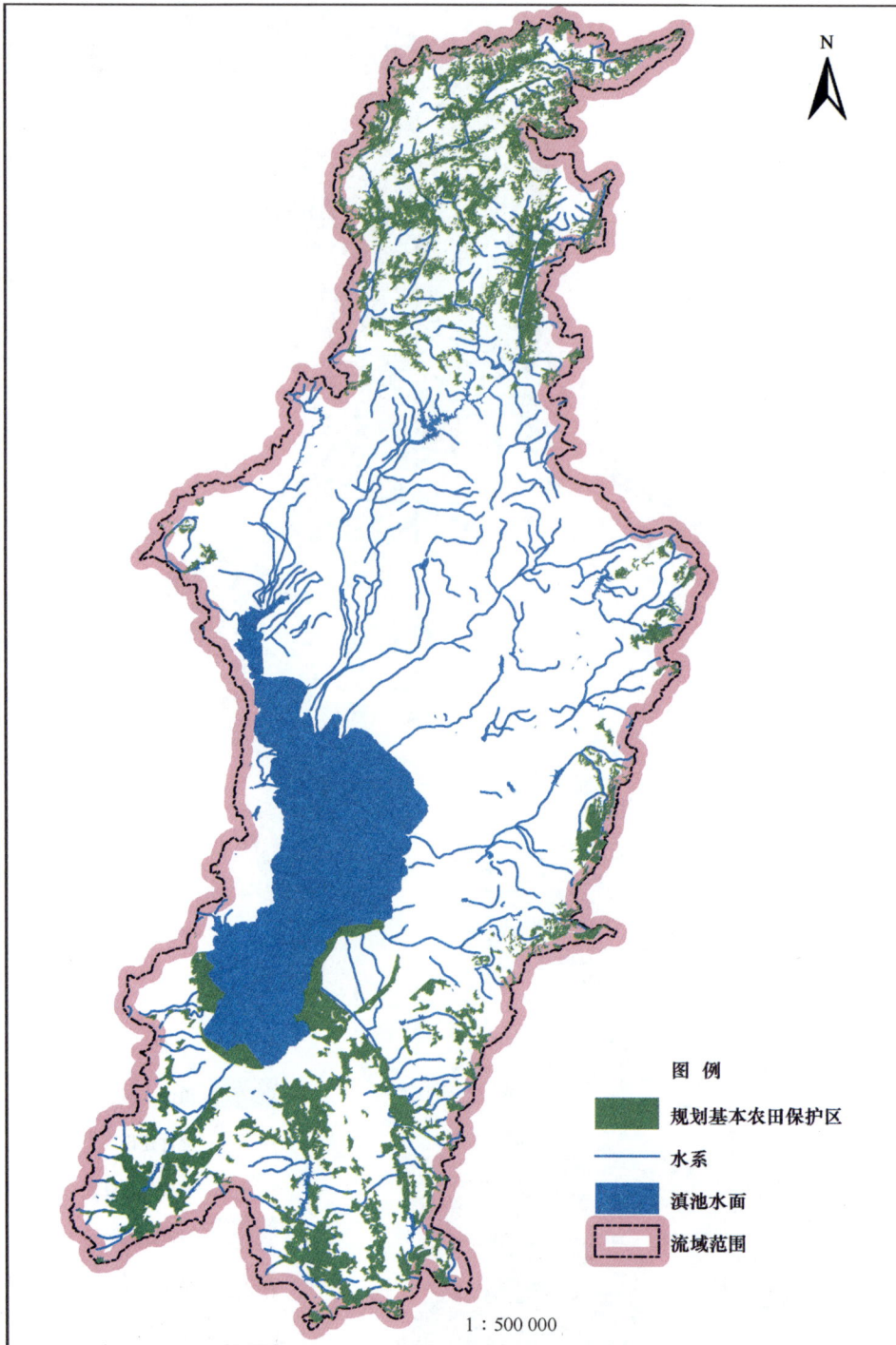

附图 14　滇池流域规划基本农田保护区
根据规划数据库中 GHJBNTBHQ 及滇池流域范围进行切割、合并而成

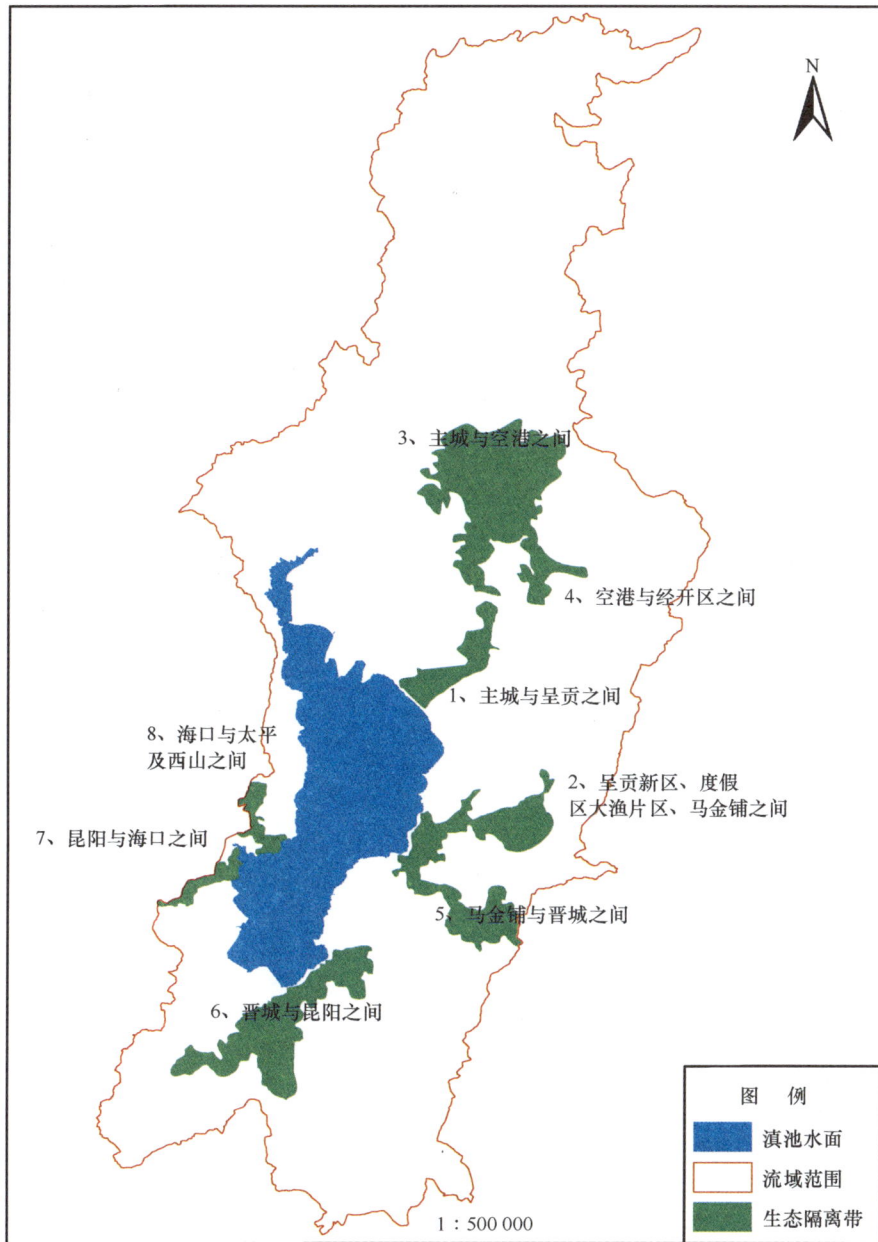

附图 15 滇池流域生态隔离带

滇池流域生态隔离带数据来源于云南省城乡规划设计院的《昆明城市生态隔离带范围划定规划》，
划定滇池流域范围内共有 8 块生态隔离带，合计 347.35km²

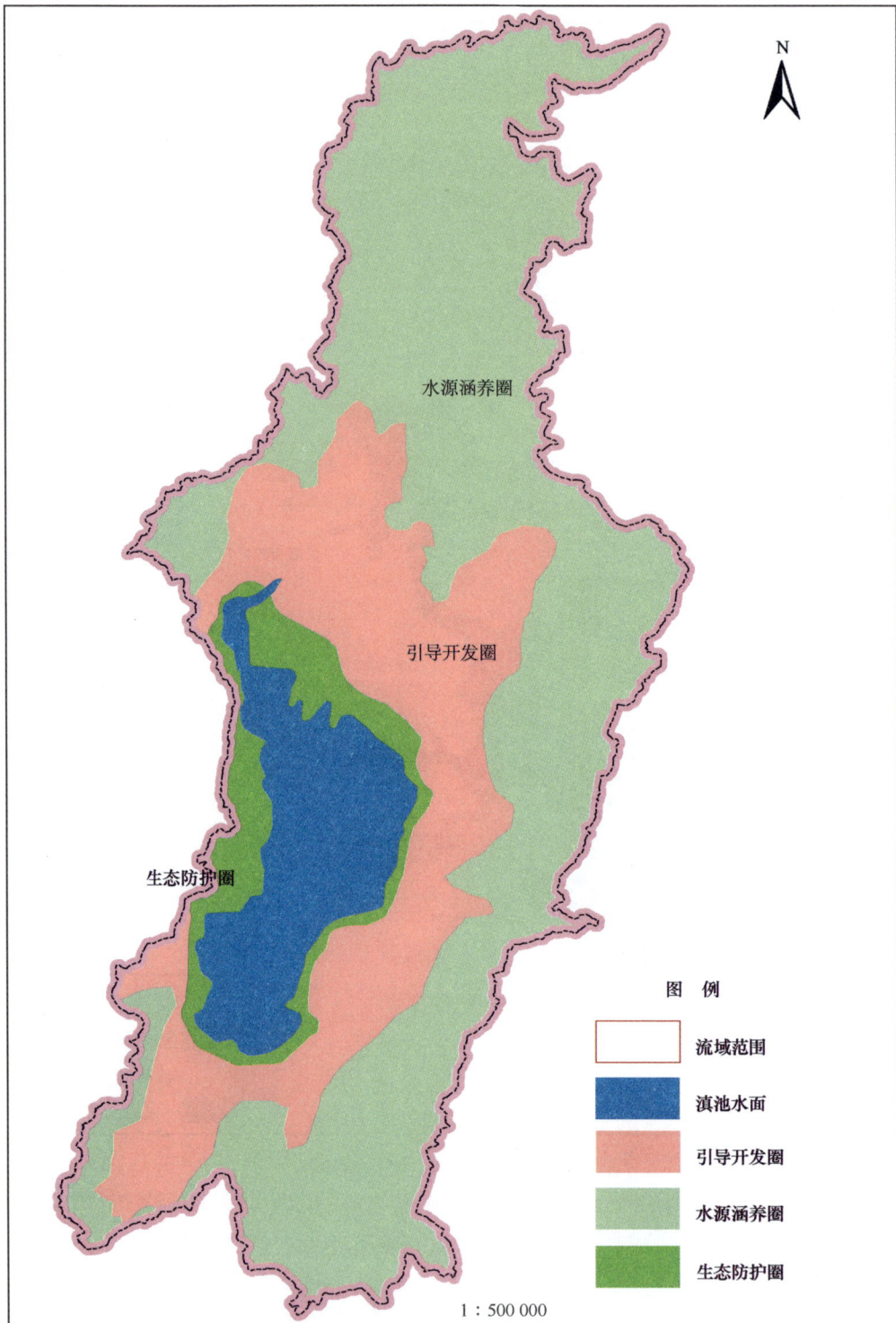

图　例

	流域范围
■	滇池水面
■	引导开发圈
■	水源涵养圈
■	生态防护圈

1：500 000

附图 16　滇池流域三圈层次图

滇池流域三圈层次图中水源涵养圈内包含大部分城区供水的水源地,如松花坝水库水源地、宝象河水库水
源地、大河水库水源地、柴河水库水源地、自卫村水库水源地等;引导开发圈内主要是城市建设用地,生态
防护圈紧靠滇池,区域内大多为水田

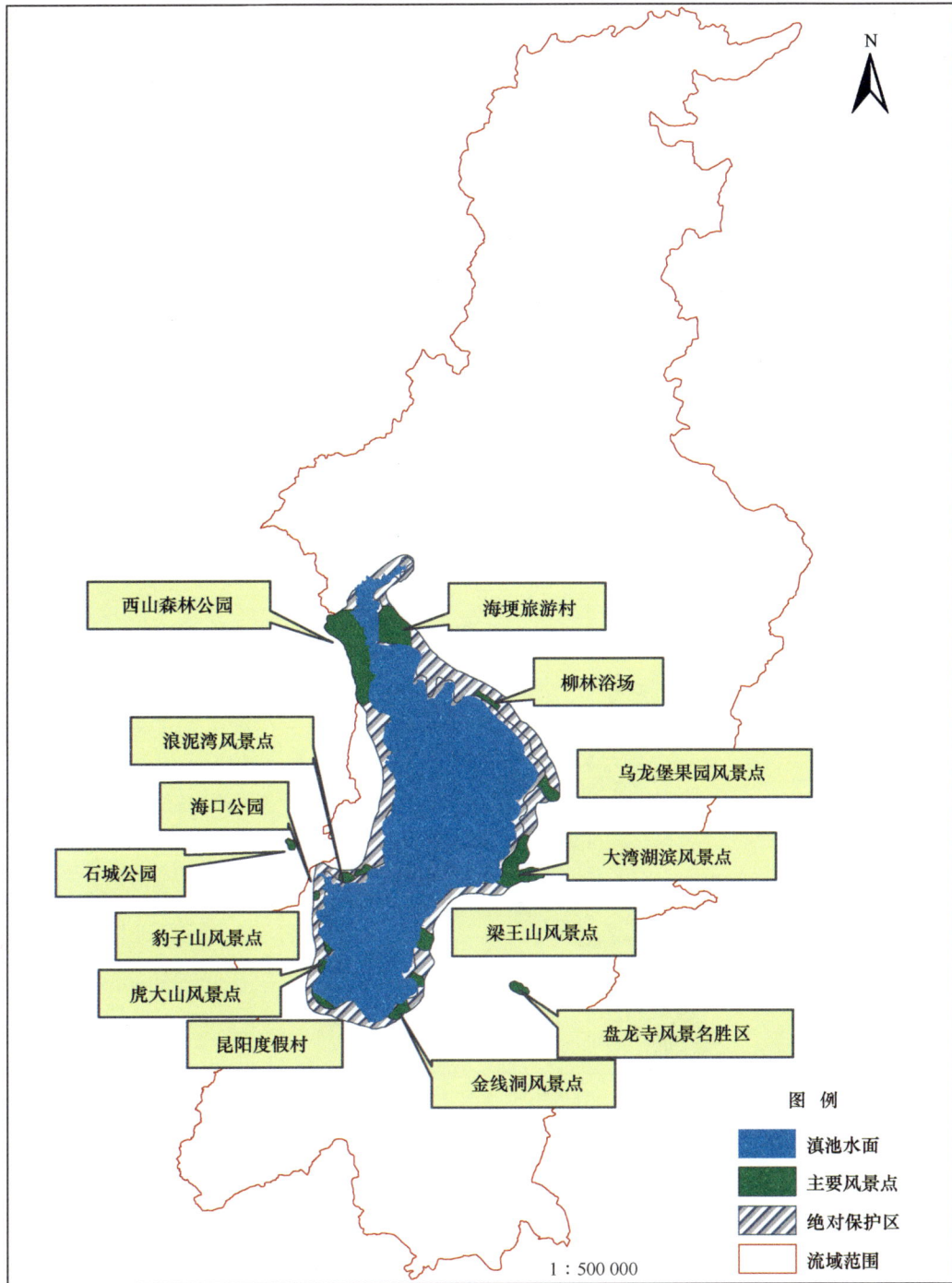

附图 17　滇池风景区规划图

滇池风景区规划内主要包括了西山森林公园、海埂旅游村、盘龙寺风景名胜区等 14 个主要风景点

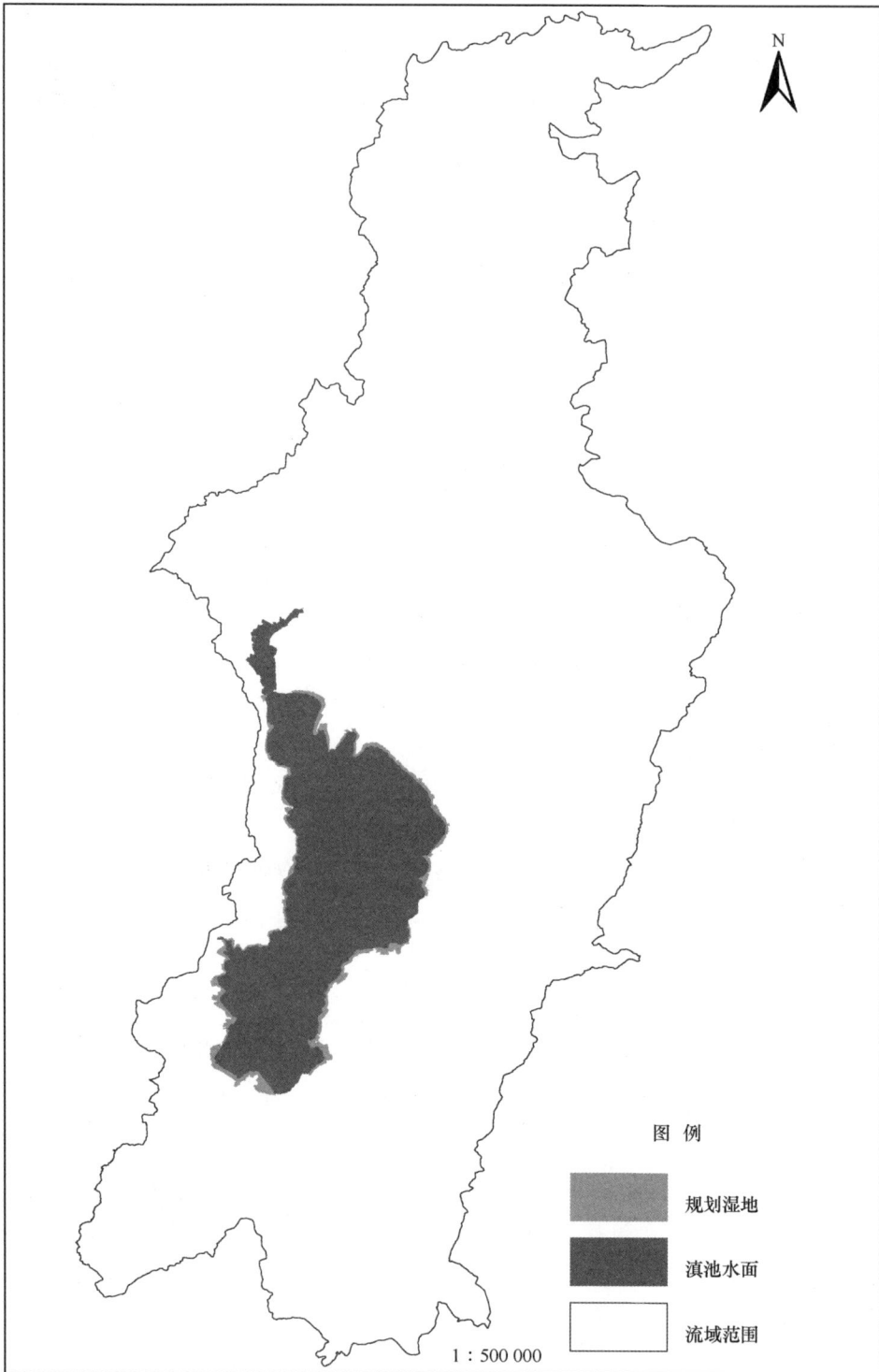

附图 18　滇池流域内规划湿地

滇池流域内规划湿地范围包括滇池西岸高海高速公路以内，及东岸滇池保护界桩向陆地外沿 100m，
部分地方根据地形情况有所变动

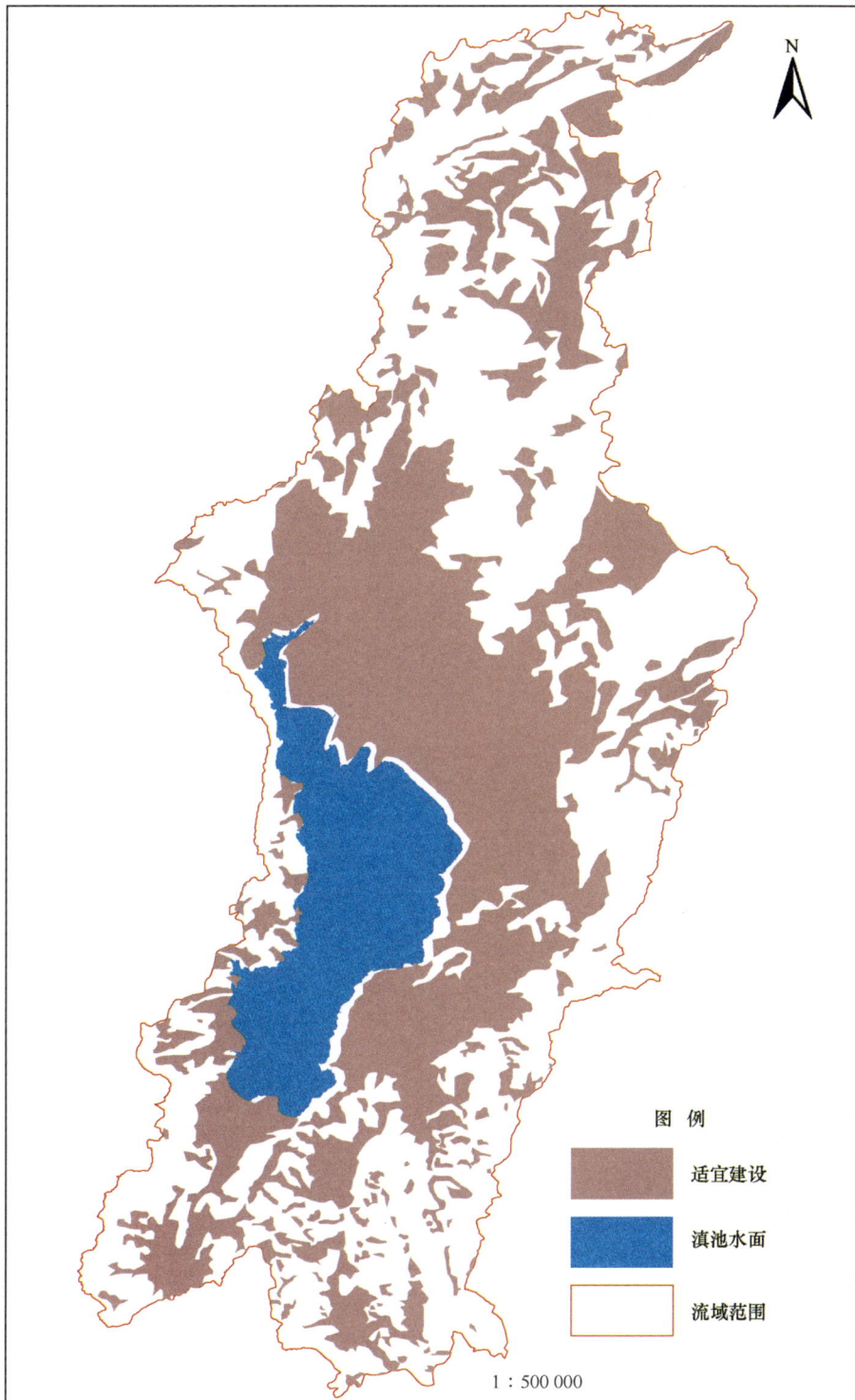

附图 19　滇池流域适宜建设区

滇池流域适宜建设区是以地理信息系统为平台,综合各个生态限制要素,进行空间叠加分析得到,
参考《昆明城市总体规划(2008—2020)规划成果公告》